I0831107

The Stars' Share

LA PART DES ÉTOILES

PHOTOGRAPHS BY
GÉRARD-PHILIPPE MABILLARD

To my friend Pierre Rissient,
Mister Everywhere, as Clint Eastwood so affectionately called him. His alone was the memory of cinema, and so much more besides. Pierre brought people together, weaving strong and lasting friendships.

À mon Ami Pierre Rissient,
Mister Everywhere, comme l'appelait affectueusement Clint Eastwood. À lui seul, il était la mémoire du cinéma, et tellement plus encore. Pierre était un rassembleur et un tisseur d'amitiés solides et entières.

teNeues

“Hitch your plow to the stars! They'll inspire you to look above and beyond.”

Auguste Coudray
President of La Gacilly Photo Festival

« Accroche ta charrue aux étoiles ! Elles t’inviteront à regarder plus haut et plus loin. »

Auguste Coudray
Président du Festival Photo La Gacilly

Billy the Artist

1964–2022

Urban primitive pop artist – Fribourg, Switzerland 2021

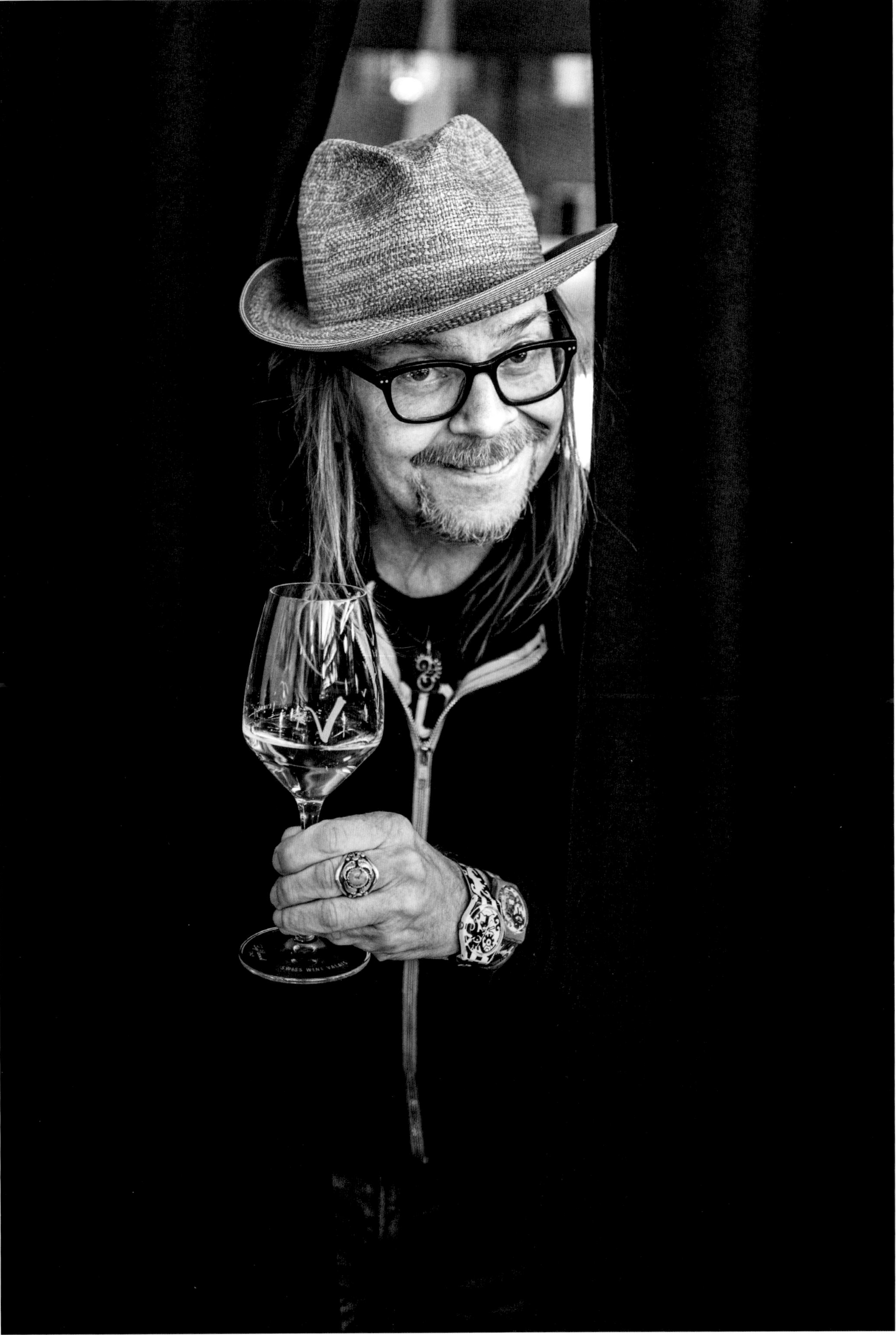
SWISS WINE VALAIS

The Stars' Share

As a boy, I'd watch my father and grandfather raise their glasses with friends, a symbol of joy and friendship as they celebrated together with a bottle of Petite Arvine or Humagne Rouge - two stunning wines from the Canton of Valais in the south of Switzerland. Eyes would meet over raised glasses under the infinite glow of the stars. There were bursts of laughter and stories shared - so many sparks of life, floating on the warm currents of a summer's eve. Occasions exploding with emotion. As the minutes tick by, gazes lift towards the heavens in celebration of the pleasure of each other's company.

I imagine this book as an echo of those scenes I remember so vividly, like a fragrance from the ephemeral years of the past, as if angels had unfurled a carpet beneath my feet. Tales inspired by the beauty of the world and the tastes of others.

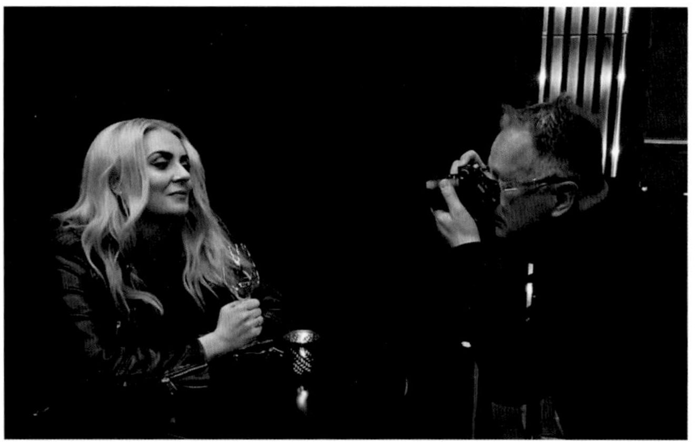

Photo Yann Steininger

As the pages turn, each photograph bears witness to an encounter where people and the arts, countries and continents, and inspirations and aspirations intersect. On-the-spot images of moments that are *lived,* not staged.

I have always loved and will always love capturing a fleeting movement, smile, gesture, look, or style - magical moments.

Each of my photographs is a snapshot of a cherished moment that takes me across the world in the company of this wonderful object symbolizing hope and togetherness. It has something of a jovial gentleman, elegant and ready to travel the globe whenever the need arises: a glass of Valais wine. A glass full of life.

And so welcome aboard my photographic adventure, woven together by the thread of generosity that brings together the good, the great and the glorious. Outstanding artists from fields as diverse as they are inspiring share the limelight with the Moi pour Toit Foundation, a charity aiding disadvantaged children in Pereira, Colombia, where the main protagonists of humanity and love play out a scenario written by Christian Michellod over thirty-five years ago.

For all of these reasons, I have used the glass as a symbol - as a powerful bond connecting the dream-weavers you will meet in this book, whose images I had the honor of capturing in black and white under natural light. Encounters borne by the stars.

Depending on the individual's imagination, beliefs and personal tastes, everything the glass contains speaks of artistic worlds that stir emotions. It speaks of a sense of purpose, the quest for humanity.

This collection doesn't simply feature photographs taken one after the other; it seeks to connect people through images and conversations.

During each photo shoot, I could hear myself whispering to every artist, "Look at the stars." I found myself transported back to the joyful gatherings of my childhood with glasses raised in unison. Those memories are here, in my mind, and I often return to them to revitalize, and to remember my roots, an imagination from which to draw emotions eternally etched into memories.

Today, I am convinced that for all these years, those enchanted moments were witnessed by guests of honor, the stars themselves. As Guillaume Apollinaire wrote, ***"The time has come to light the stars again,"*** and may they finally be entitled to their share! The angels already have theirs.

Gérard-Philippe Mabillard

La part des étoiles

Petit garçon, je voyais mon père, mon grand-père, trinquer avec leurs amis en signe de joie et d'amitié. Ils célébraient des retrouvailles autour d'une bouteille de Petite Arvine ou d'Humagne Rouge, deux merveilleux vins du canton du Valais, dans le Sud de la Suisse. Ils élevaient leurs verres aux lueurs infinies des étoiles, les yeux dans les yeux. Des éclats de rire, des histoires que l'on raconte, autant d'étincelles de vie partagées qui se faufilaient entre les courants chauds d'une nuit d'été. Des rendez-vous à haute teneur en émotions. À mesure que les minutes imprimaient leur marque, les regards remontaient vers le firmament pour signifier le bonheur d'être ensemble.

J'ai imaginé ce livre en écho à ces moments vécus si intensément. Tel un parfum de ces années traversées à toute allure, comme si des anges avaient déroulé un tapis sous mes pieds. Ces récits sont inspirés par la beauté du monde et les goûts personnels des autres.

Au fil des pages, chacune de ces photographies témoigne d'une rencontre, à la croisée des personnes et des arts, des pays et des continents, des inspirations et des aspirations. Des images sur le vif, davantage mises en vie que mises en scène.

J'ai aimé, j'aime et j'aimerai toujours capturer la fugacité d'un mouvement, d'un sourire, d'un geste, d'un regard, d'une élégance, d'un instant magique.

Toutes mes photographies ressemblent à mes coups de cœur. Elles me font voyager dans le monde entier en compagnie d'un objet porteur d'espoir et d'allégresse. Une sorte de gentleman jovial, élégant, prêt à s'élancer à travers le monde quand bon lui semble : un verre de vin du Valais. Un verre de Vie.

Bienvenue donc au gré de mon aventure photographique, dont le fil rouge est la générosité, pour allier le bon, le beau et le bien. Des artistes excellant dans des domaines aussi divers que passionnants, partagent en effet la lumière avec la Fondation Moi pour Toit. Une œuvre en faveur de l'enfance défavorisée de Pereira, en Colombie, au cœur de laquelle l'humain et l'amour sont les personnages principaux d'un scénario écrit il y a plus de 35 ans par Christian Michellod.

Pour toutes ces raisons, j'ai fait de ce verre un symbole et un trait d'union précieux entre tous les tisseurs de rêves que vous rencontrerez dans ce livre et que j'ai eu le privilège de fixer en noir et blanc et en lumière naturelle. Des rencontres portées par les étoiles.

Selon l'imagination et les convictions, les goûts personnels de chacune et de chacun, le contenu de ce verre dit des univers artistiques qui chahutent les émotions. Il dit aussi le sens de l'engagement, la quête d'humanité.

Avec cet ouvrage, il ne s'agit pas simplement de faire défiler des photographies mais de lier les êtres à travers des images et des conversations.

Au moment de la prise de vue de tous ces artistes, je m'entendais leur susurrer : *Regarde les étoiles*. Je repensais alors aux tablées heureuses de mon enfance et à tous ces verres levés en chœur. Ces souvenirs sont là, dans ma tête, et je leur rends visite régulièrement pour refaire le plein d'énergie, me rappeler d'où je viens. C'est dans cet imaginaire que je puise des émotions gravées pour l'éternité.

Aujourd'hui, j'en suis sûr, depuis toutes ces années, les étoiles sont devenues les témoins privilégiés de ces parenthèses enchantées ! Comme l'écrivait Guillaume Apollinaire : ***« Il est grand temps de rallumer les étoiles. »*** et qu'elles aient enfin droit à leur part. Les anges ont bien la leur.

Gérard-Philippe Mabillard

FOREWORD

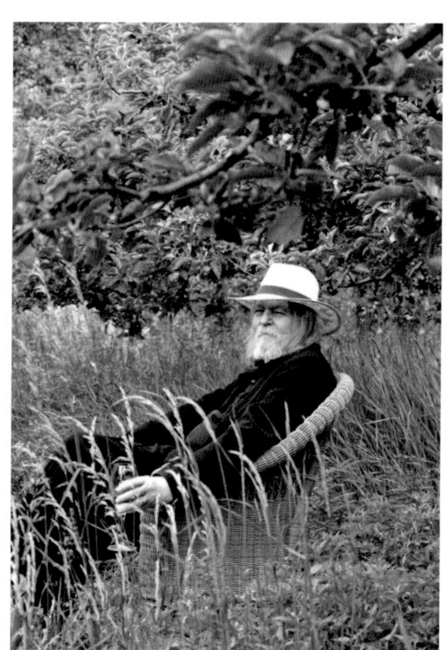

Sir Christopher Hampton

I'm not sure it's advisable to trust any generalization about art (including this one), but in my (admittedly limited) experience, the very best photographers are those who work with the utmost simplicity. The great English photographer, Jane Bown, who worked for many years for *The Observer*, brought with her, when she came to photograph me, a single camera and no assistants. She asked me to stand between two windows in my office, took a very small number of photographs and was gone in not much more than five minutes - and, in my opinion, captured one of the most truthful images that has ever been made of me. Gérard-Philippe Mabillard belongs in this very distinguished company.

I've watched Gérard-Philippe at work, not only with me, but with the actor Paul Anderson, in his dressing-room, after a performance. His eye is astonishingly quick, his decision-making instantaneous and authoritative, his framing superb, his manner unobtrusive and as convivial as the bottle of wine which is his sole piece of technical equipment - and his sensitivity to the moods and anxieties of his subjects is as acute as that of the most intrepid of lion-tamers.

I have no wish to disparage the methods of many a great photographer: the assistants with the silver-lined umbrellas, the boxes of lenses, the insistence on a variety of sometimes contrived poses or multiple changes of wardrobe, the light-guns, the stepladders, the huge sheets of non-reflective paper. They are in the business of creating illusions, and these are their tools; artifice and contrivance are recruited in the service of metaphorical truth, and the overall aim is to make people (or objects) look good.

What is happening in these pages is a very different enterprise: the attempt to discover the essence of a photographic subject. This requires, certainly, preparation and reflection. And while it in no way precludes the idea of making the subject look good, such a result is more by way of being a bonus than being the object of the exercise: which is nothing less than to reveal, by accurately seizing a person's likeness, an essential truth about their character. In other words, the simplest of processes are harnessed in pursuit of the most complex of outcomes.

To choose one specific example among many: Jeremy Thomas on the roof of his Notting Hill offices, in front of a poster for his film *Merry Christmas, Mr. Lawrence*. Not only is it a really striking image, it also crystallizes to perfection Jeremy's shrewd intelligence, his long experience as Britain's most distinguished independent filmmaker and, most importantly, his essential kindness and love of life.

In my case, I was led, a glass of good wine in my hand, on a beautiful late afternoon in spring, to a comfortable chair, placed seemingly at random in a sheltered corner of a Swiss meadow, where I sat for what seemed like a remarkably short time, while Gérard-Philippe composed and shot the portrait he had in his mind. All art aspires or should, in my view, aspire to the condition of truthfulness - and the humility, modesty and simplicity with which Gérard-Philippe approaches the goal of uncovering some quintessential truth ought to be a lesson for us all.

Gérard-Philippe, in short, is my kind of artist.

Sir Christopher Hampton
Film director, theater director and screenwriter

PRÉFACE

Je ne suis pas sûr qu'il soit judicieux de prendre pour argent comptant quelque généralisation que ce soit en matière d'art (y compris celle-ci), mais d'après mon expérience (certes limitée), les meilleurs photographes sont ceux qui travaillent dans la plus grande simplicité. Lorsqu'elle est venue réaliser mon portrait, la grande photographe anglaise Jane Bown, qui a collaboré pendant de nombreuses années avec l'hebdomadaire britannique *The Observer*, s'est présentée sans assistant, avec son appareil photo pour seul équipement. Elle m'a demandé de me placer entre deux fenêtres de mon bureau et n'a pris qu'un tout petit nombre de clichés. Si la séance n'a duré guère plus de cinq minutes, elle a permis de capturer l'une des images les plus fidèles qui aient jamais été prises de moi. Gérard-Philippe Mabillard fait partie, lui aussi, de ce cercle très sélect.

Je l'ai observé dans son travail, avec moi, mais aussi avec l'acteur Paul Anderson, dans sa loge, après une représentation. Son œil est incroyablement vif, son cadrage superbe, ses décisions sont instantanées et font autorité, ses manières sont charmantes et aussi conviviales que la bouteille de vin qui constitue son seul équipement technique. Et sa sensibilité aux humeurs et aux appréhensions de ses sujets est aussi aiguë que celle du plus intrépide des dompteurs de fauves.

Loin de moi l'idée de dénigrer les méthodes de nombreux grands photographes : les assistants avec leurs parapluies argentés, les boîtiers d'objectifs, l'insistance sur une variété de poses parfois artificielles ou sur de multiples changements de tenue, les pistolets flash, les escabeaux, les gigantesques toiles de fond antireflets. Leur métier est de créer des illusions, et tels sont leurs outils : les artifices et les subterfuges sont mis au service d'une vérité métaphorique, dont le but ultime est de sublimer les gens (ou les objets).

Cette approche est très différente de celle adoptée dans ces pages : découvrir l'essence d'un sujet photographique. Bien sûr, cela requiert de la préparation et de la réflexion – et si cela n'exclut nullement l'idée de rendre le sujet beau, il s'agit là davantage d'un bonus que de l'objet même de l'exercice, qui consiste finalement à révéler, à travers le portrait fidèle d'une personne, une vérité essentielle sur son caractère. En d'autres termes, les processus les plus simples sont mis en œuvre en vue d'obtenir les résultats les plus complexes.

Un exemple précis parmi tant d'autres : Jeremy Thomas, immortalisé sur le toit de ses bureaux de Notting Hill, devant une affiche de son film *Furyo*. Cette photo est non seulement marquante, mais elle cristallise à la perfection l'intelligence d'une grande finesse qui est celle de Jeremy, sa longue expérience de producteur indépendant le plus récompensé de Grande-Bretagne et, surtout, sa profonde gentillesse et son amour de la vie.

Par une belle fin d'après-midi de printemps, j'ai été conduit pour ma part, un verre de bon vin à la main, jusqu'à un fauteuil confortable, placé apparemment par le fruit du hasard dans un coin abrité d'une prairie suisse. J'y suis resté assis un moment qui m'a paru remarquablement court, tandis que Gérard-Philippe composait et réalisait le portrait qu'il avait en tête. Tout art aspire ou devrait, à mon sens, aspirer à la vérité. L'humilité, la modestie et la simplicité avec lesquelles Gérard-Philippe s'efforce d'atteindre une vérité quintessentielle devraient être une leçon pour nous tous.

En résumé, Gérard-Philippe Mabillard est le genre d'artiste cher à mon cœur.

Sir Christopher Hampton
Réalisateur de cinéma, metteur en scène de théâtre et scénariste

Bérengère Primat

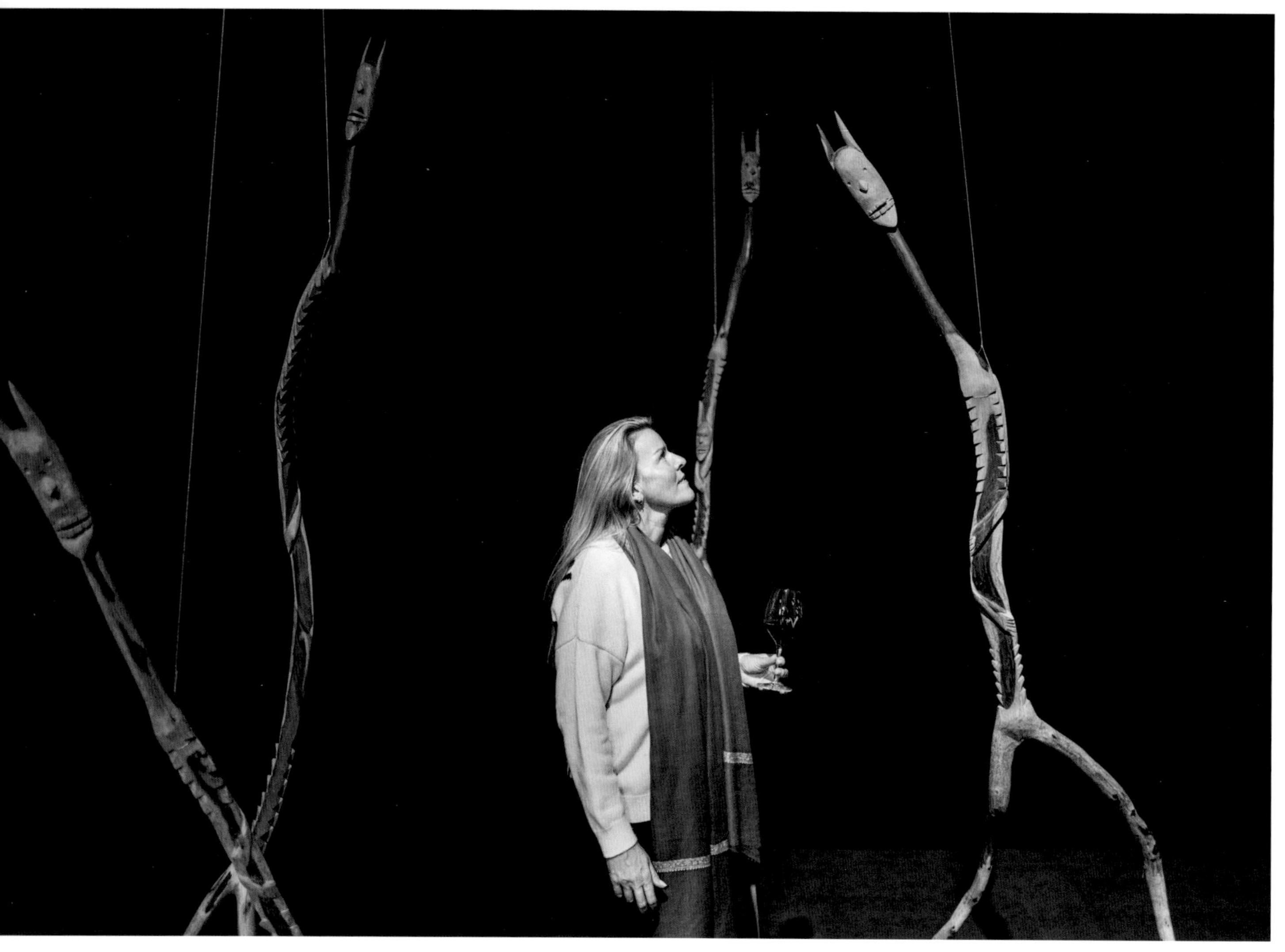

President of the Fondation Opale for contemporary Aboriginal art |
présidente de la Fondation Opale pour l'art aborigène contemporain – Lens, Switzerland 2022

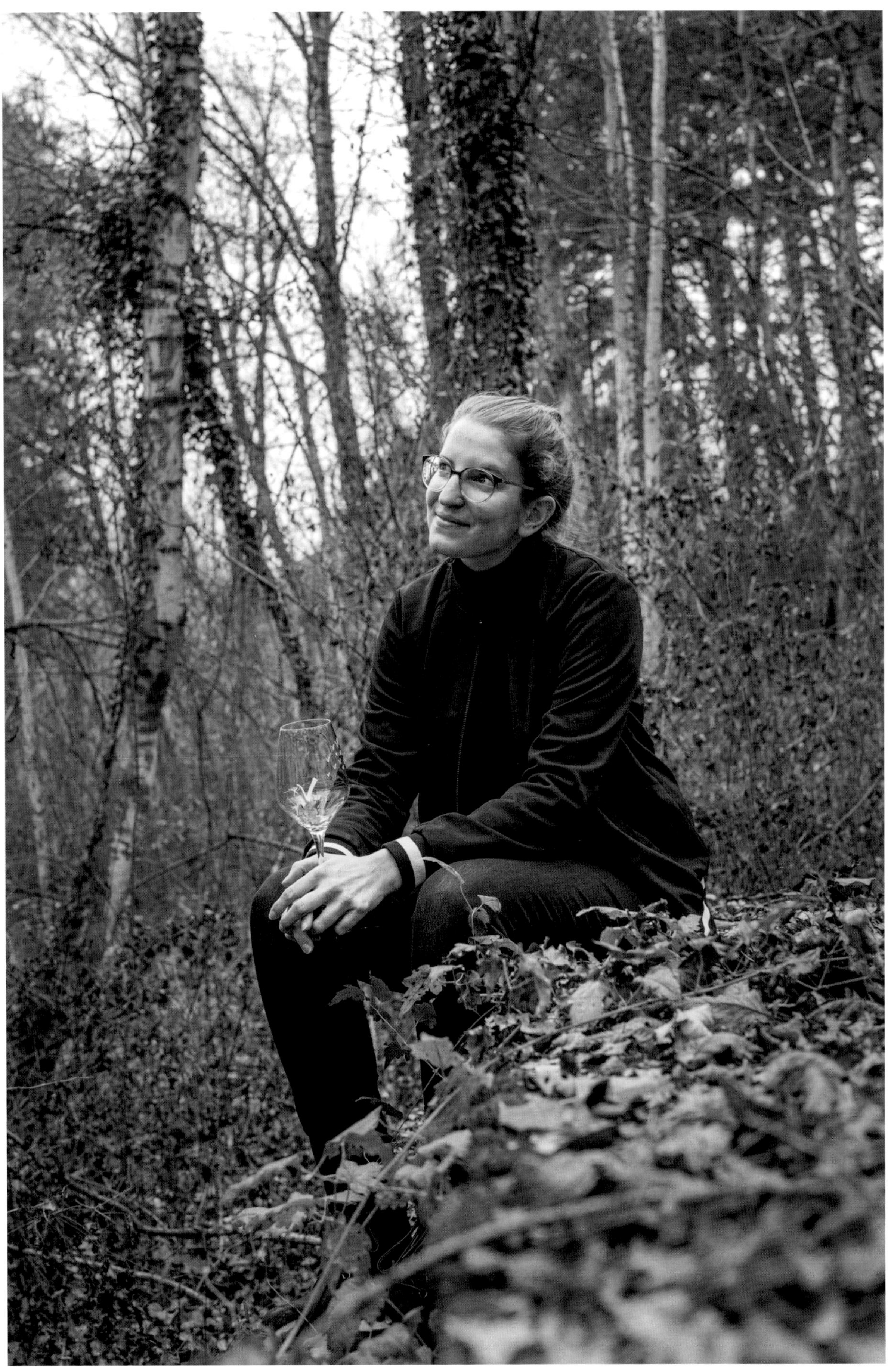

Photographer | photographe – Bois de Finges, Switzerland 2021

Aline
Fournier

Antonio de la Torre

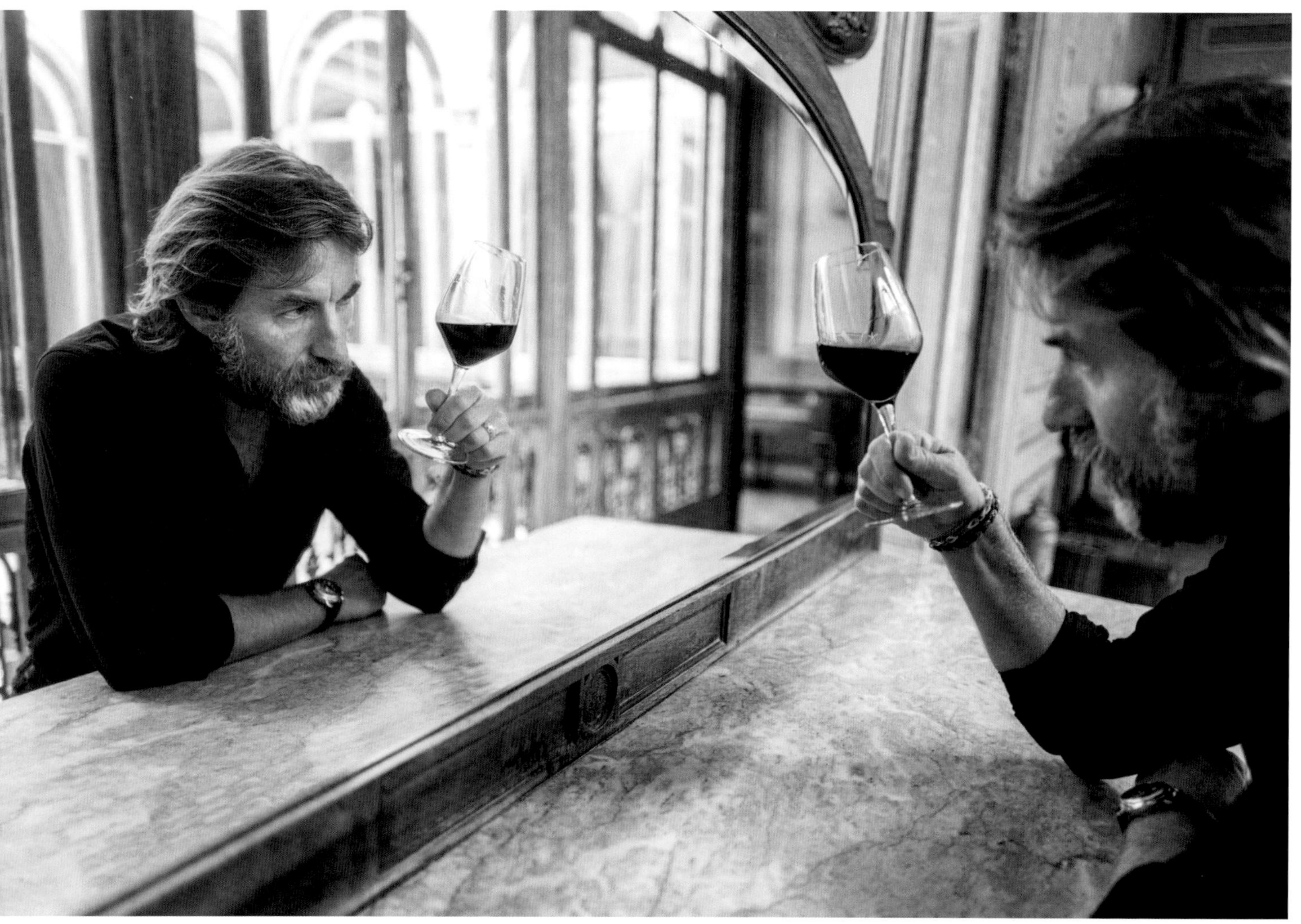

Actor | acteur – Seville, Spain 2021

Luc & Jean-Pierre Dardenne

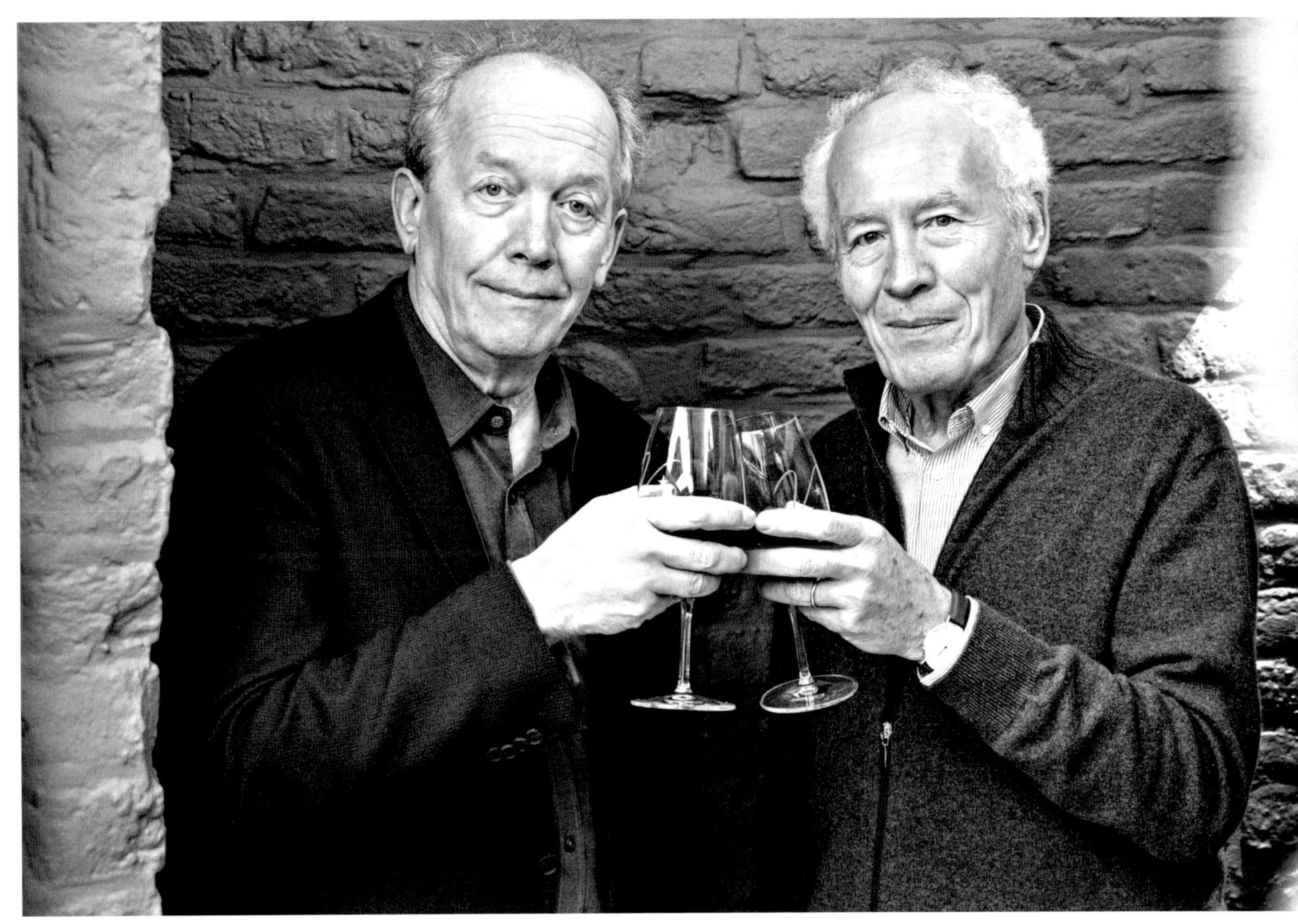

Film directors and screenwriters | réalisateurs de cinéma et scénaristes – Liege, Belgium 2019

Stefan Rappo

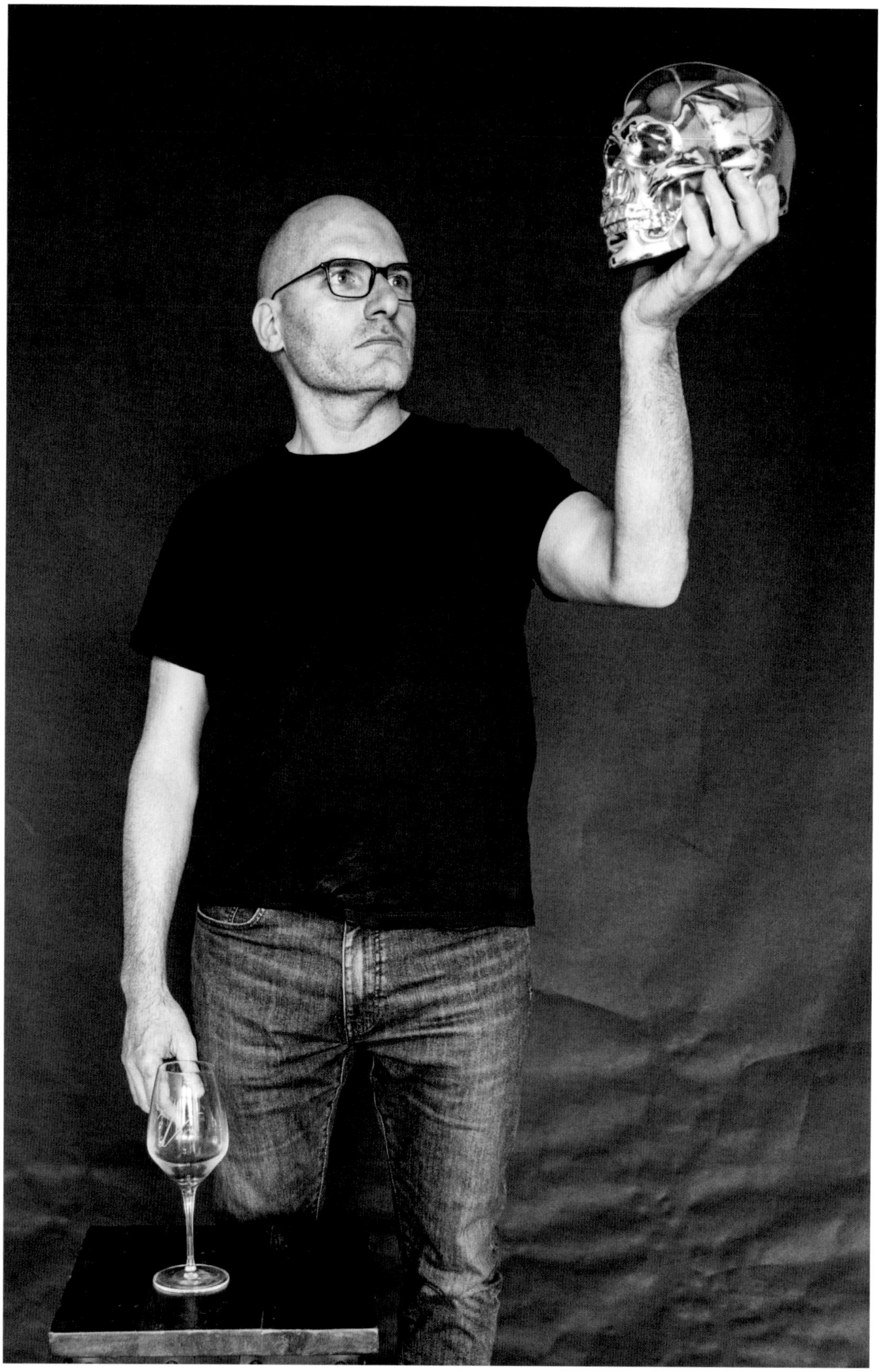

Photographer | photographe – Lausanne, Switzerland 2021

Quentin Tarantino

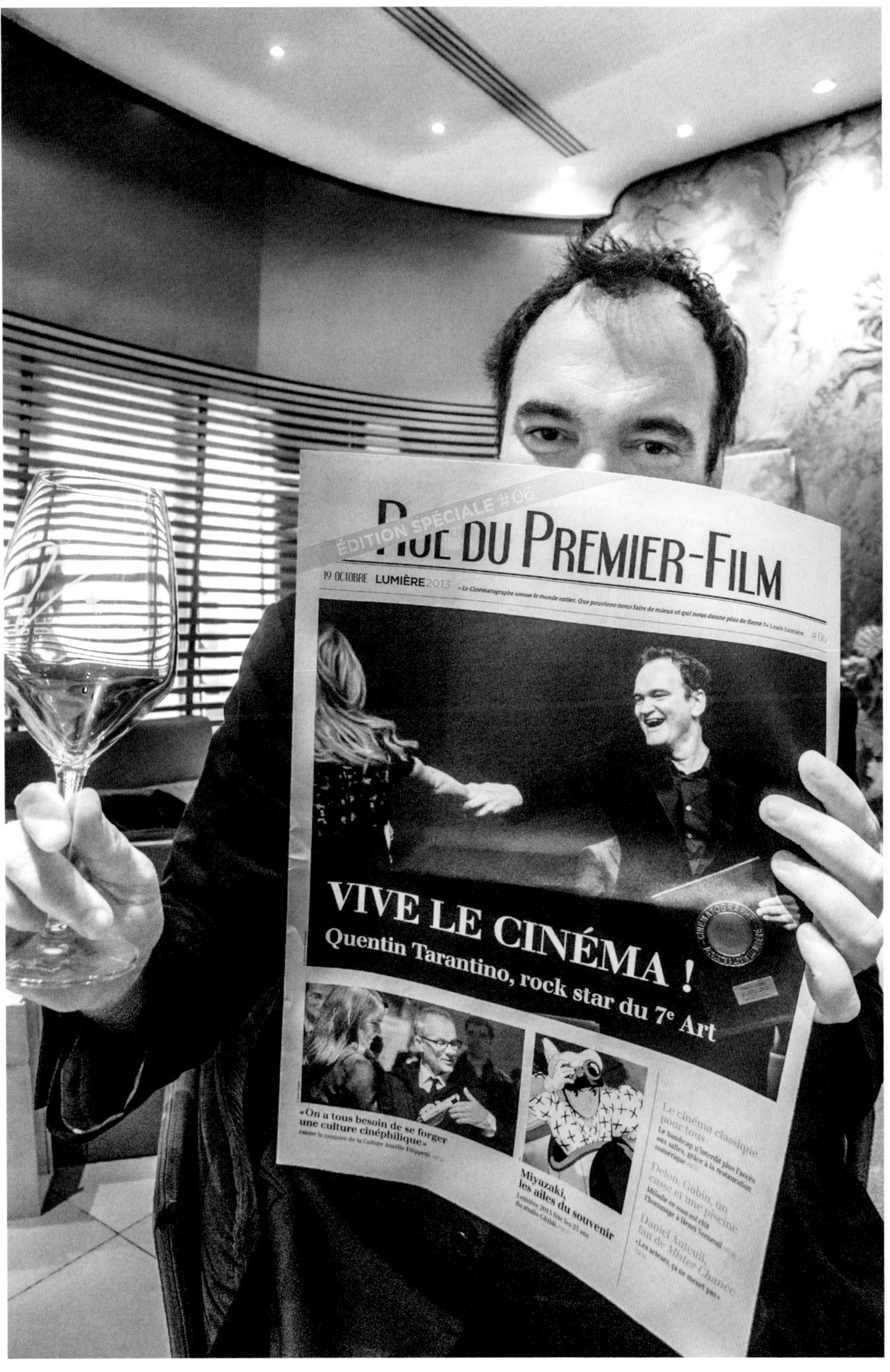

Film director and screenwriter | réalisateur de cinéma et scénariste – Lyon, France 2013

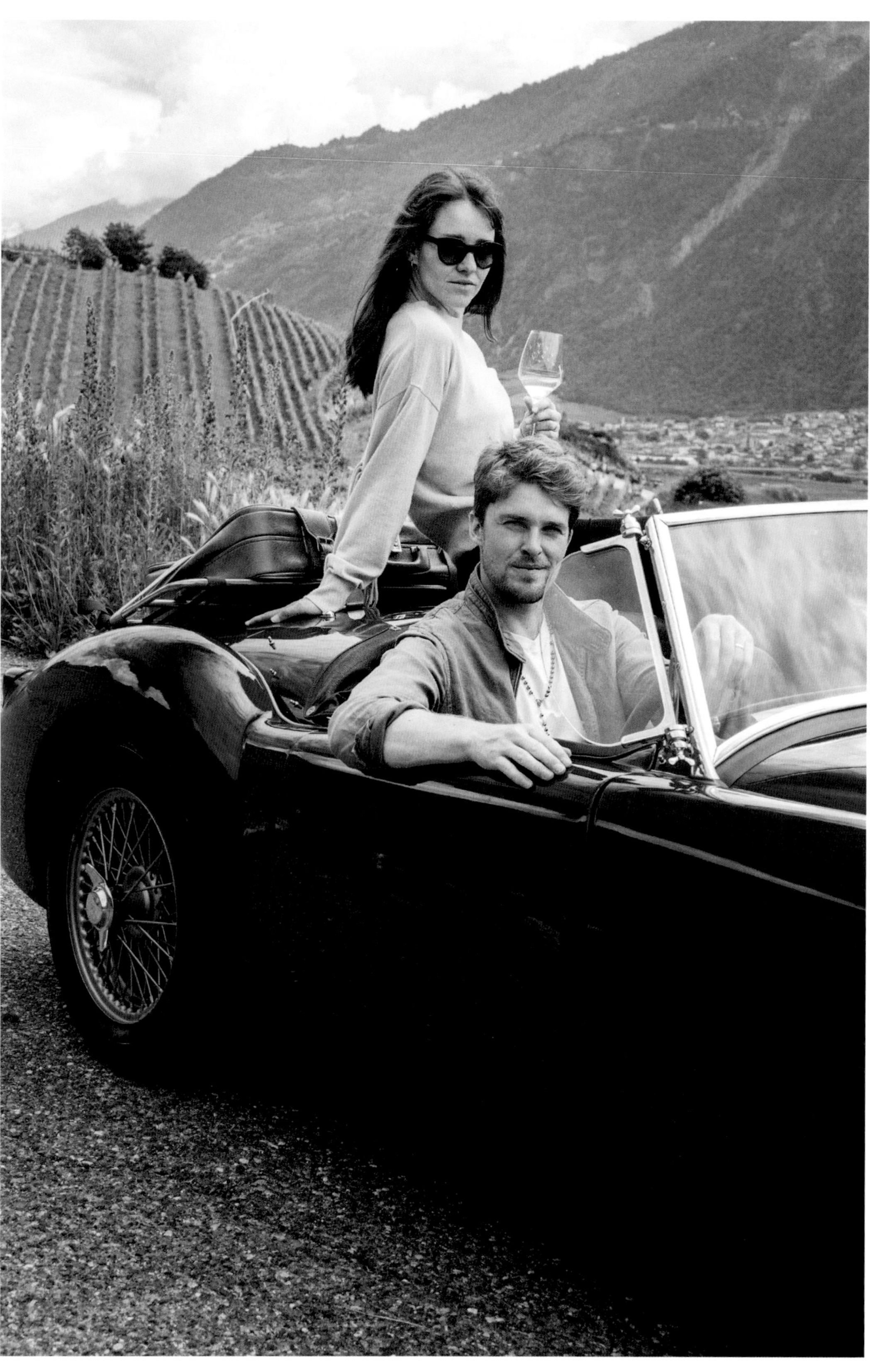

Singers and songwriters | auteurs, compositeurs et interprètes – Saillon, Switzerland 2021

Irène
Jacob

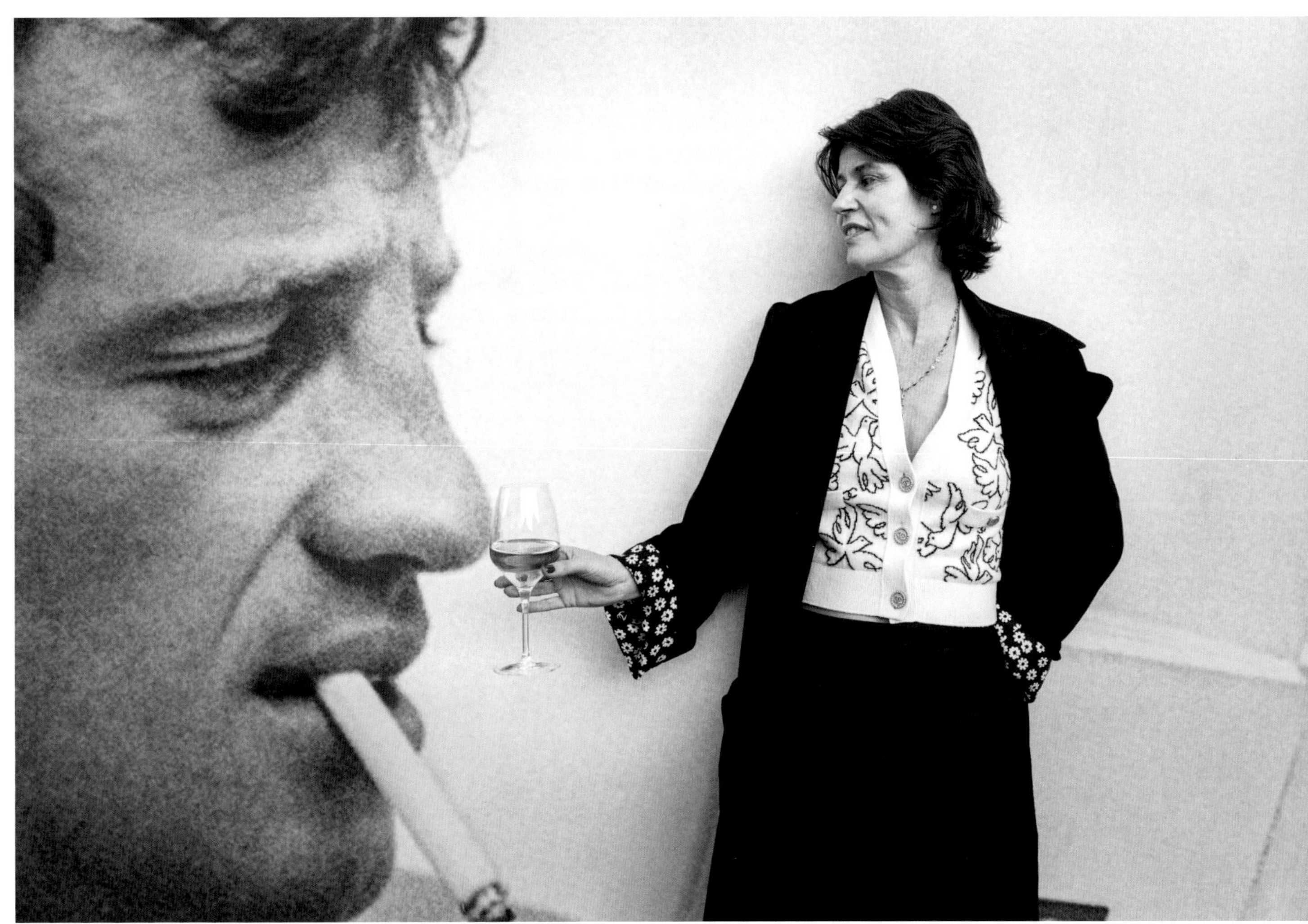

Actress and President of the Institut Lumière in Lyon |
actrice et présidente de l'Institut Lumière de Lyon – Lyon, France 2022

Pascal
Elbé

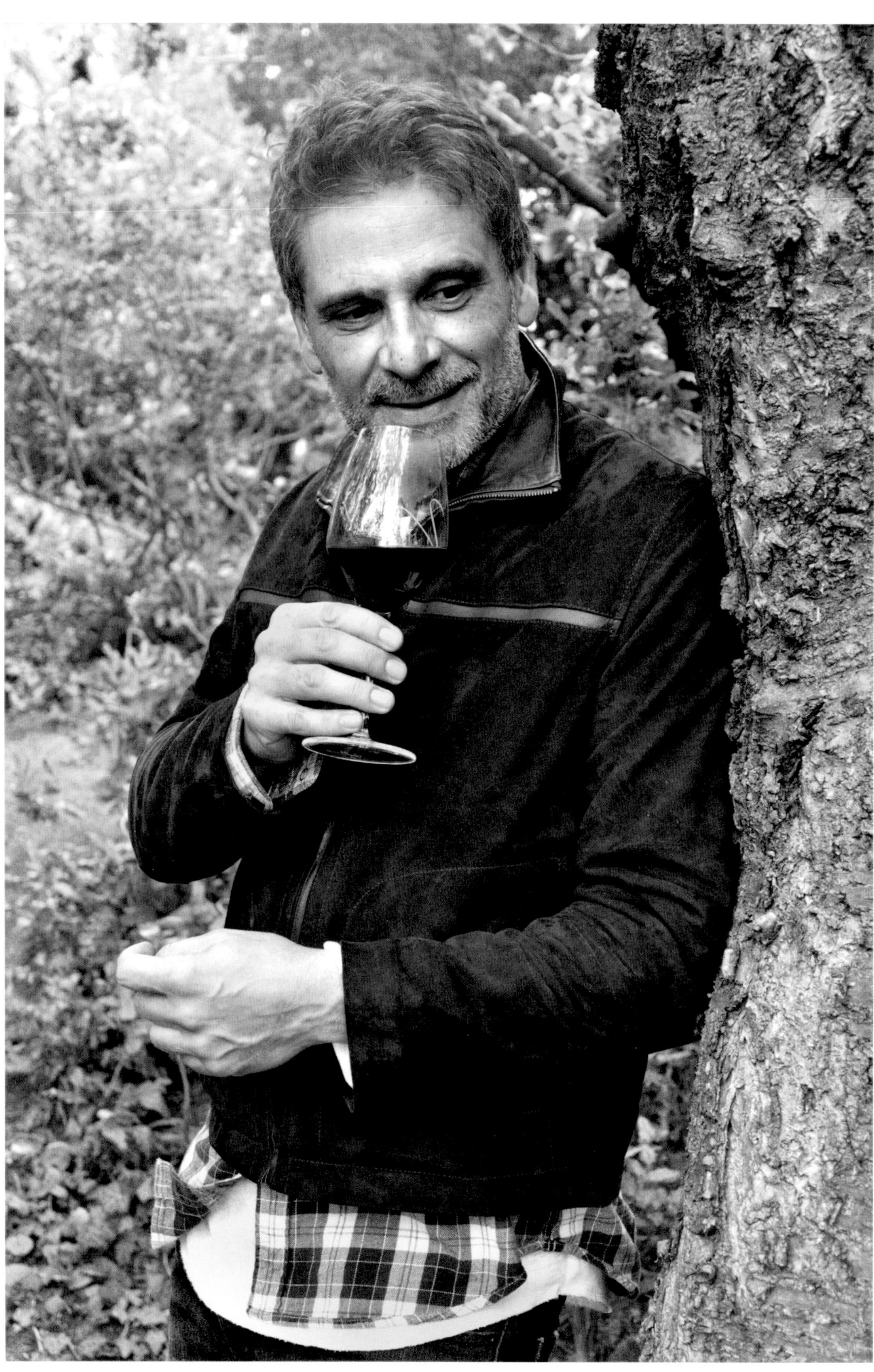

Actor, film director and screenwriter |
acteur, réalisateur de cinéma et scénariste – Sierre, Switzerland 2019

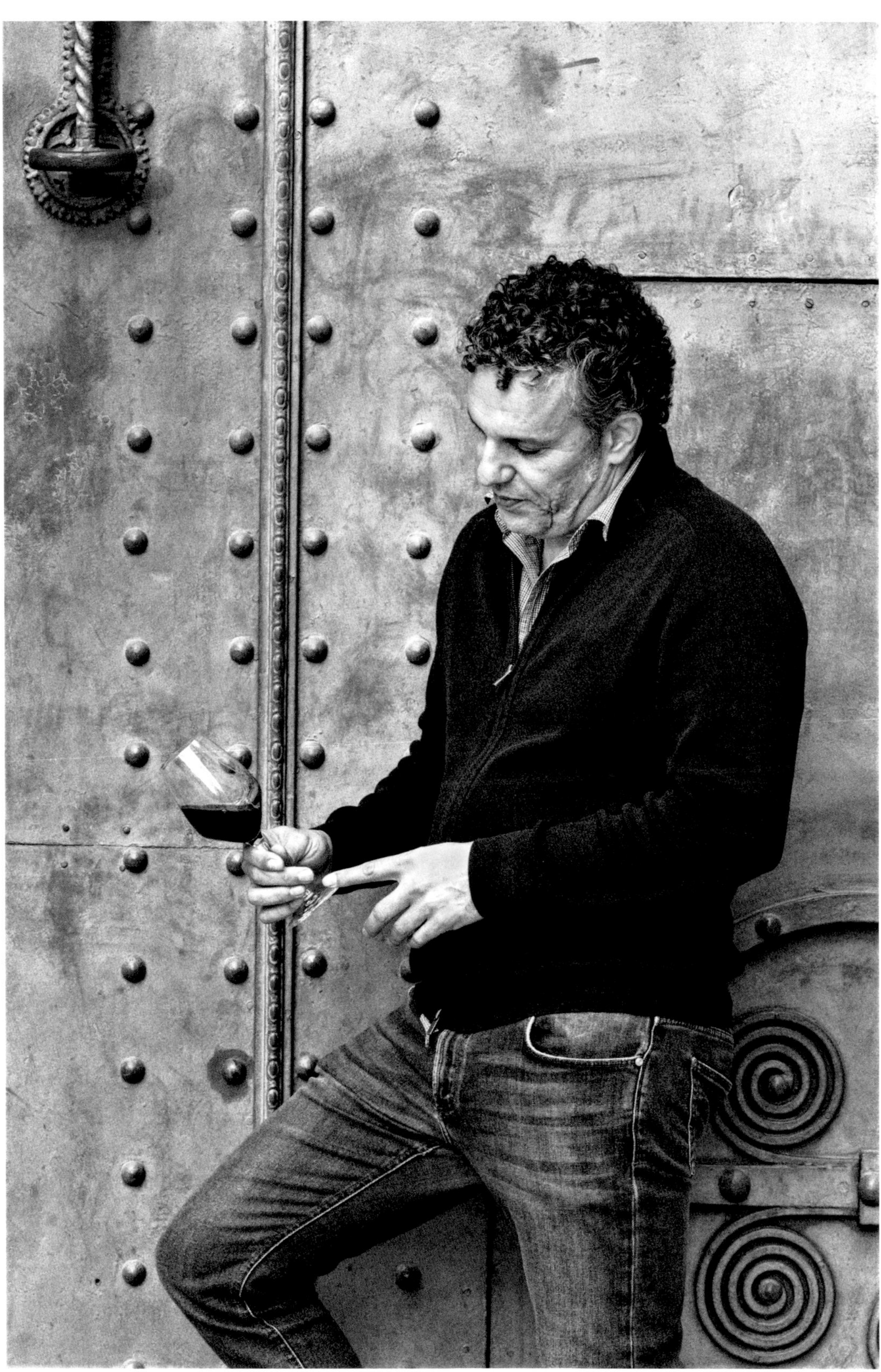

Director of the Most Film Festival in Vilafranca del Penedès |
directeur du Most Film Festival à Vilafranca del Penedès – Vilafranca del Penedès, Spain 2019

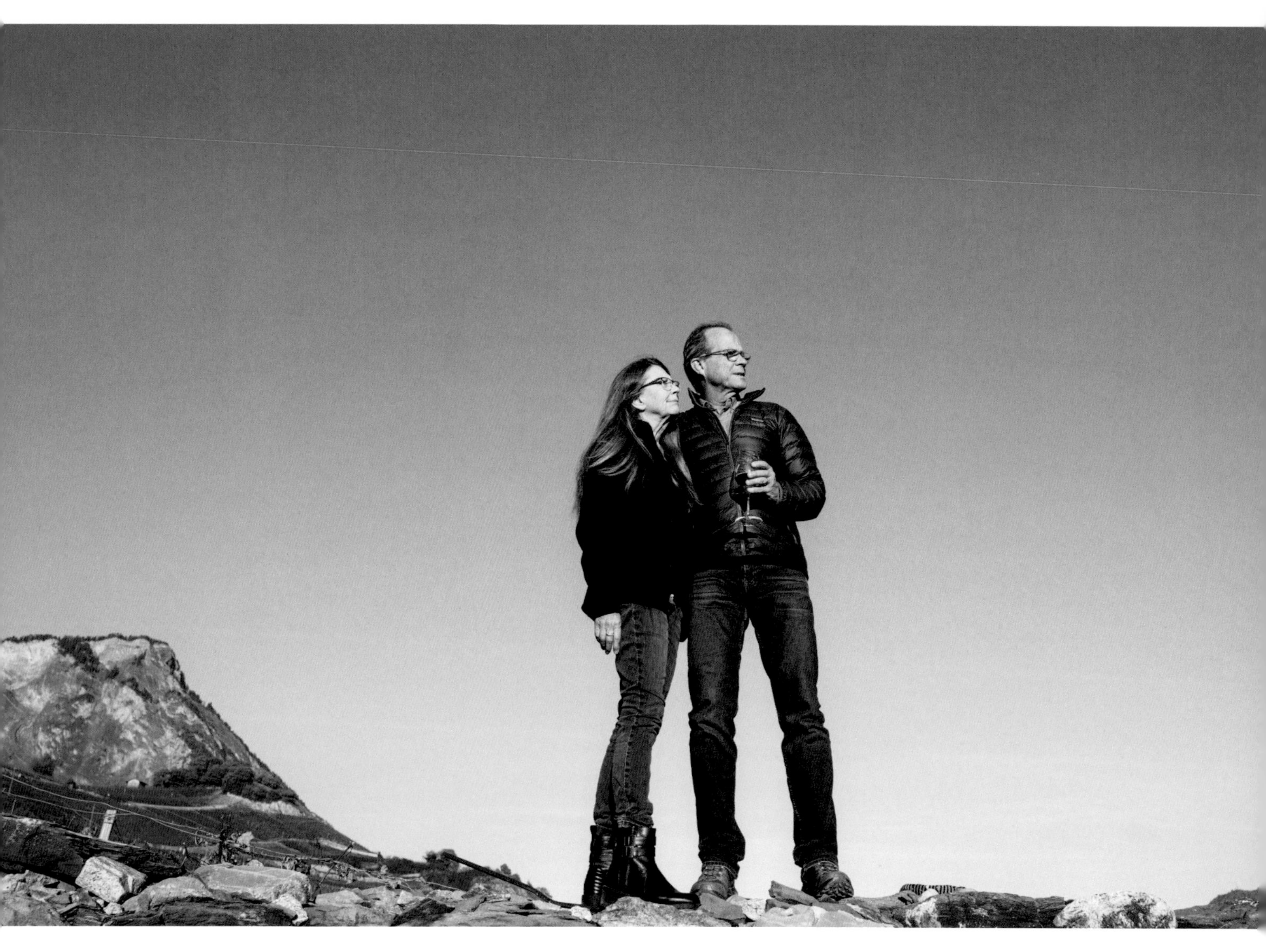

Melissa Farlow & Randy Olson

Photographers | photographes – Saillon, Switzerland 2021

Chef Grégoire Antonin

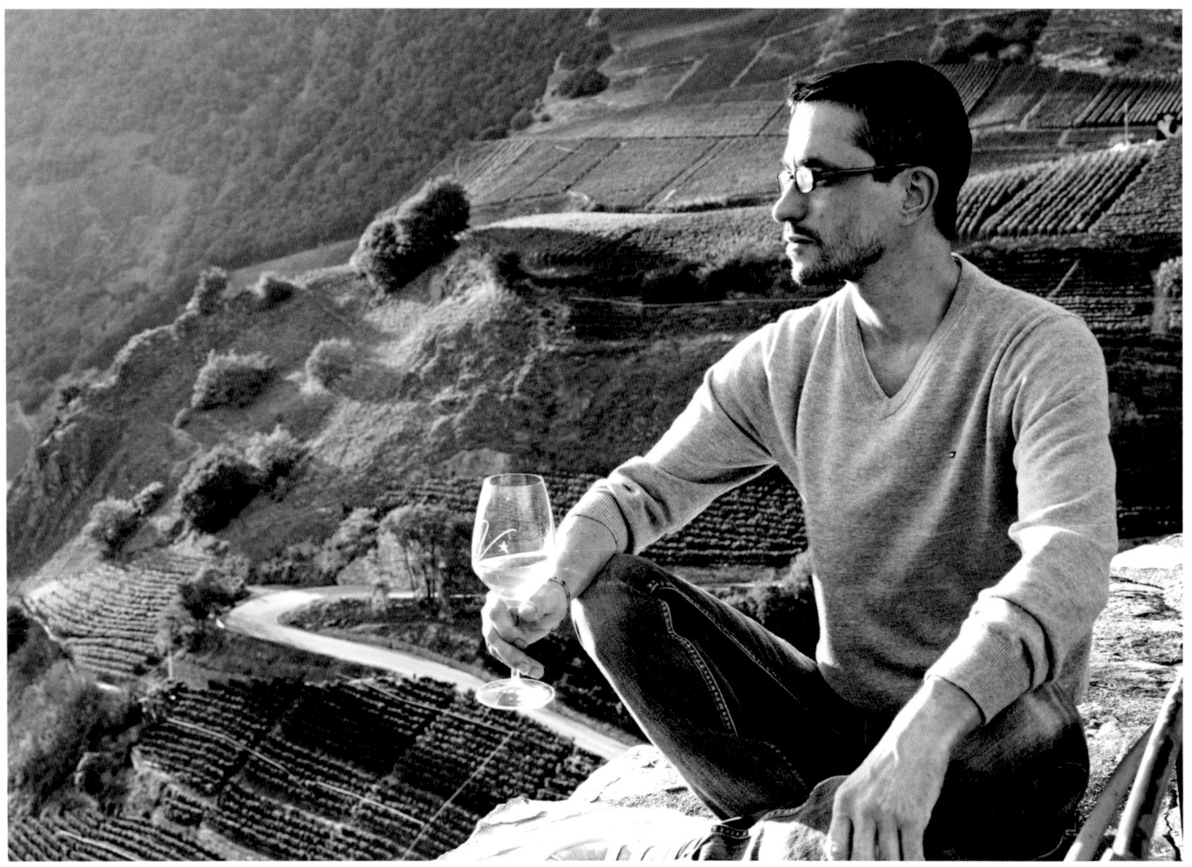

Saillon, Switzerland 2018

Meskerem Mees

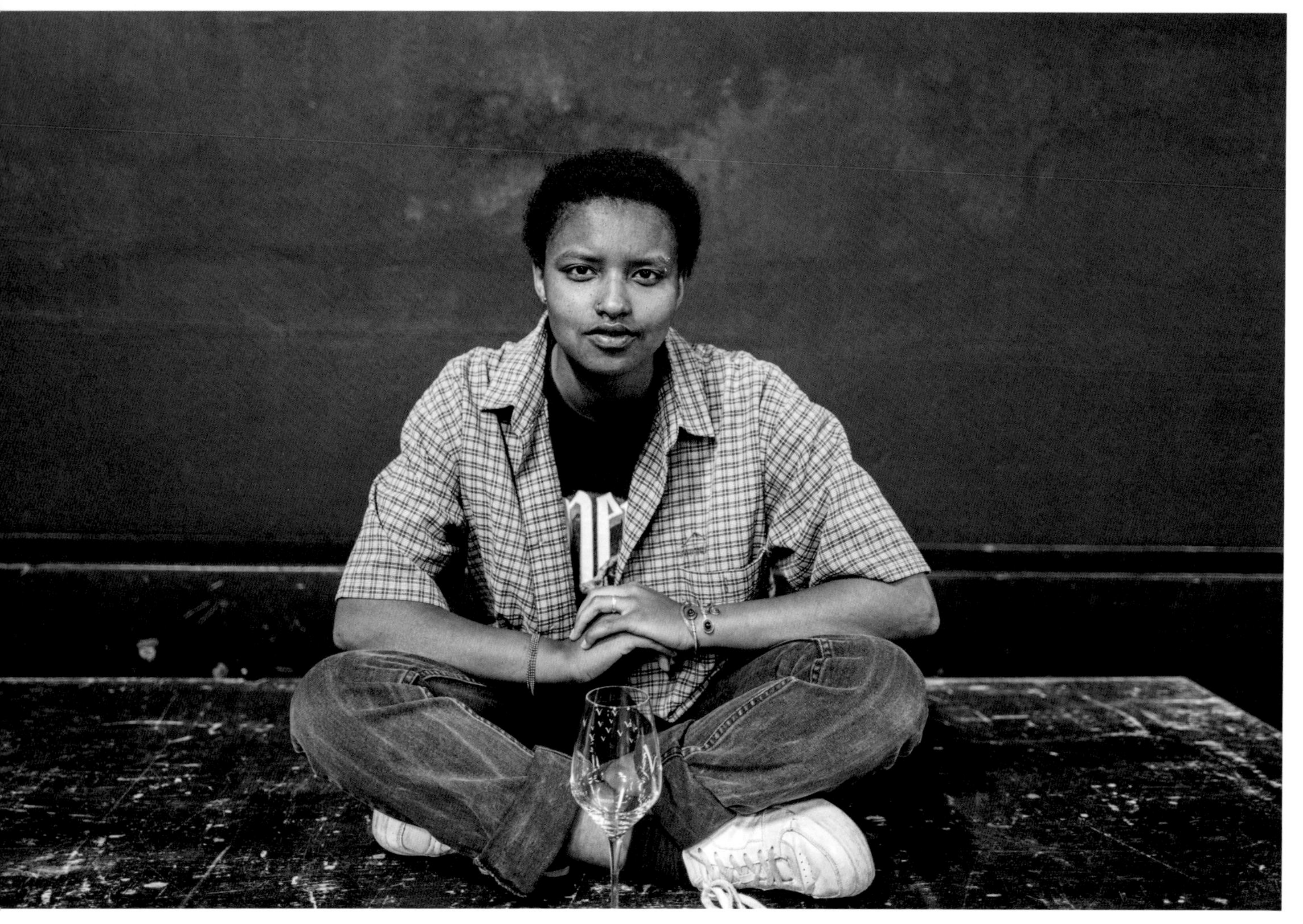

Singer and songwriter | auteure, compositrice et interprète – Fribourg, Switzerland 2022

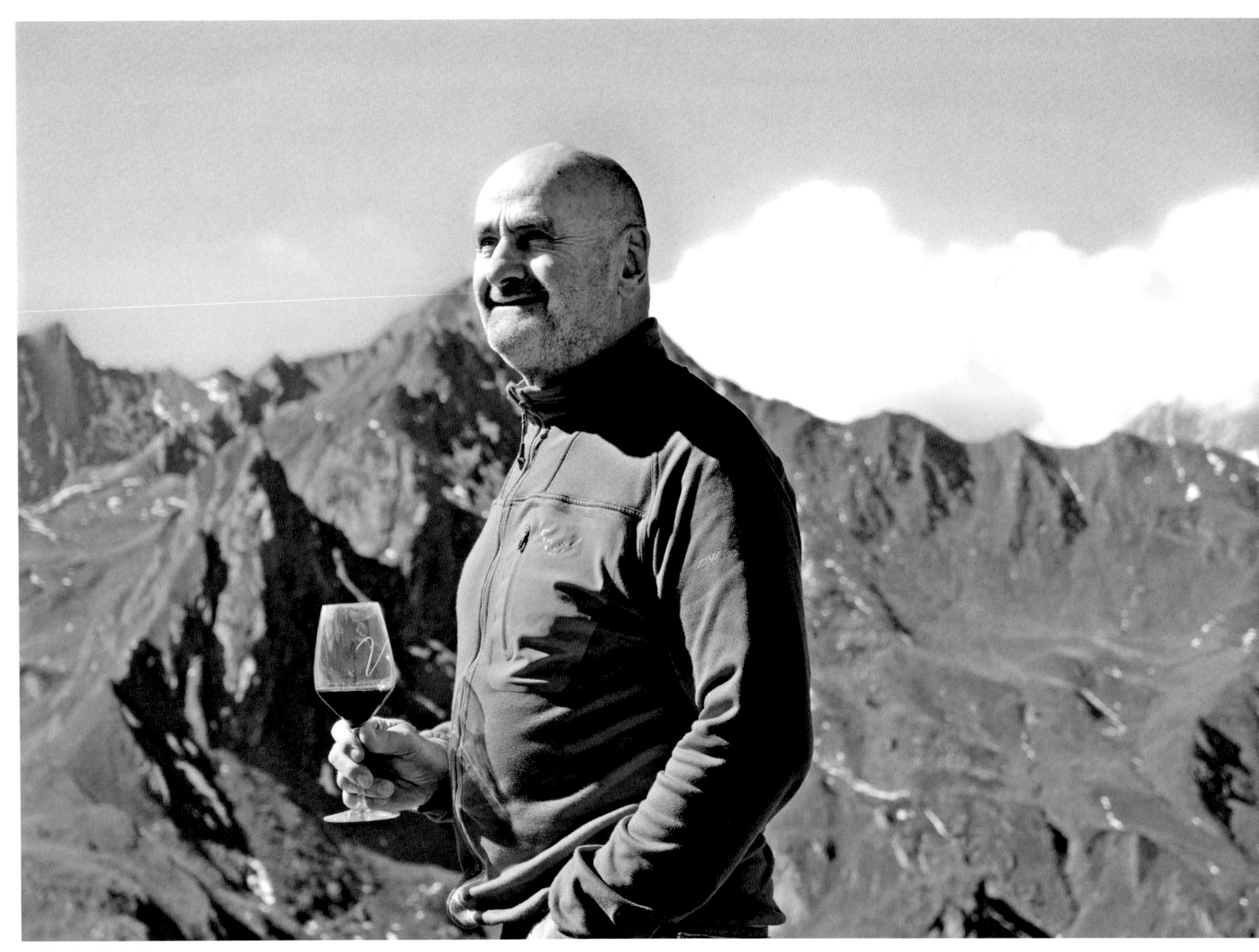

Living legend of mountaineering | légende vivante de l'alpinisme – Val Ferret, Switzerland 2018

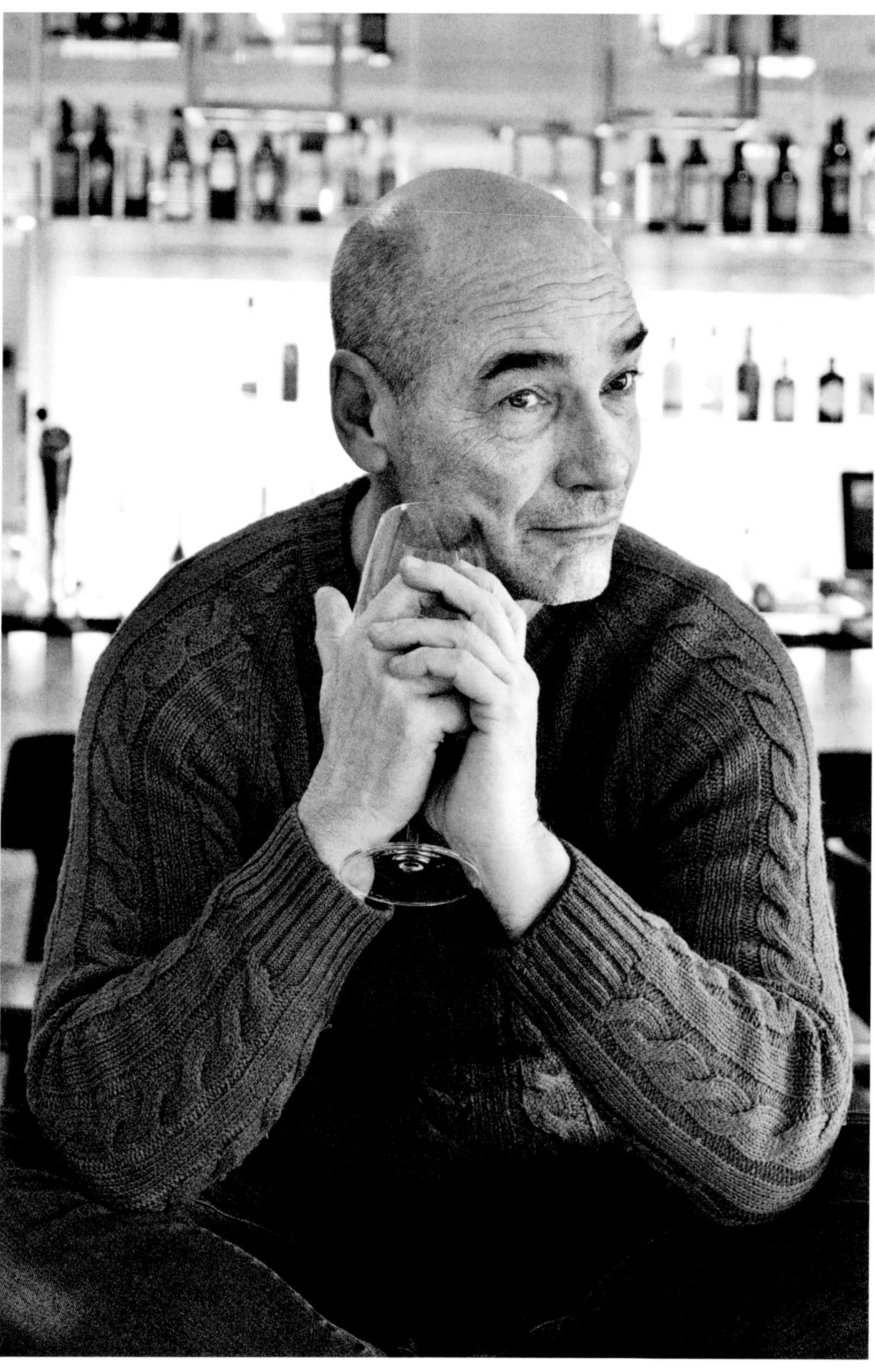

Jean-Marc Barr

Actor, film director and photographer |
acteur, réalisateur de cinéma et photographe – Paris, France 2019

Pascale
Rey

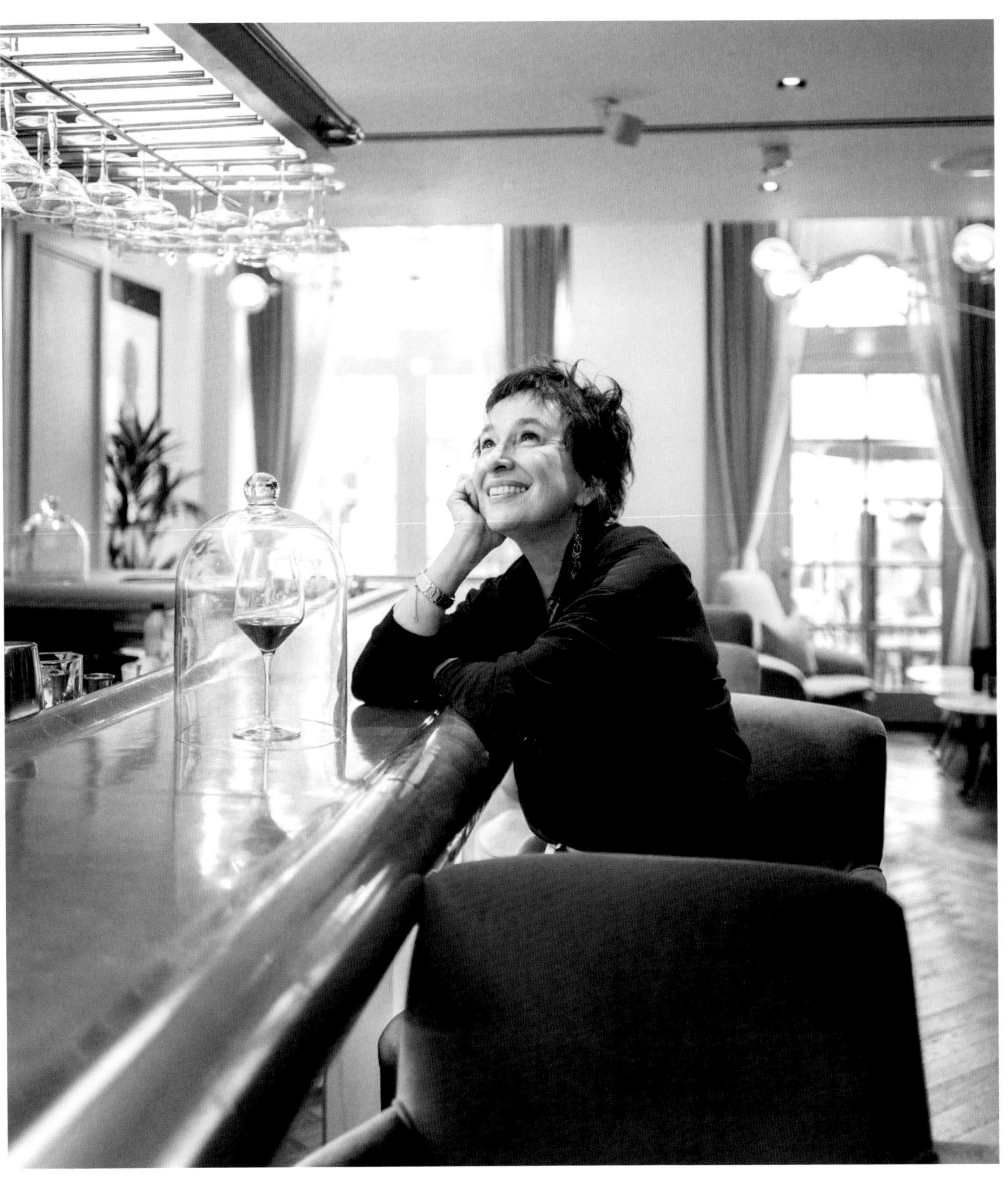

President of DreamAgo and screenwriter |
présidente de DreamAgo et scénariste – London, UK 2022

Florence
Darel

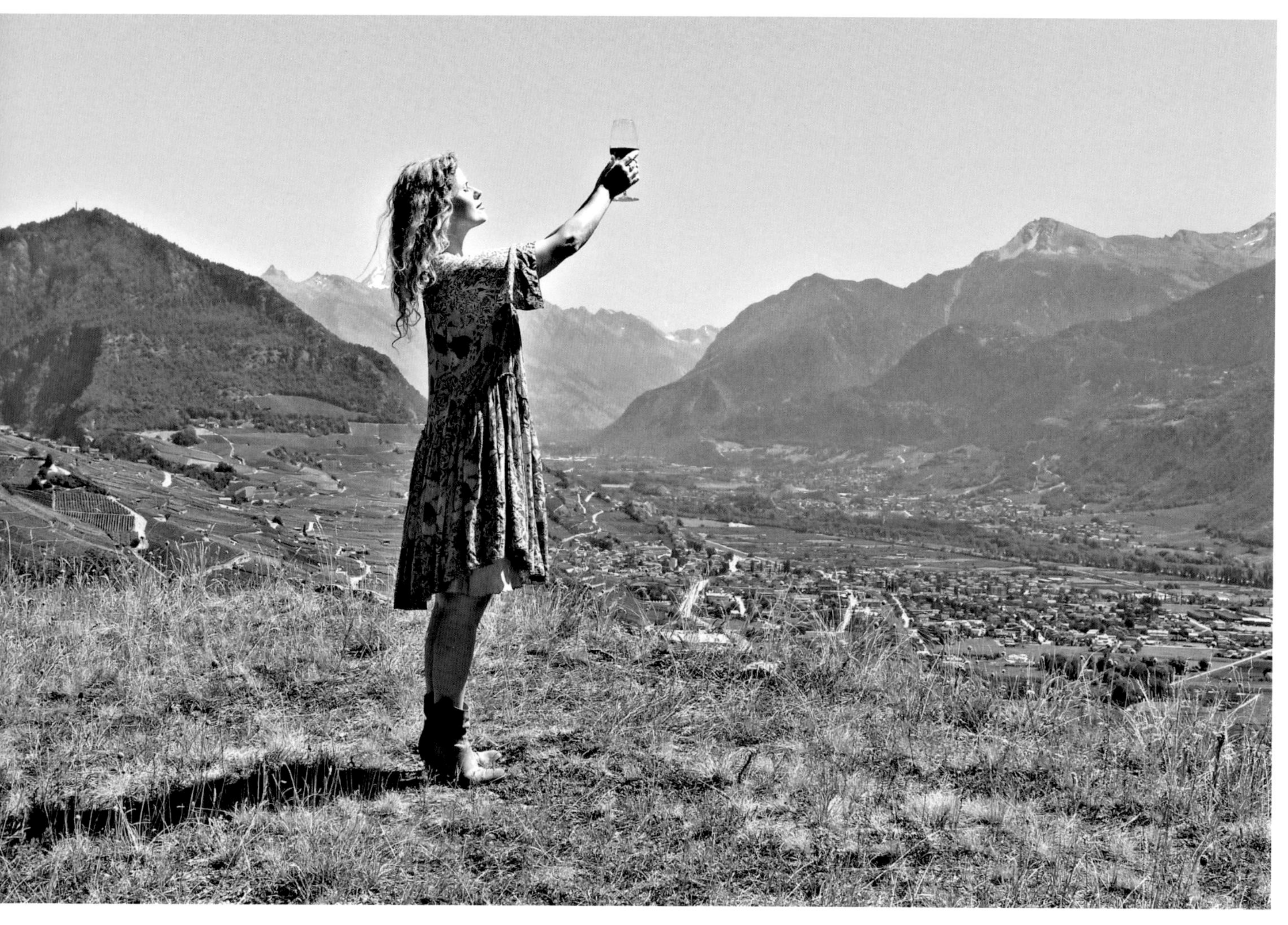

Actress | actrice – Champlan, Switzerland 2013

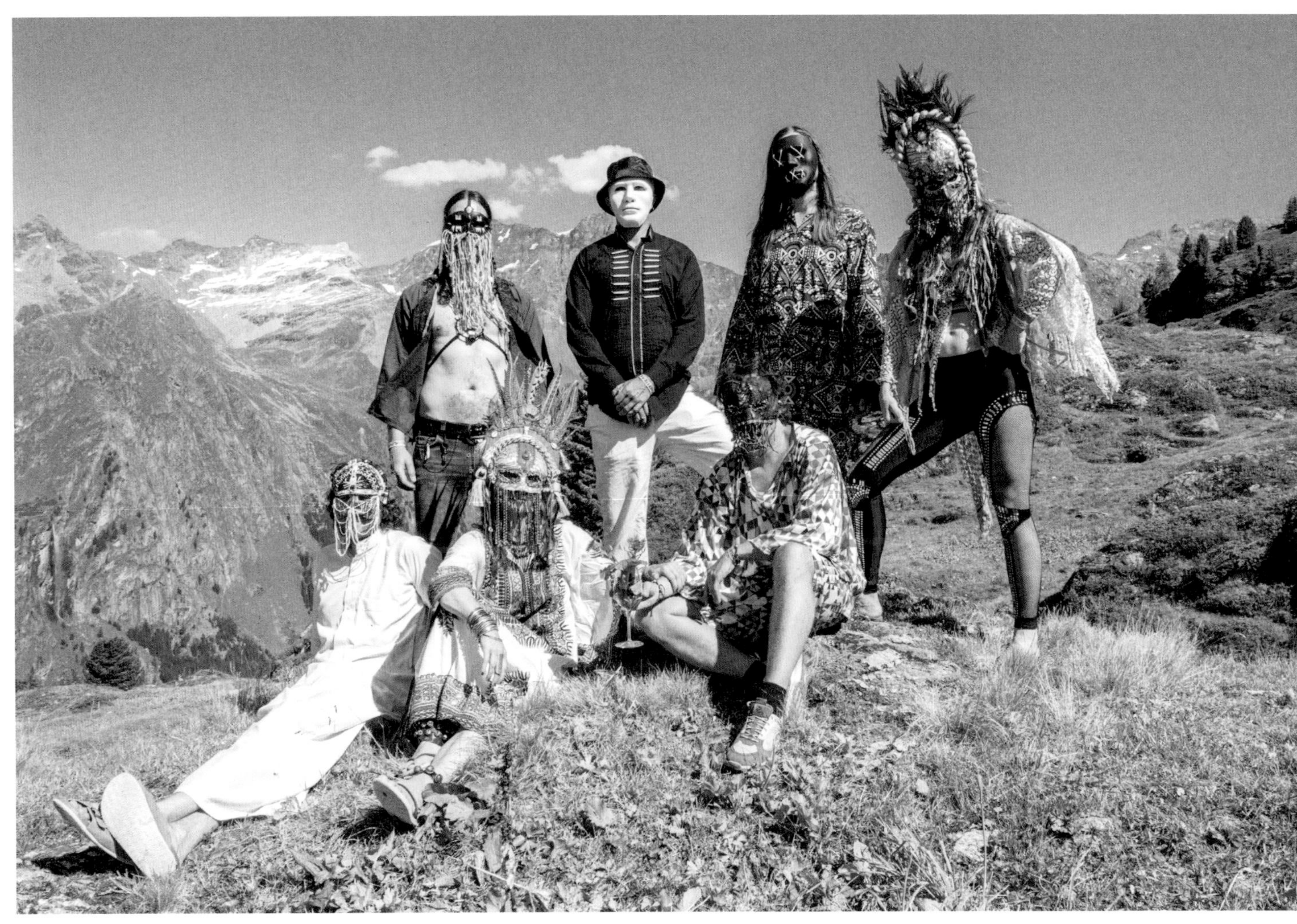

Music group | groupe de musique – Cabane de Brunet, Switzerland 2021

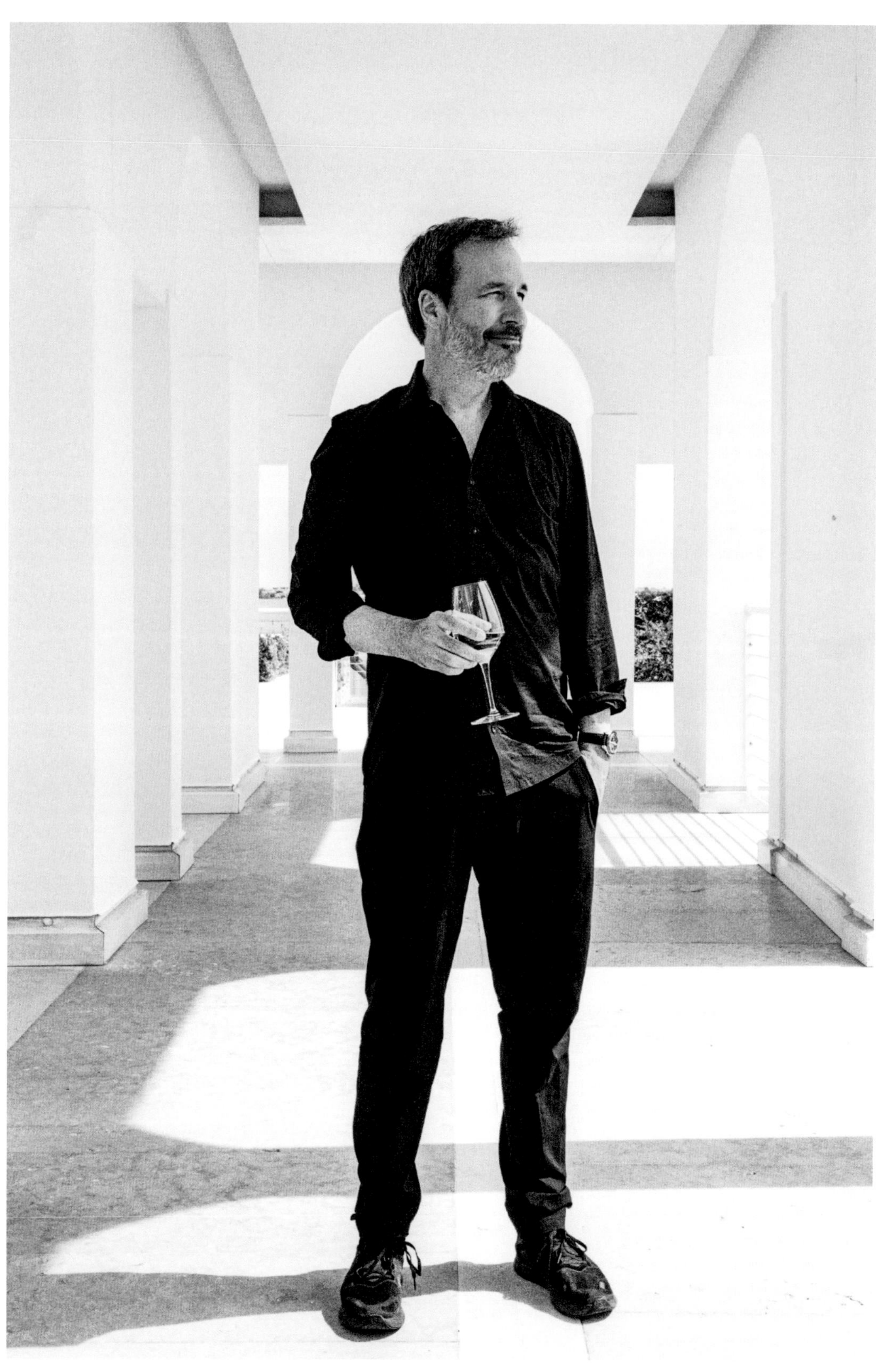

Denis Villeneuve

Film director and screenwriter | réalisateur de cinéma et scénariste – Venice, Italy 2021

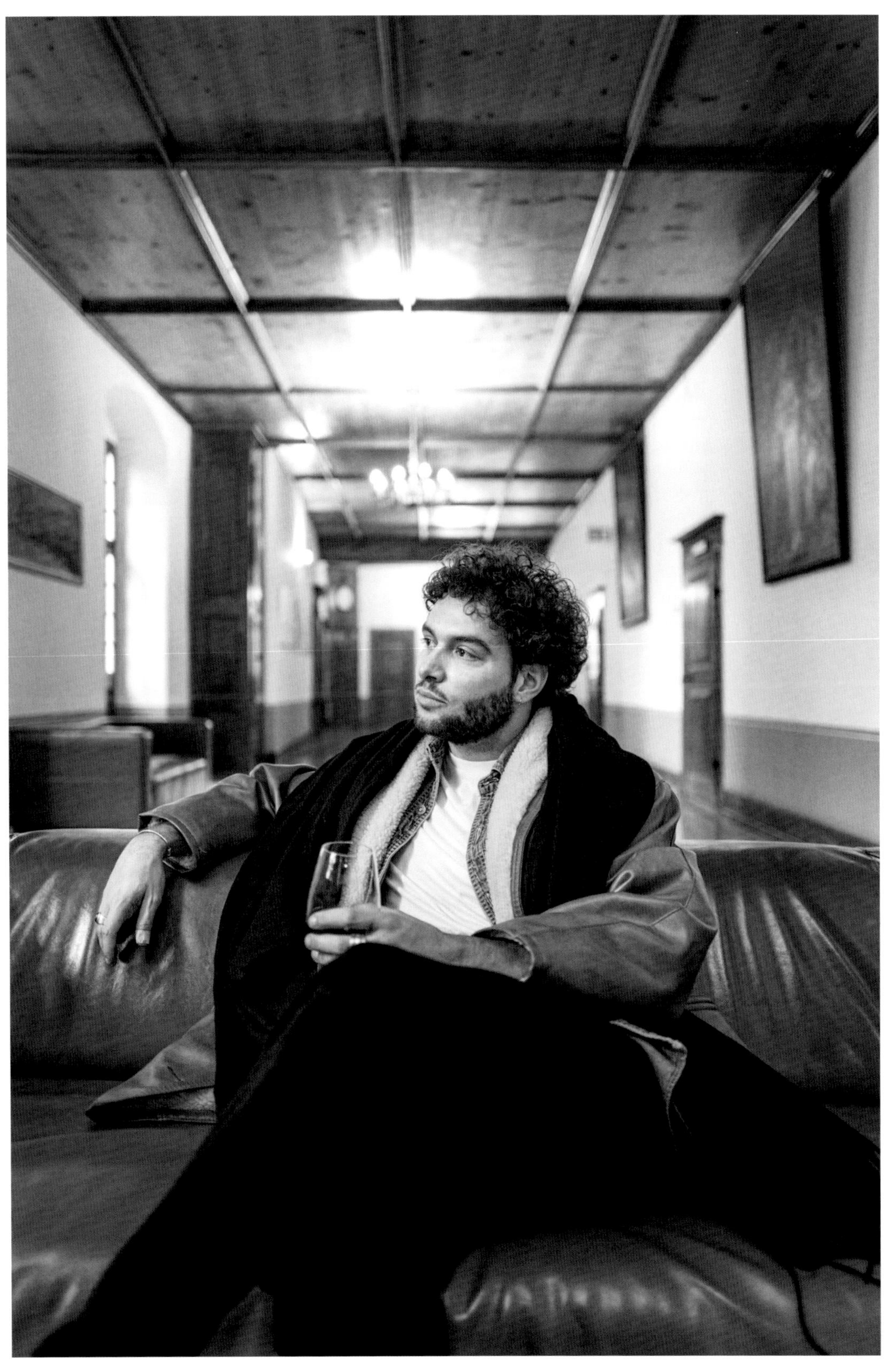

27

Artist | artiste – Fribourg, Switzerland 2021

Anton
Hasler

Oliver Stone

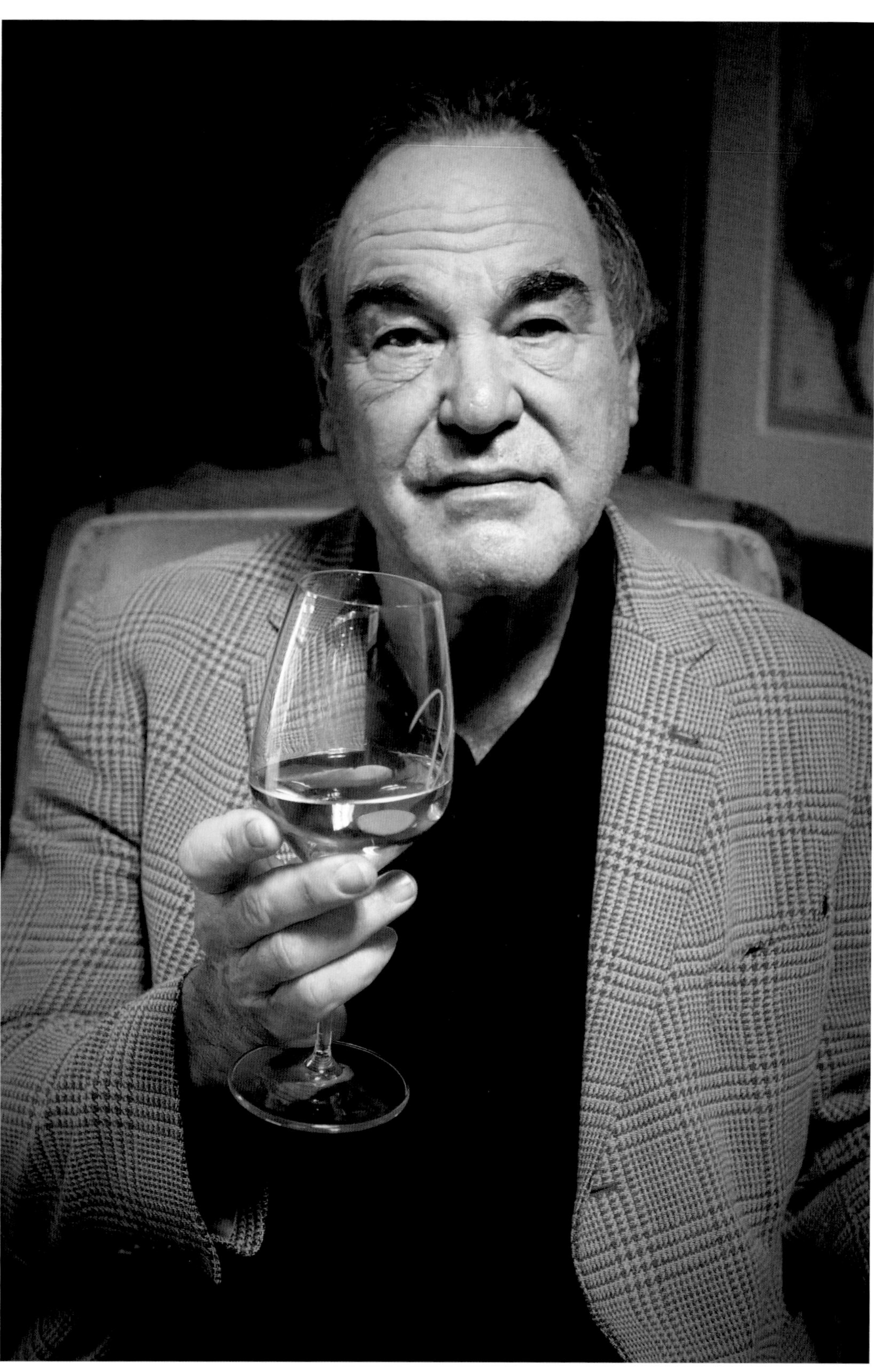

Film director, producer and screenwriter | réalisateur de cinéma, producteur et scénariste – Los Angeles, USA 2016

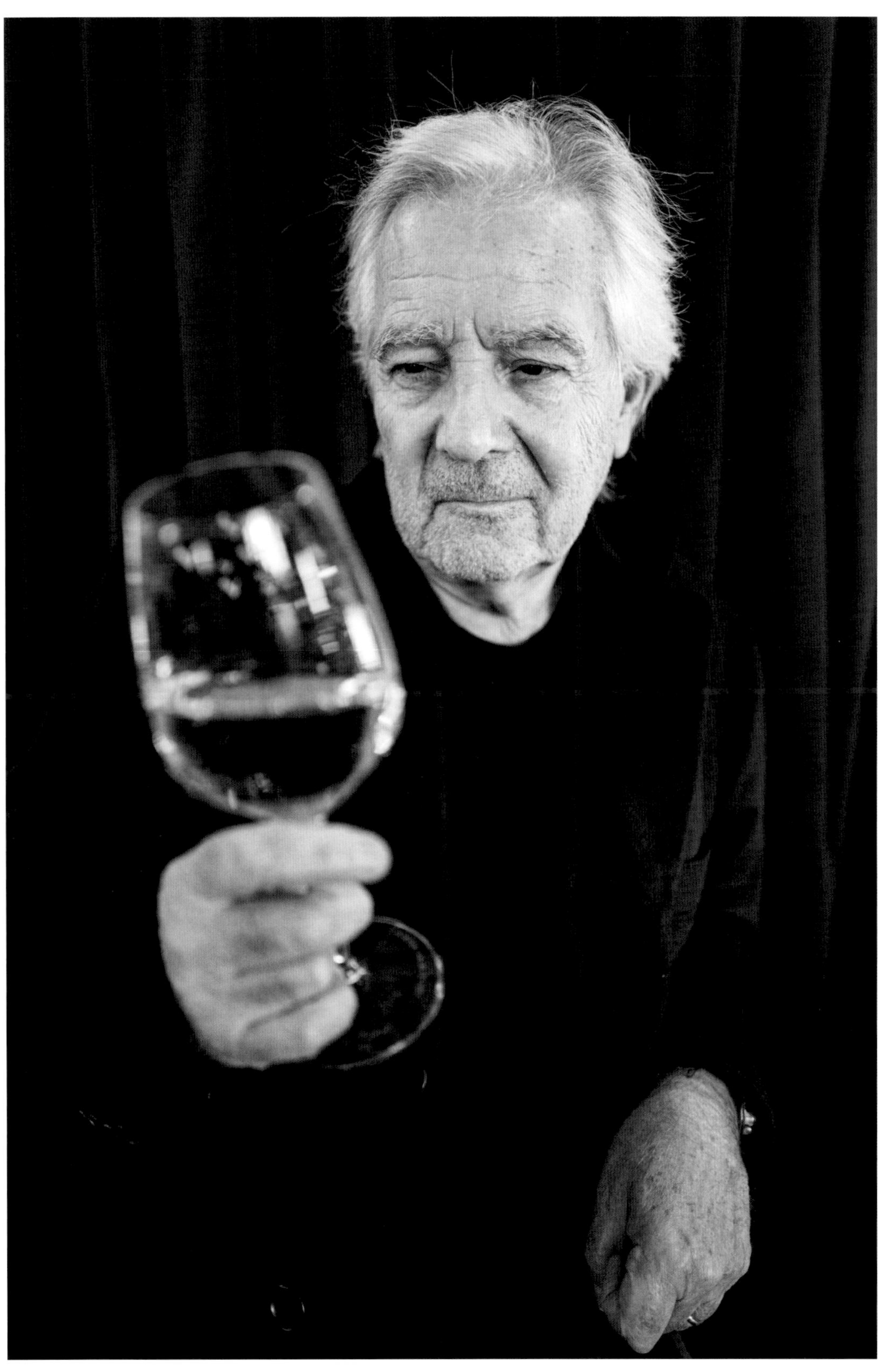

Actor | acteur – Paris, France 2021

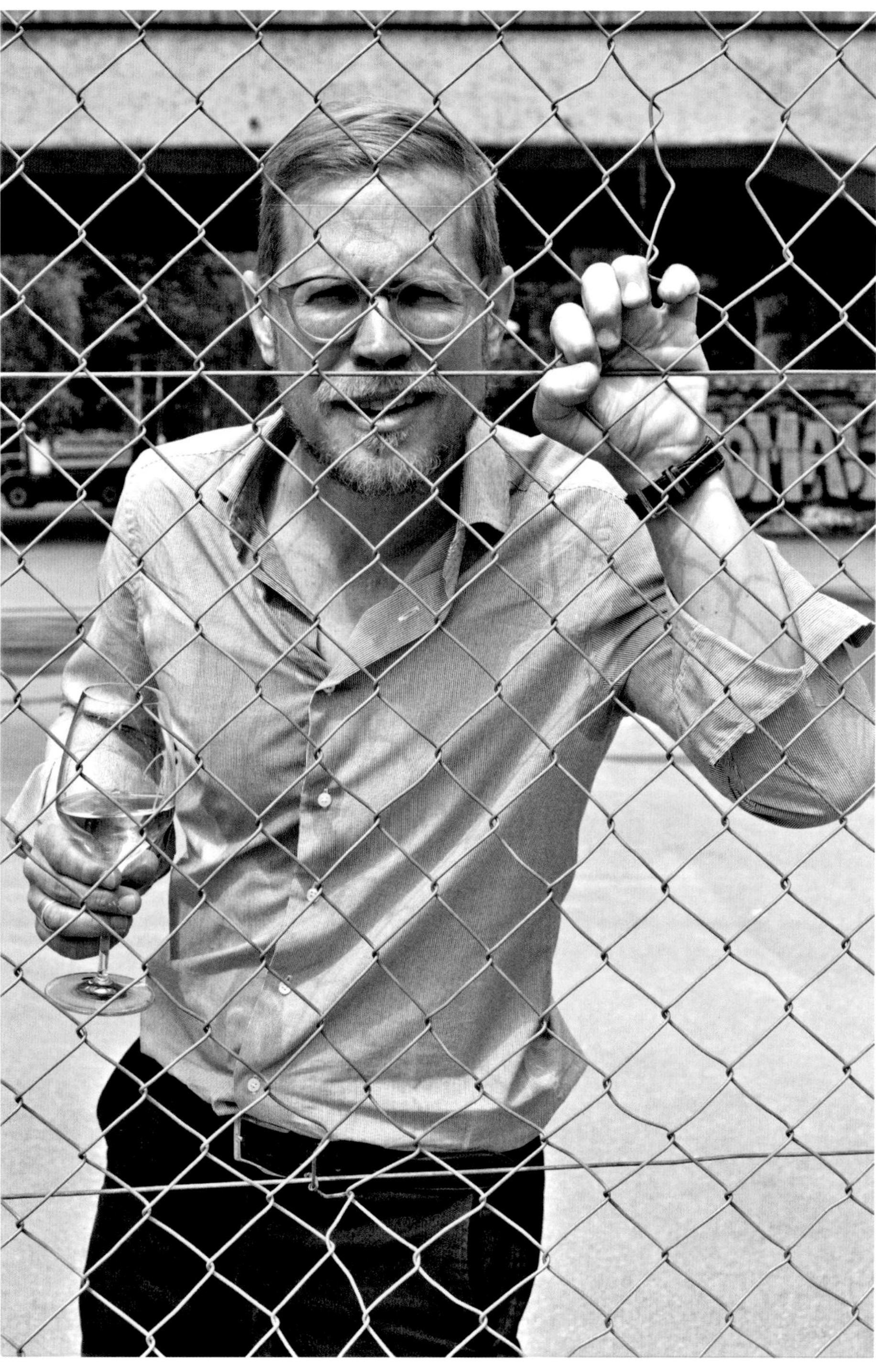

Jon
Bollmann

"creArtist" and director of Transhelvetica |
« créArtiste » et directeur de Transhelvetica – Zurich, Switzerland 2019

Painter | artiste peintre – Sierre, Switzerland 2021

Pierre Zufferey

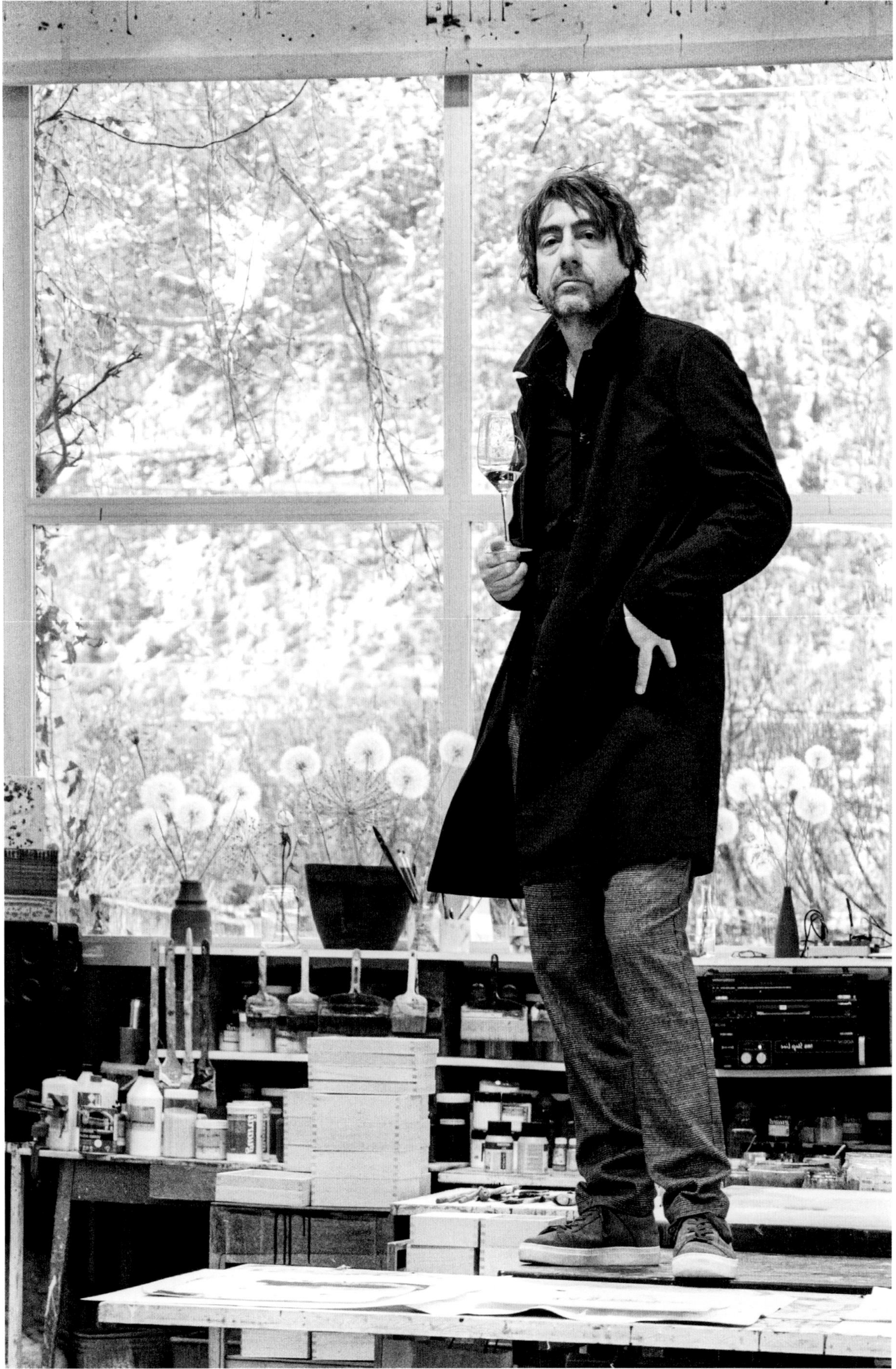

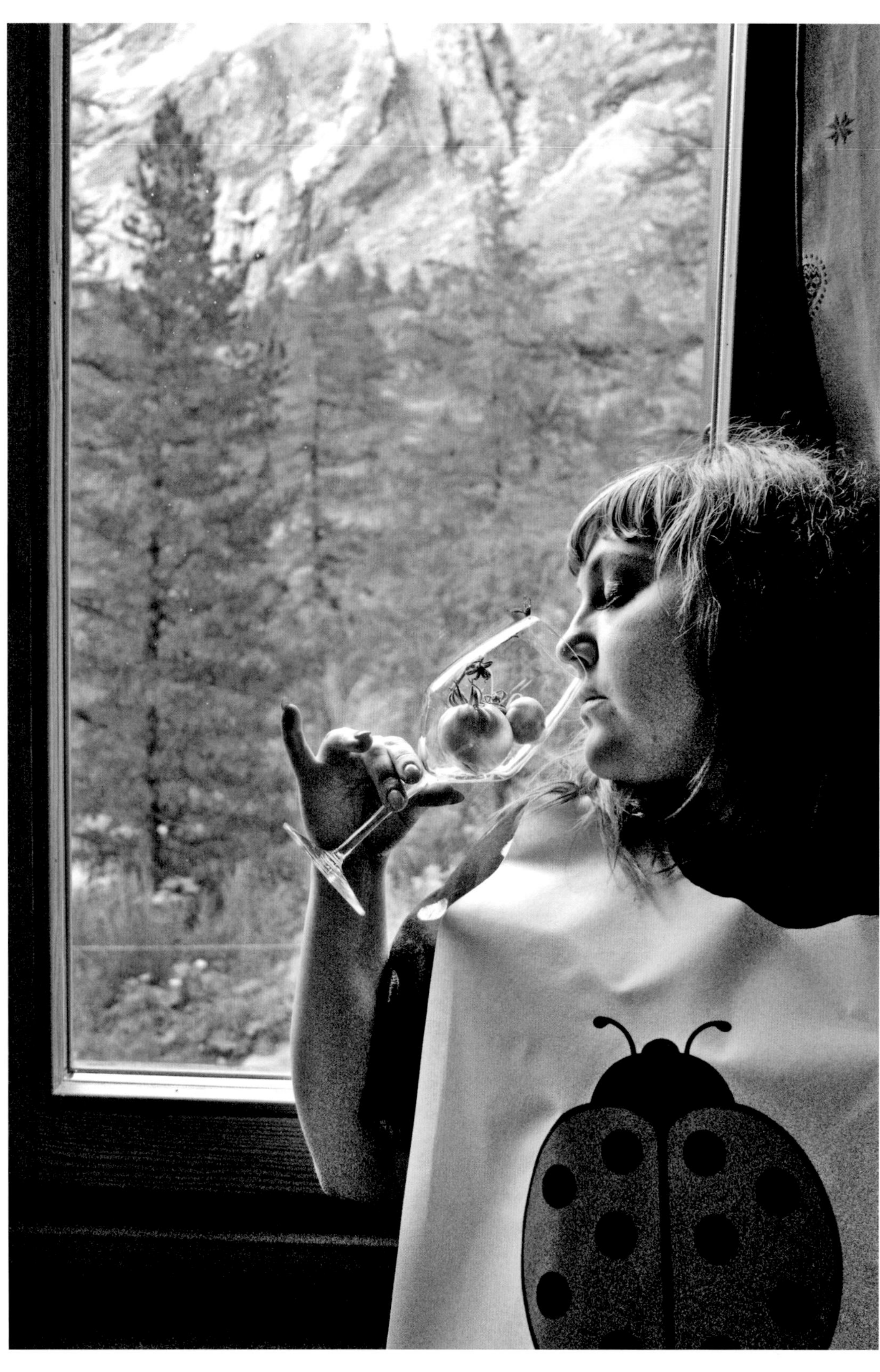

Beth Ditto

Singer and songwriter |
auteure, compositrice et interprète – Mauvoisin, Switzerland 2019

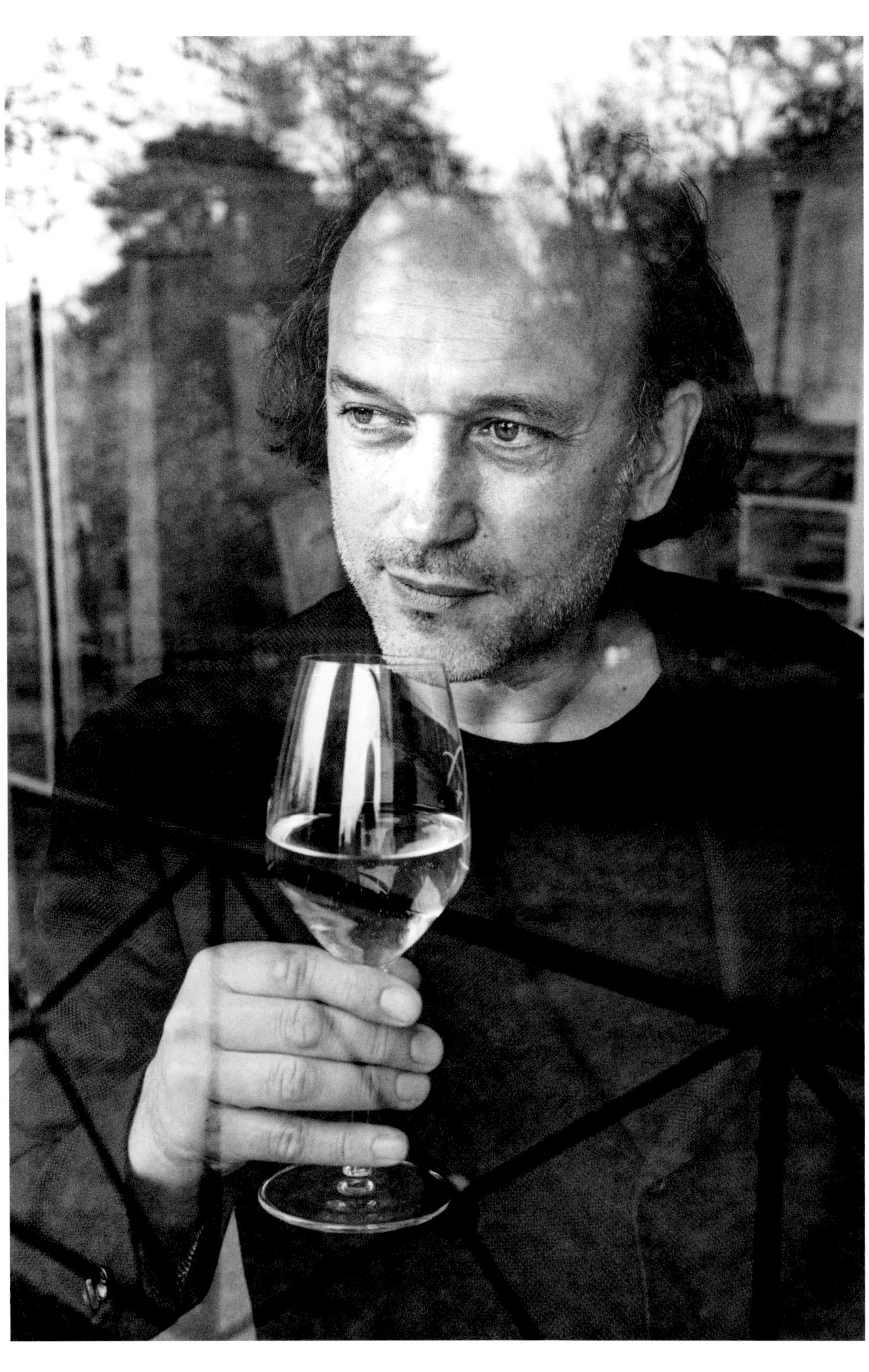

Actor, film director and photographer |
acteur, réalisateur de cinéma et photographe – Lausanne, Switzerland 2021

Vincent Perez

Arno Camenisch

Poet | poète – Bienne, Switzerland 2015

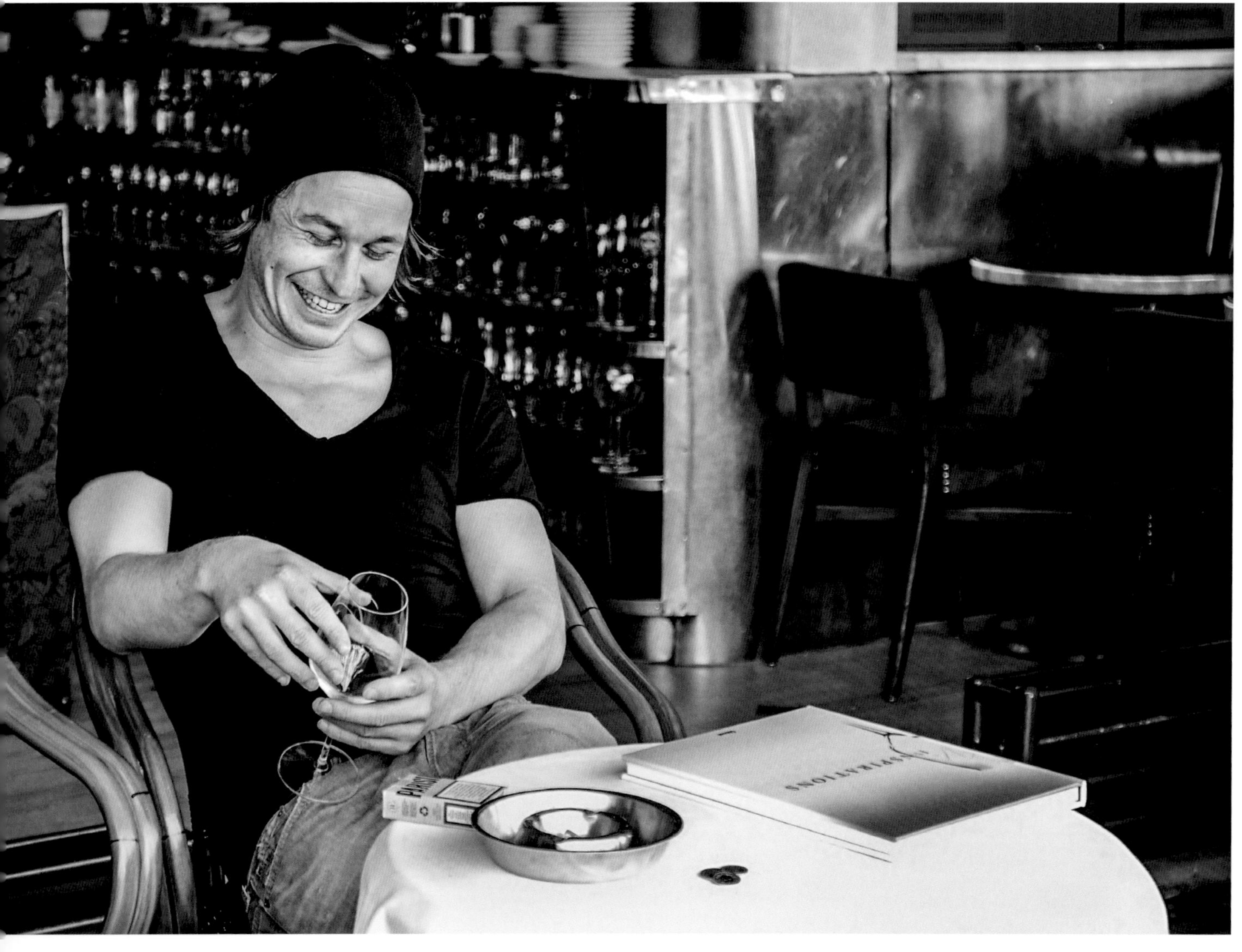

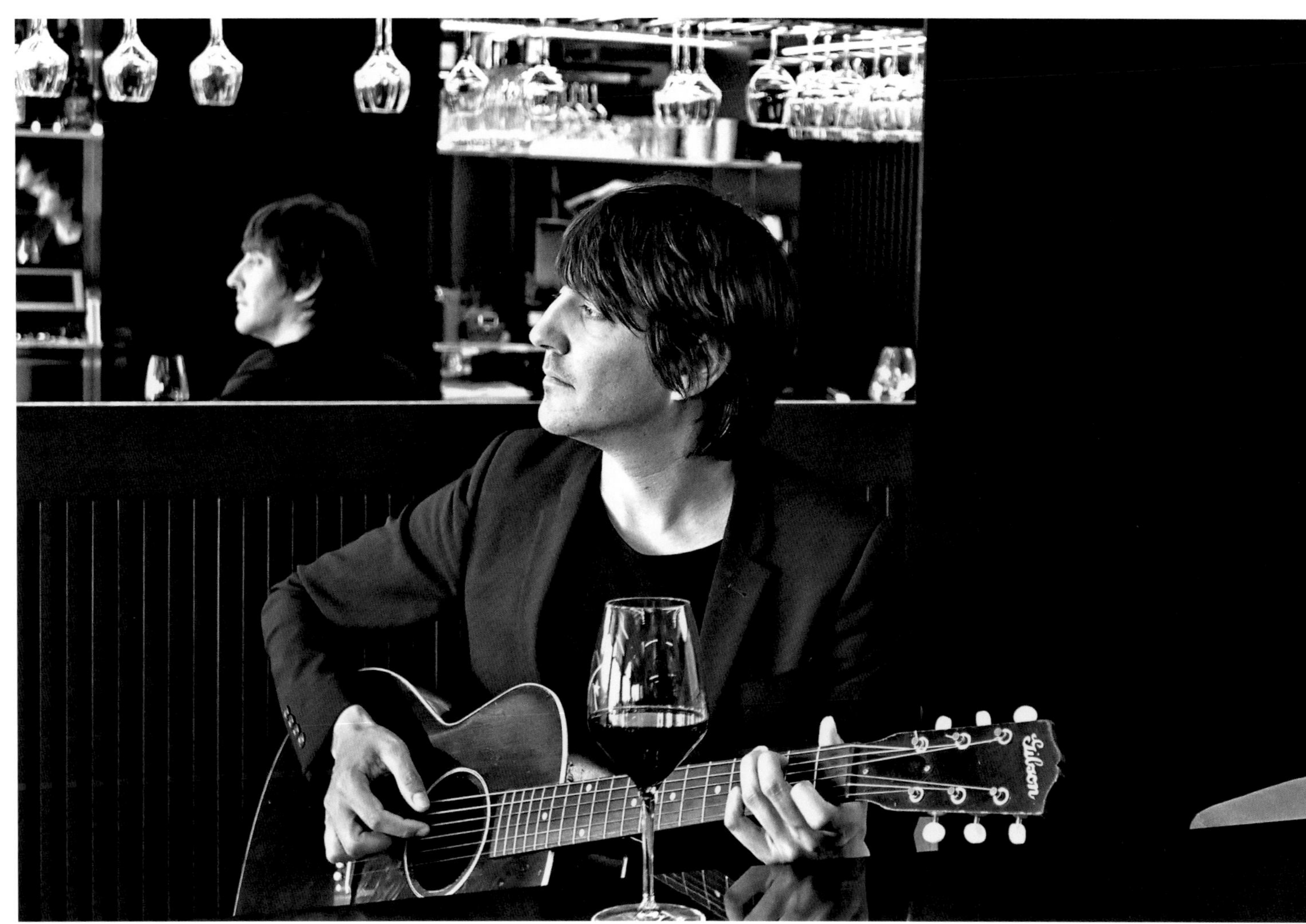

Singer and songwriter | auteur, compositeur et interprète – Sion, Switzerland 2017

Marc
Aymon

It starts with a captivating voice, a voice made for storytelling. A bewitching voice that adds to his charm and cultivates his authority as an actor, a voice that has traveled.
Javier Bardem resembles a sailor navigating waters where only great albatrosses roam. Spending time with him is an invitation to join a far-reaching journey, a journey that leaves its mark.
Eloquent, funny, cultured, joyful, sensitive, a politeness rarely seen – he is the antithesis of a diva. Friendship and family are his core values. Gazing at him in the arms of his three loves brings to mind the image of a fresco, a fresco so alive that you can hear the laughter – a promise of pure happiness.
When his eyes meet yours, it's as if he's photographing you, too. Javier resonates, radiating an undeniable freedom and generosity. His face is a constantly changing landscape, a brooding, fiery gaze, insightful and spellbinding. He holds an incredible power that jolts you awake. A towering pillar of quiet, caring wisdom – a complete man, seemingly capable of moving the oceans for any cause he defends.
Javier is one of those actors who lights our way: his appearances on the silver screen shape our cinematic imagination. Down to the finest detail, each of his roles has been tailor-made, and he infuses them with charisma and poetry. He is one of those titans who breathes substance and soul into each and every character. Capturing the light, he conveys his universe and never stops reinventing it. He is more than a superstar, more than a cult actor. His plurality is all his own.
After one meeting with him, you leave laden with life's precious treasures.
While a location remains the stage that hosts these shared moments, this stage is perfect. Every detail is worthy of an unforgettable masterpiece. A cloud appears to mistake itself for a speech bubble in a comic book. Furrows sweep across a land capable of carrying the hopes of the world, a place for catching dreams, with a heavy aura, as if in black and white.
A shaft of light from the heavens settles on his smiling face. With eyes half-closed, Javier savors the landscape's wild beauty under an August sun hanging high against the sky.
It seems that one of life's most beautiful gifts lies in the magic of a moment suspended in time. My encounter with Javier Bardem, in the art of nature, is a perfect example.

Gérard-Philippe Mabillard

C'est d'abord une voix qui me cueille, une voix faite pour les contes. Une voix envoûtante qui est l'un de ses charmes et nourrit son autorité d'acteur. Une voix qui a voyagé.
Javier Bardem a l'allure du marin navigant sous des latitudes où l'on ne croise que les grands albatros. Passer des heures avec lui, c'est l'accompagner dans ce voyage au long cours. On n'en sort pas indemne.
Disert, drôle, cultivé, jovial, sensible, d'une politesse rare, il est l'antithèse d'un artiste diva.
L'amitié et la famille sont pour lui des valeurs cardinales. L'admirer tenant ses trois amours dans ses bras, c'est comme être face à une fresque : une fresque si vivante, qu'on en entend les rires, promesses de tous les bonheurs.
Quand il vous observe, c'est comme s'il vous photographiait lui aussi. Javier vibre, irradie une liberté et une générosité incontestables. Son visage est un paysage mouvant. Un regard sombre et brûlant qui sonde et accapare. Il y a chez lui une incroyable puissance qui est là pour vous secouer, vous réveiller. Immense bloc de sagesse tranquille attentif aux autres, il est un homme entier, semblant capable de déplacer des océans pour les causes qu'il défend.
Javier fait partie de ces acteurs qui illuminent nos chemins : ses apparitions au cinéma modèlent notre imaginaire cinématographique. Chacun de ses rôles est taillé à sa démesure : il y infuse charisme et poésie. Il est l'un de ces géants qui insufflent un supplément d'âme à chacun de ses personnages. Capteur de lumière, il véhicule un et ne cesse de le réinventer. Il est mieux qu'une superstar, mieux qu'un acteur culte : il est un pluriel à lui tout seul !
D'une rencontre avec lui, on revient chargé de précieux trésors de vie.
Et si un lieu reste un décor, accueillant ces instants partagés, celui-ci est parfait. Chaque détail est digne d'un inoubliable tableau de maître. Un nuage qui ressemble à s'y méprendre à une bulle de bande dessinée. Des griffes tracées dans une terre propice à porter toutes les espérances. Un lieu attrape-rêve, une atmosphère dense, comme en noir et blanc.
Un rai de lumière descendu des étoiles est venu se poser sur son visage souriant. Les yeux mi-clos, Javier savoure la beauté sauvage du paysage. Sous le soleil d'août, au dernier étage, au contact du ciel.
Il paraît que l'un des plus beaux cadeaux de la vie réside dans la magie du temps suspendu. Ma rencontre avec Javier Bardem, grande promenade en plein art, en est la parfaite illustration.

Gérard-Philippe Mabillard

JAVIER BARDEM

Actor | acteur – Madrid, Spain 2020

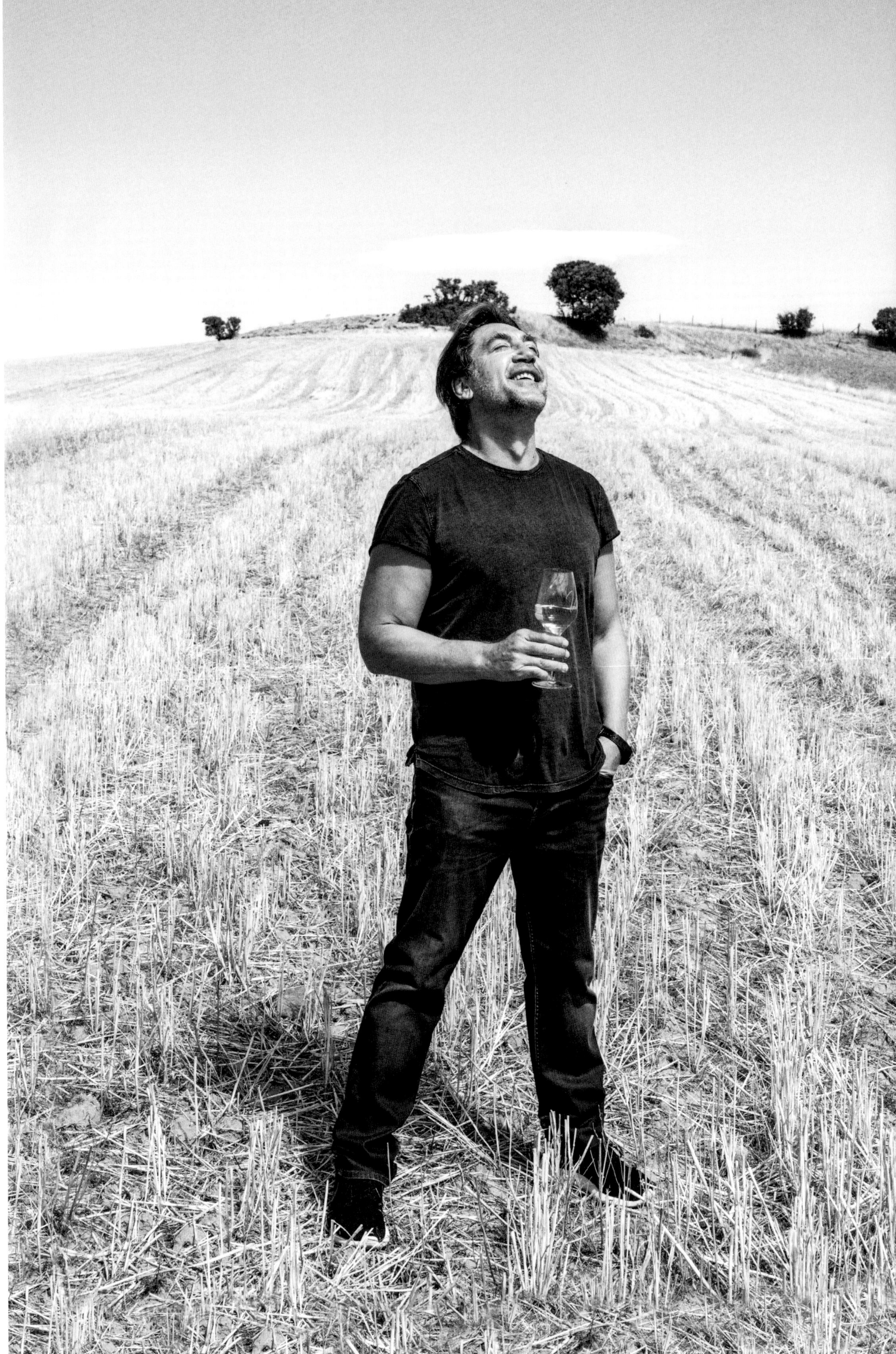

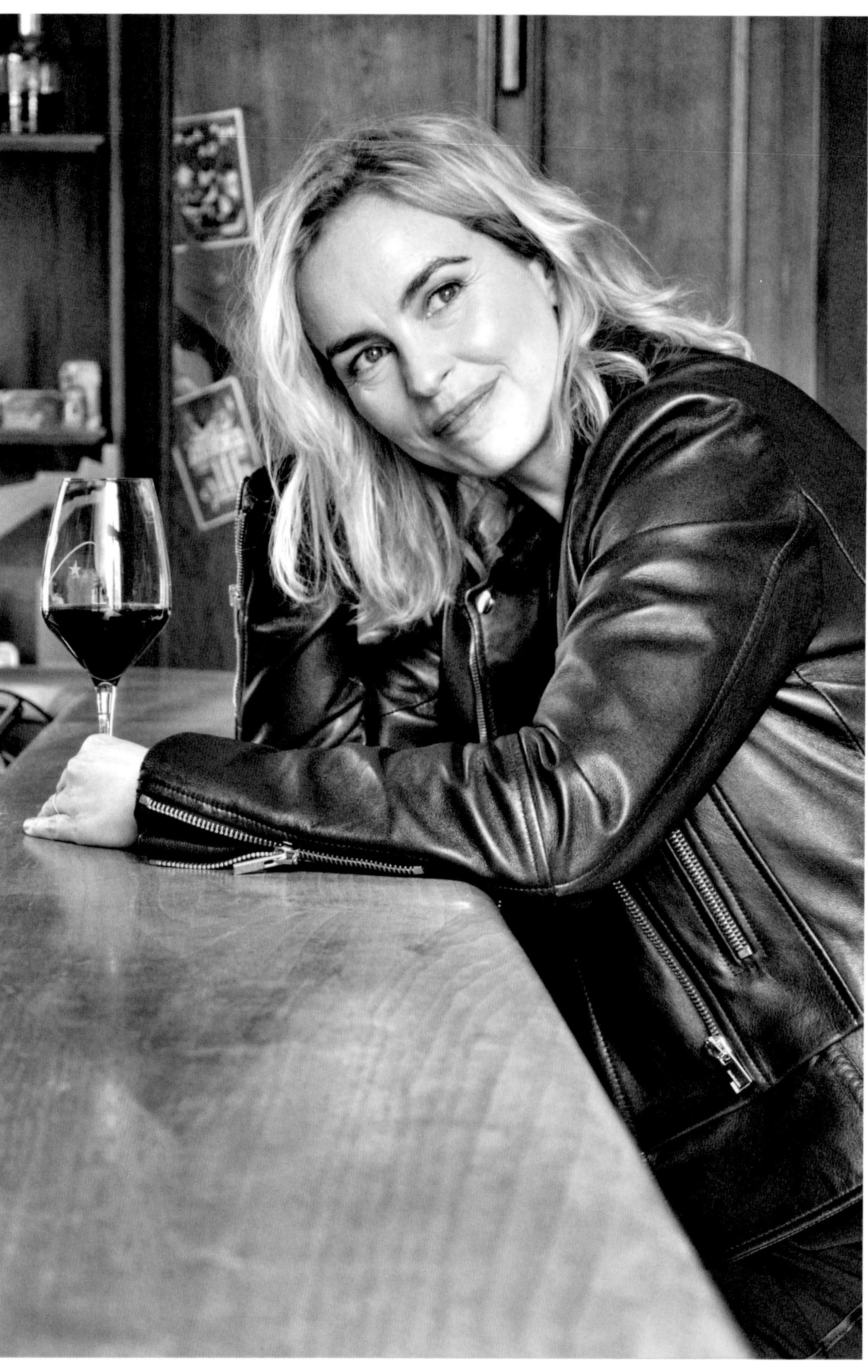

Nina Hoss

Actress | actrice – Berlin, Germany 2020

Joël
Dicker

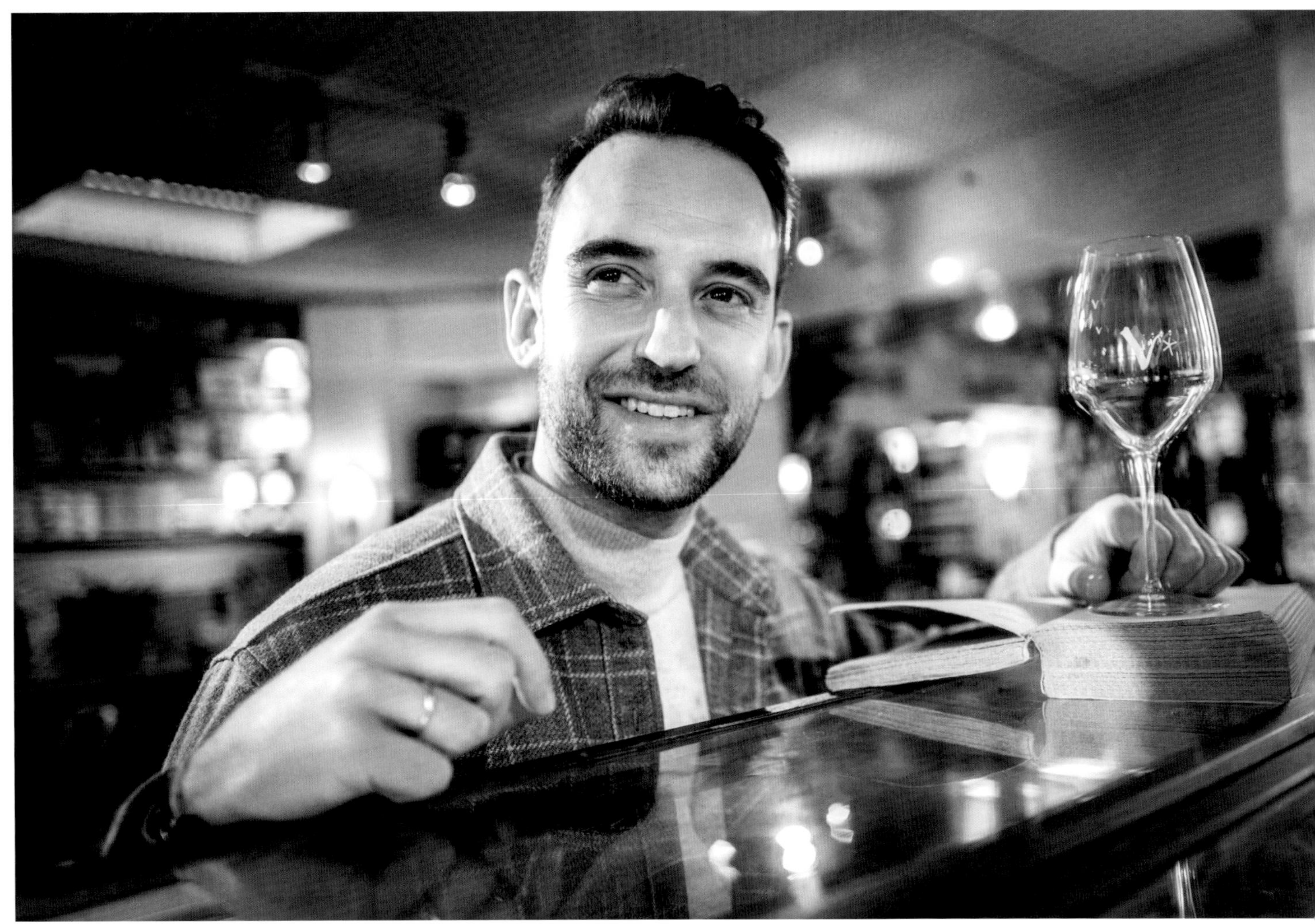

Writer | écrivain – Paris, France 2022

Barbara Dennerlein

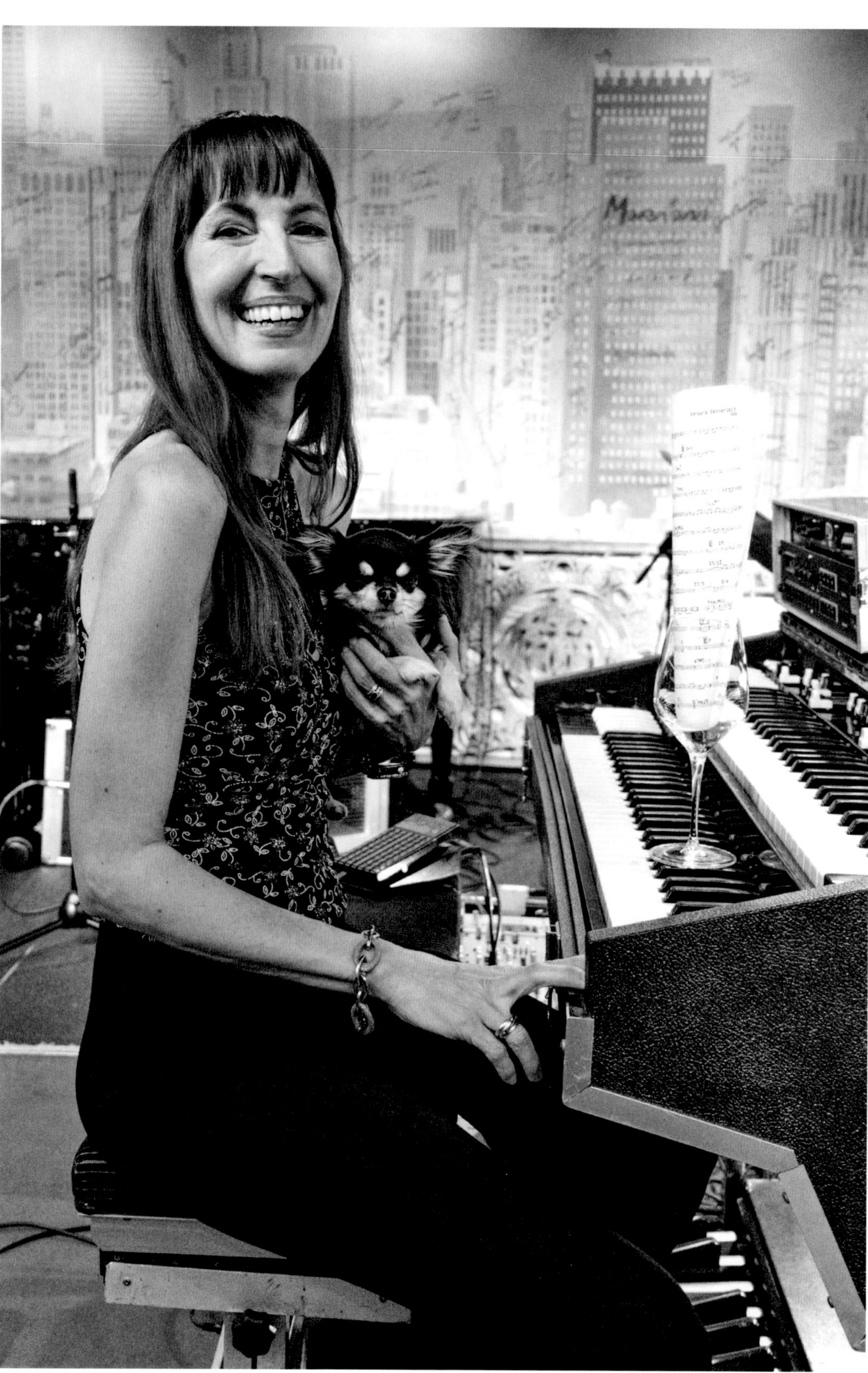

Jazz organist | organiste de jazz – Berne, Switzerland 2019

Pascal Auberson

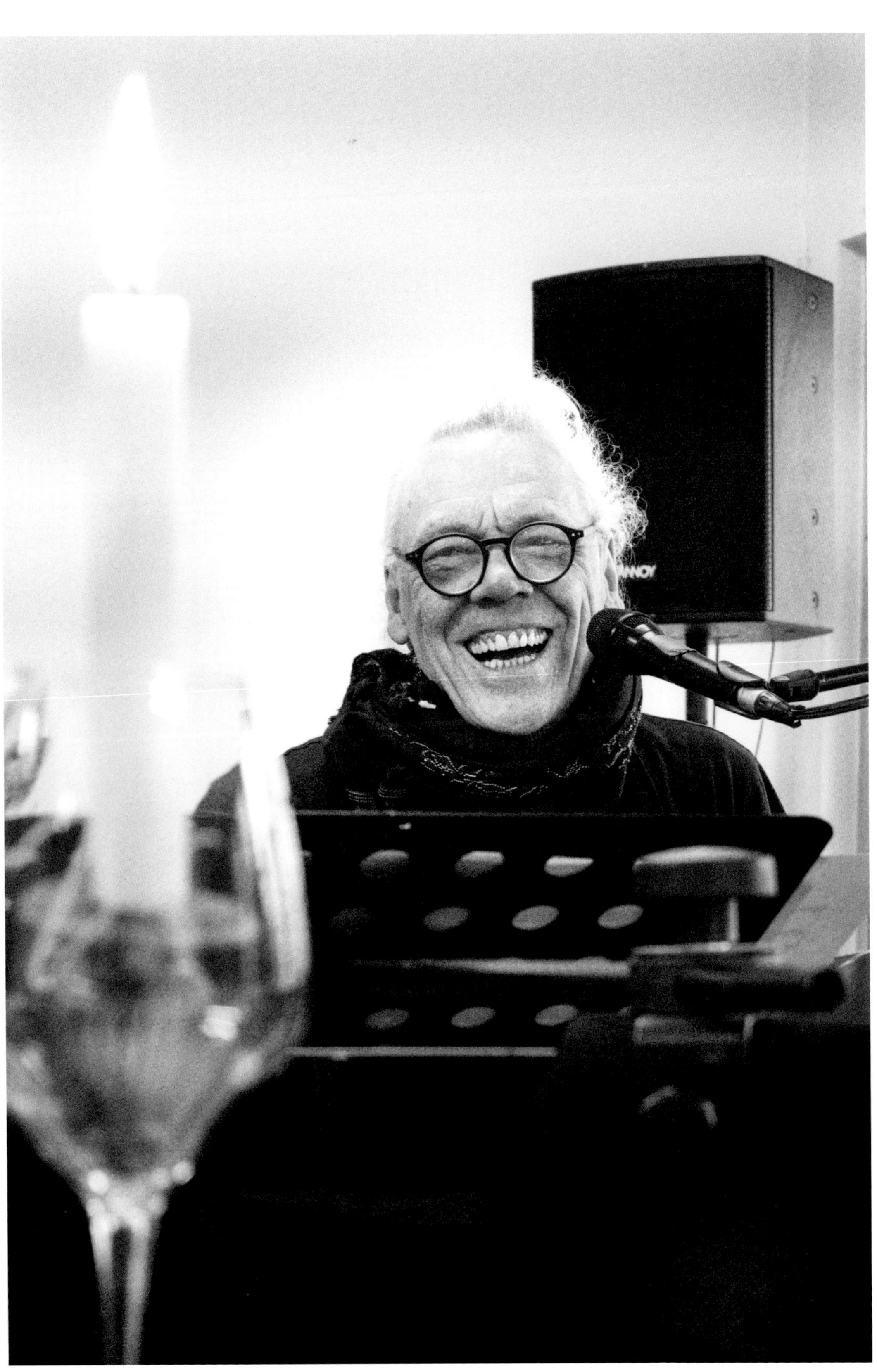

Singer, percussionist and pianist |
chanteur, percussionniste et pianiste – Lausanne, Switzerland 2021

Paul Anderson

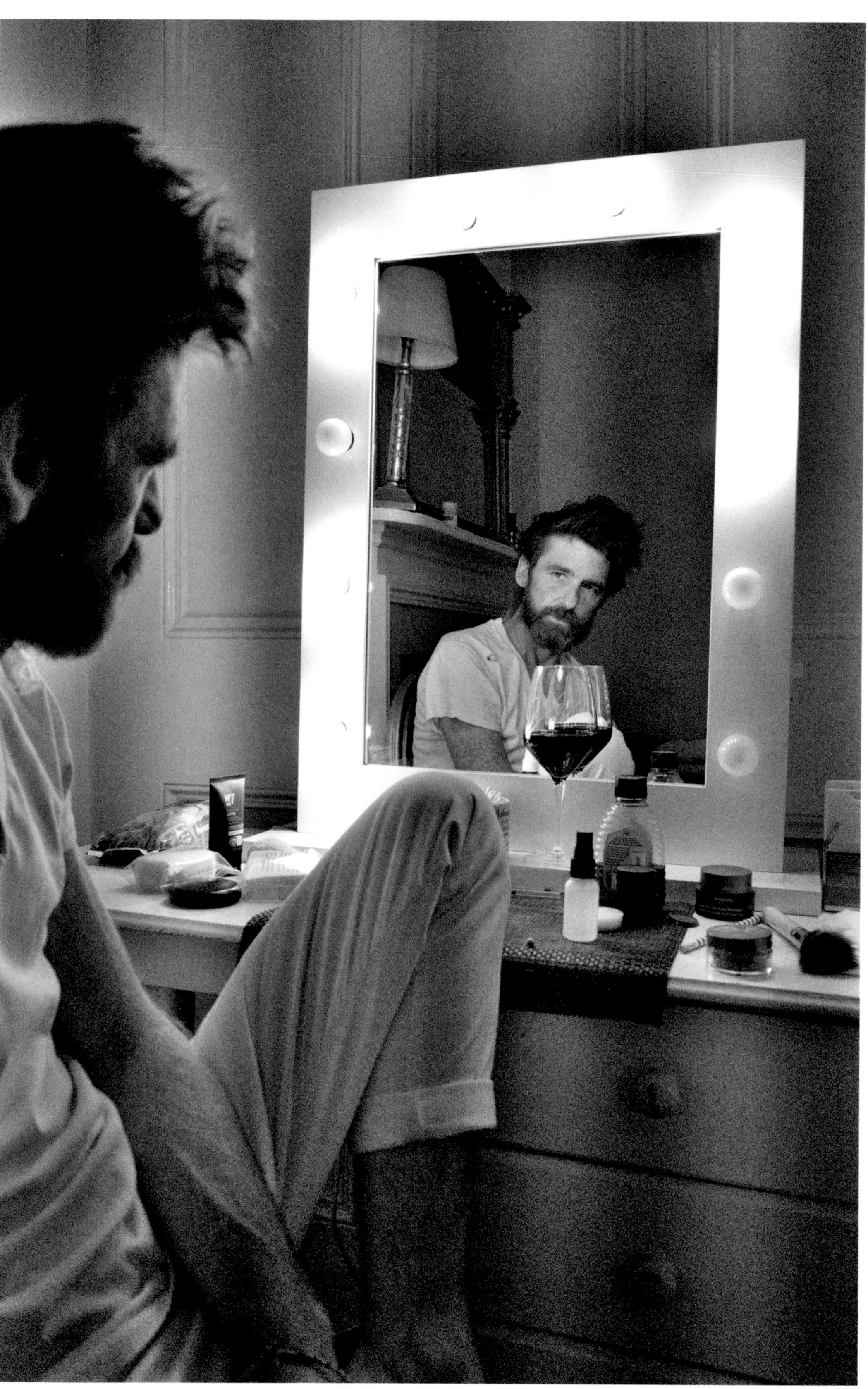

Actor | acteur – London, UK 2018

Youn
Sun Nah

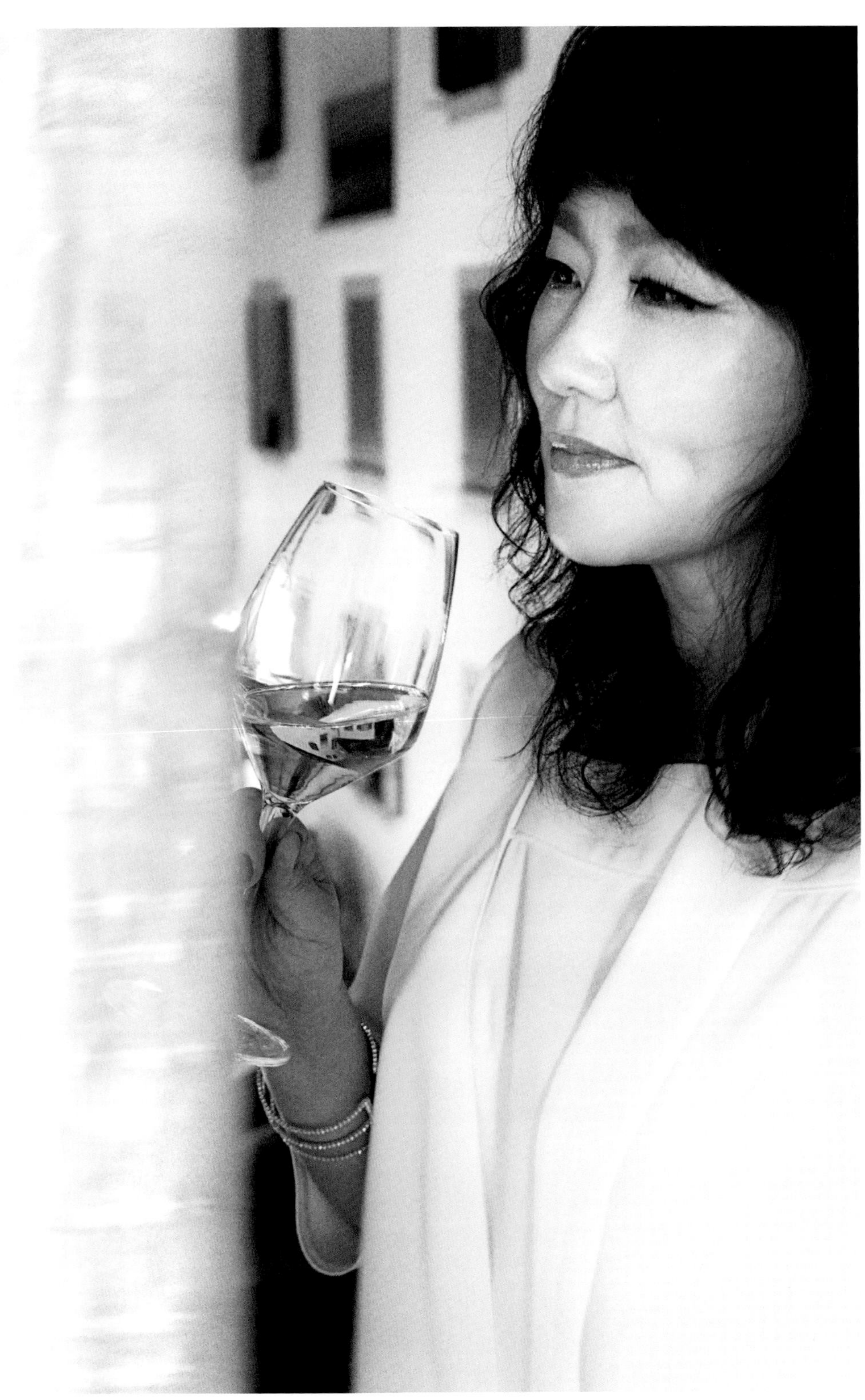

Jazz singer | chanteuse de jazz – Cully, Switzerland 2018

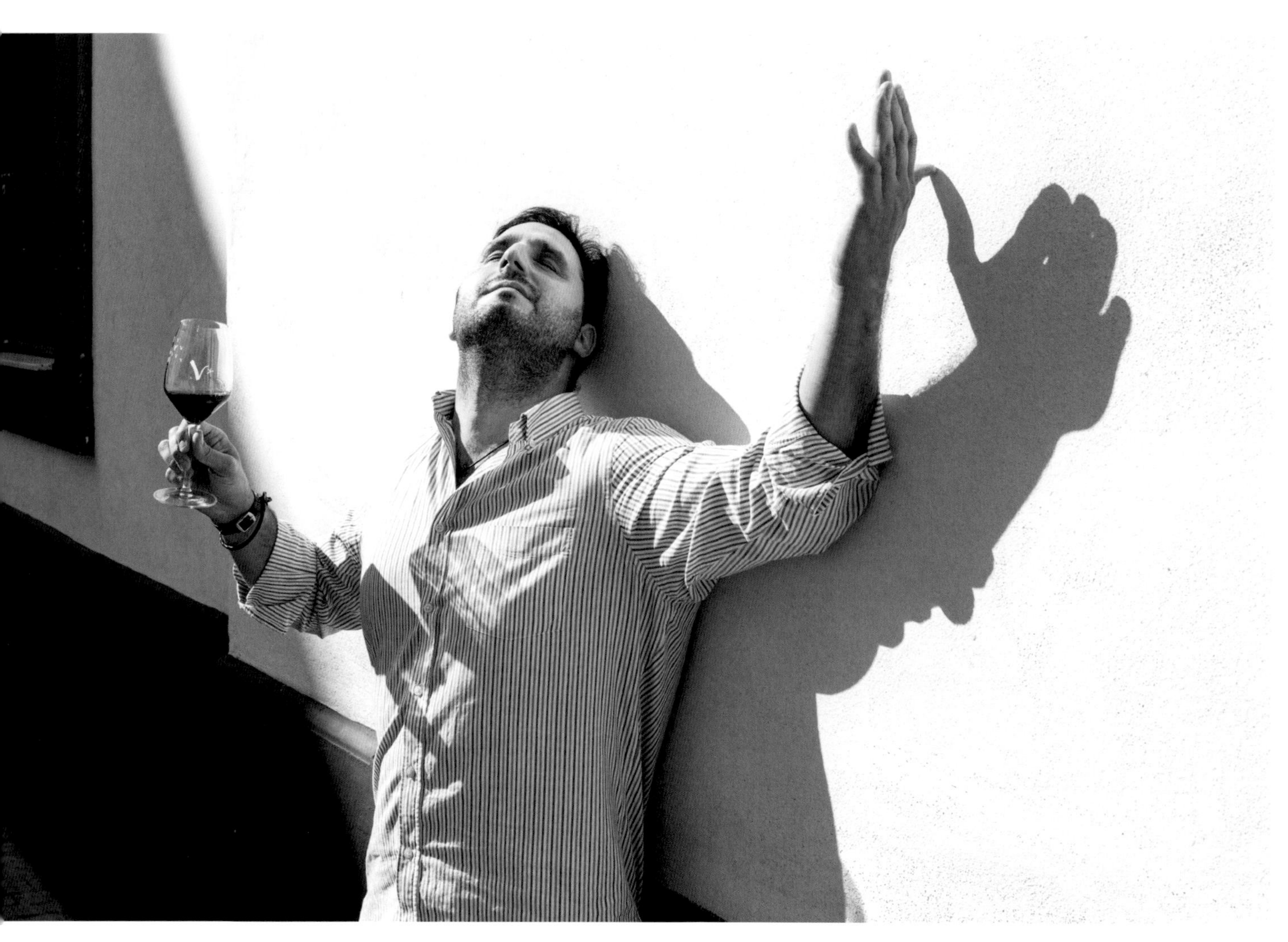

Chef
Javi
Abascal

Seville, Spain 2021

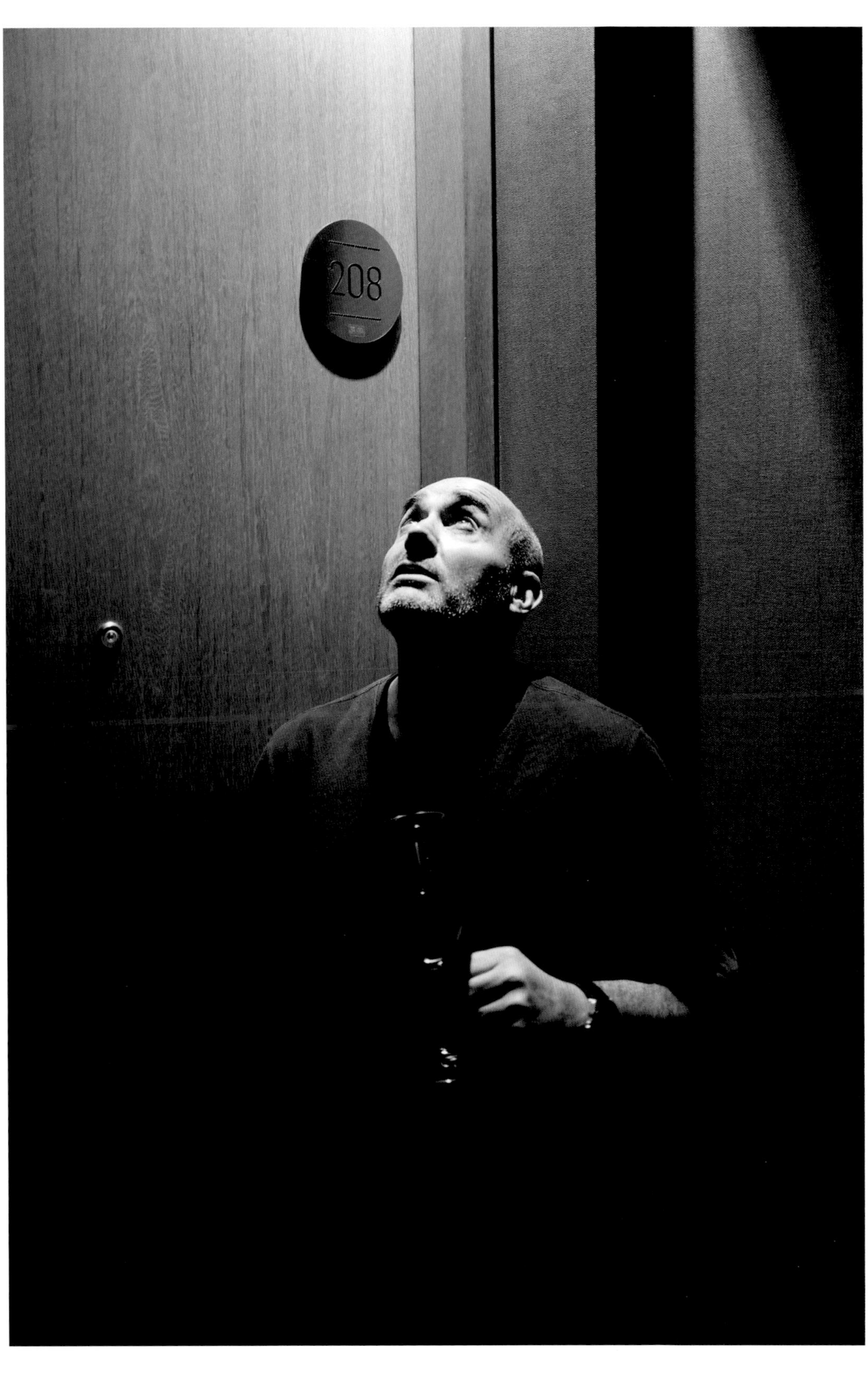

Photographer | photographe – Bogotá, Colombia 2021

Ale
Burset

Patrick
Ferla

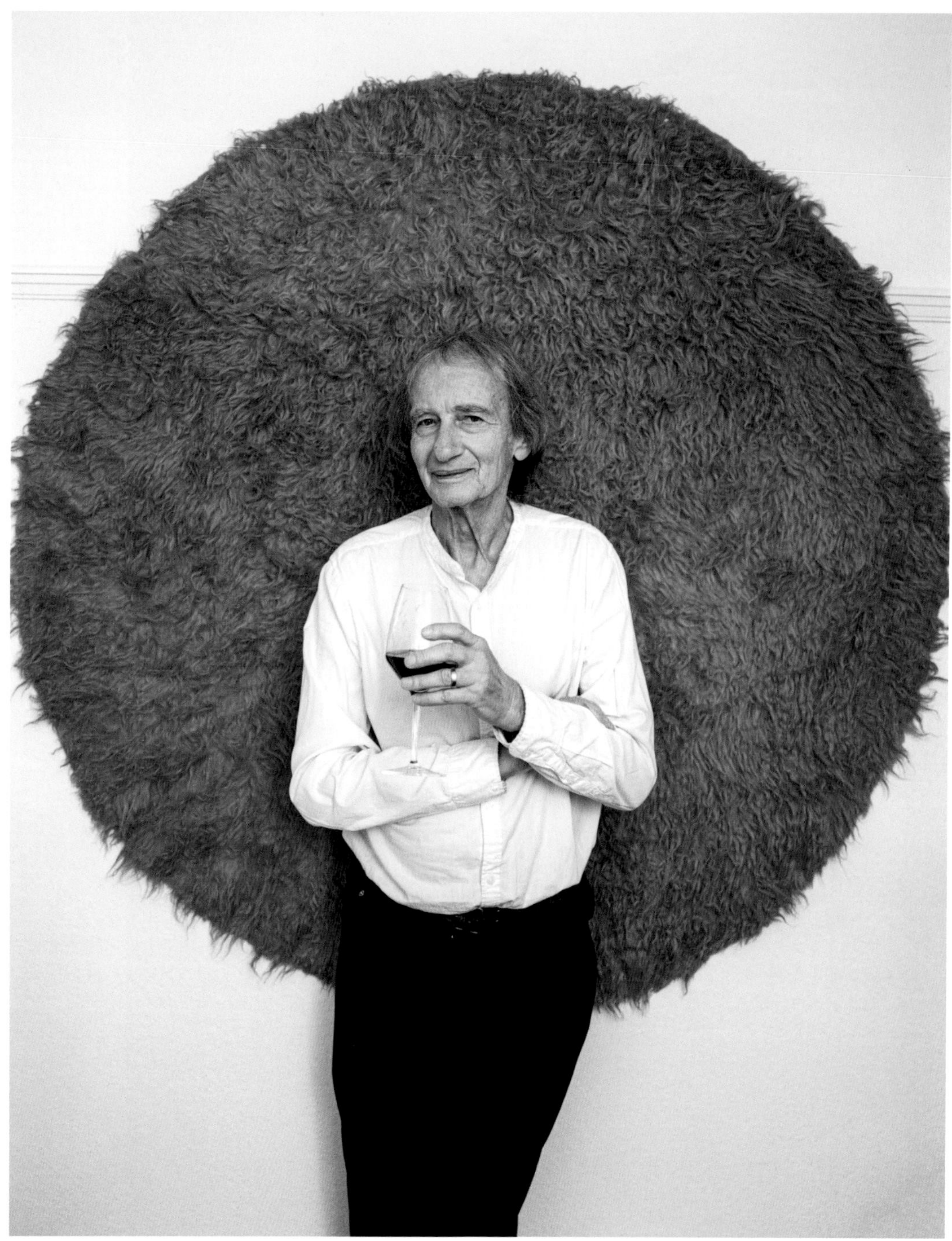

Cultural journalist and writer | passeur de culture et écrivain – Corseaux, Switzerland 2022

Marie-Thérèse Chappaz

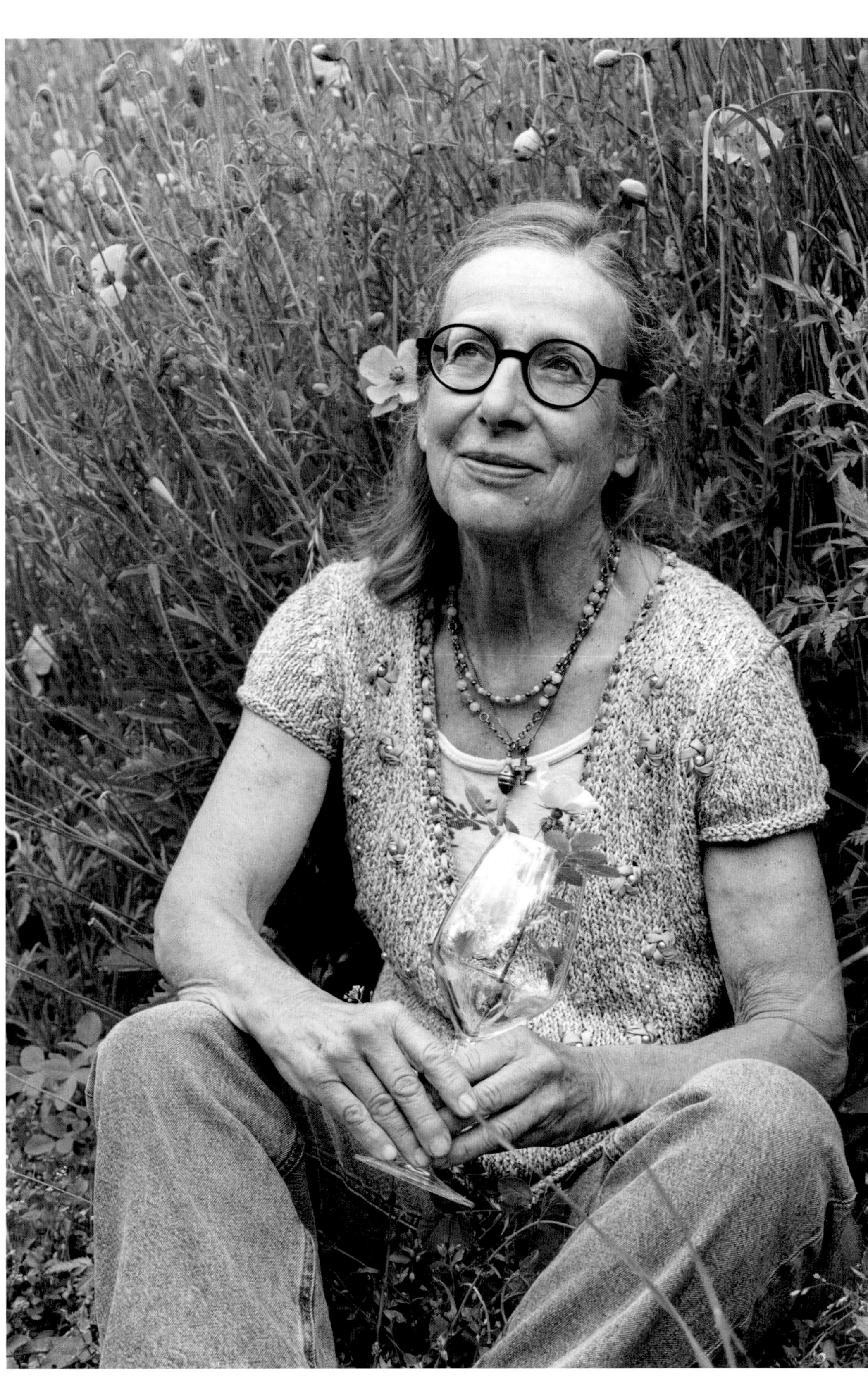

Winemaker | vigneronne – Fully, Switzerland 2021

Chef
Jean-André
Charial

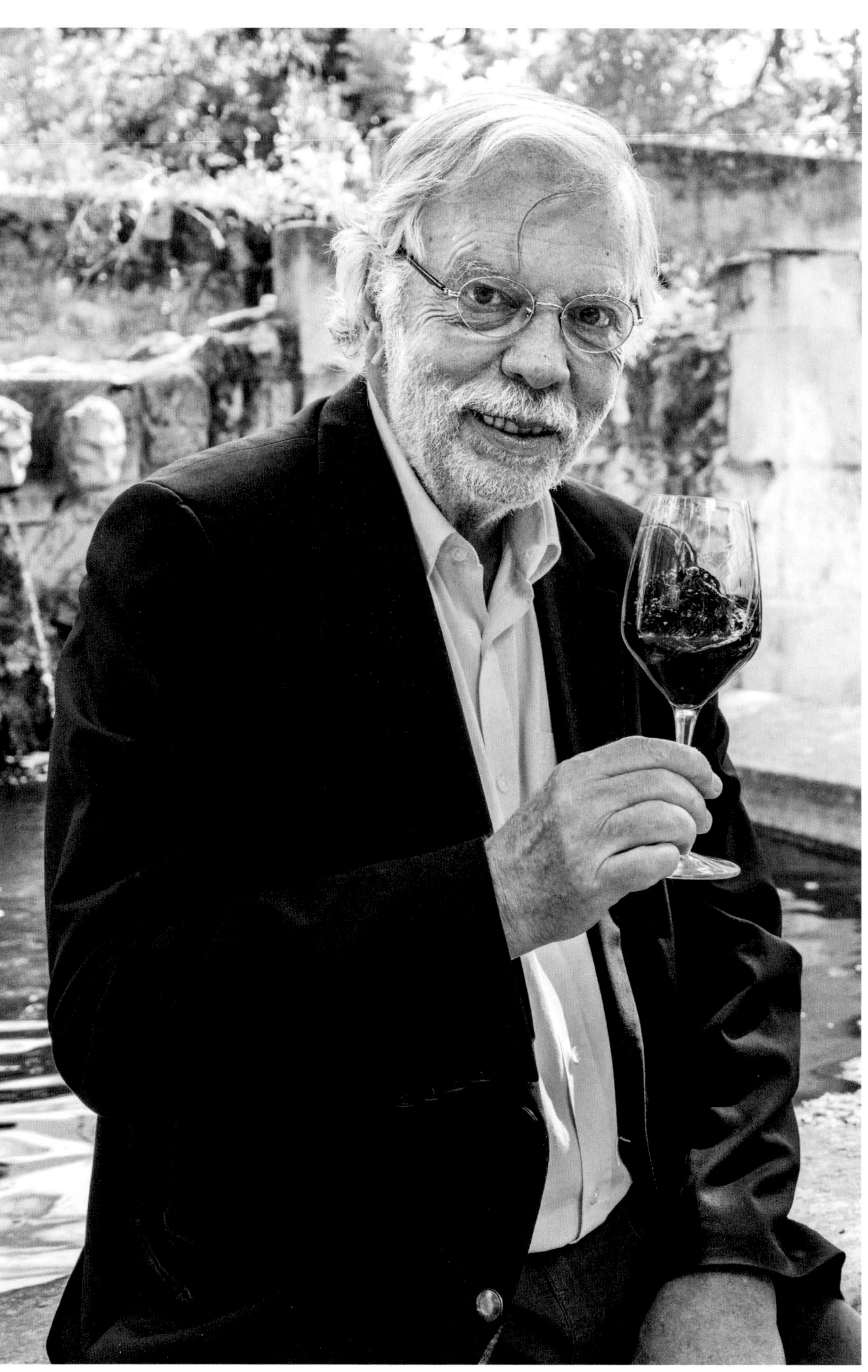

Les Baux-de-Provence, France 2020

Patrick Besson

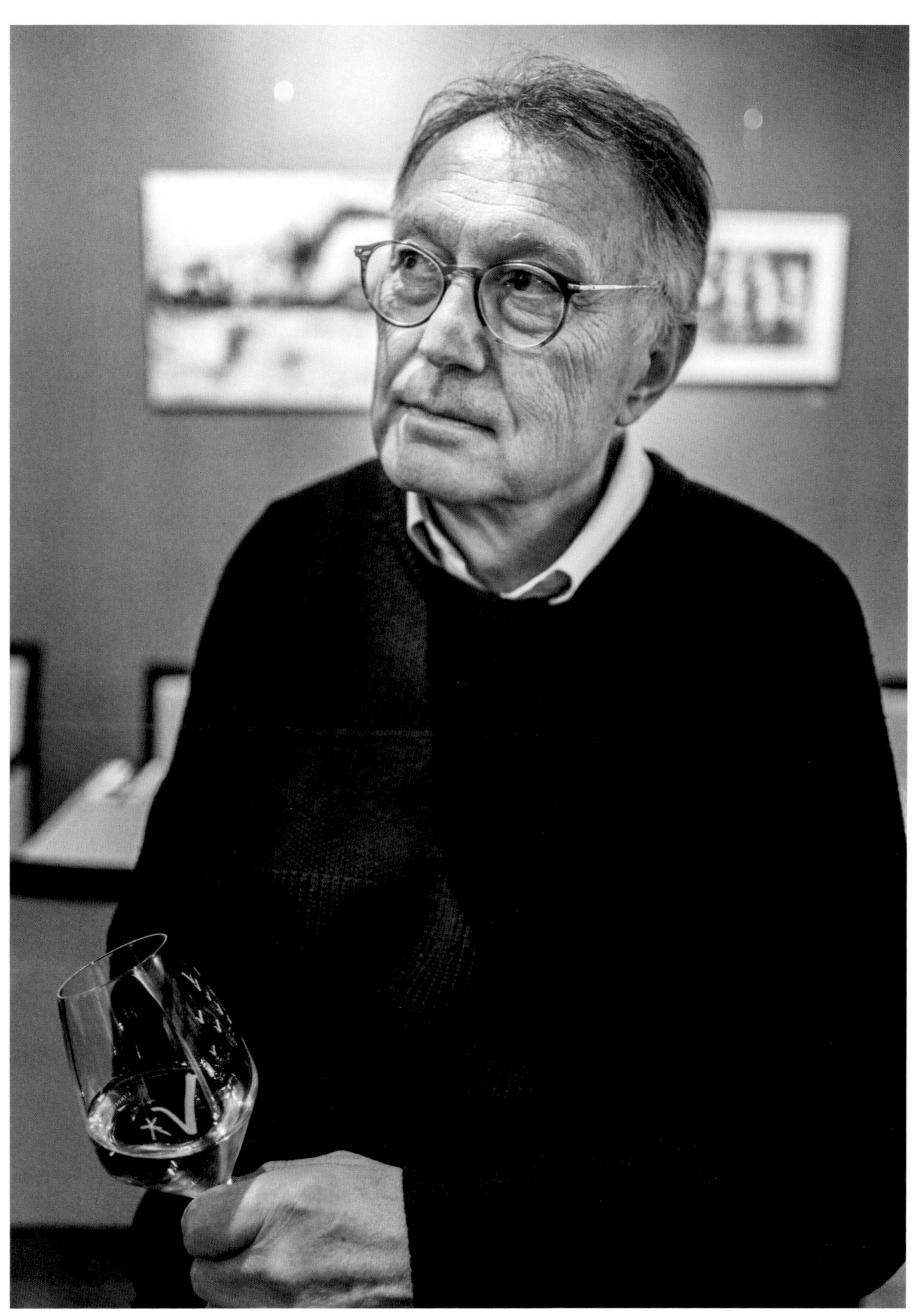

Writer | écrivain - Paris, France 2022

Daniel Brühl

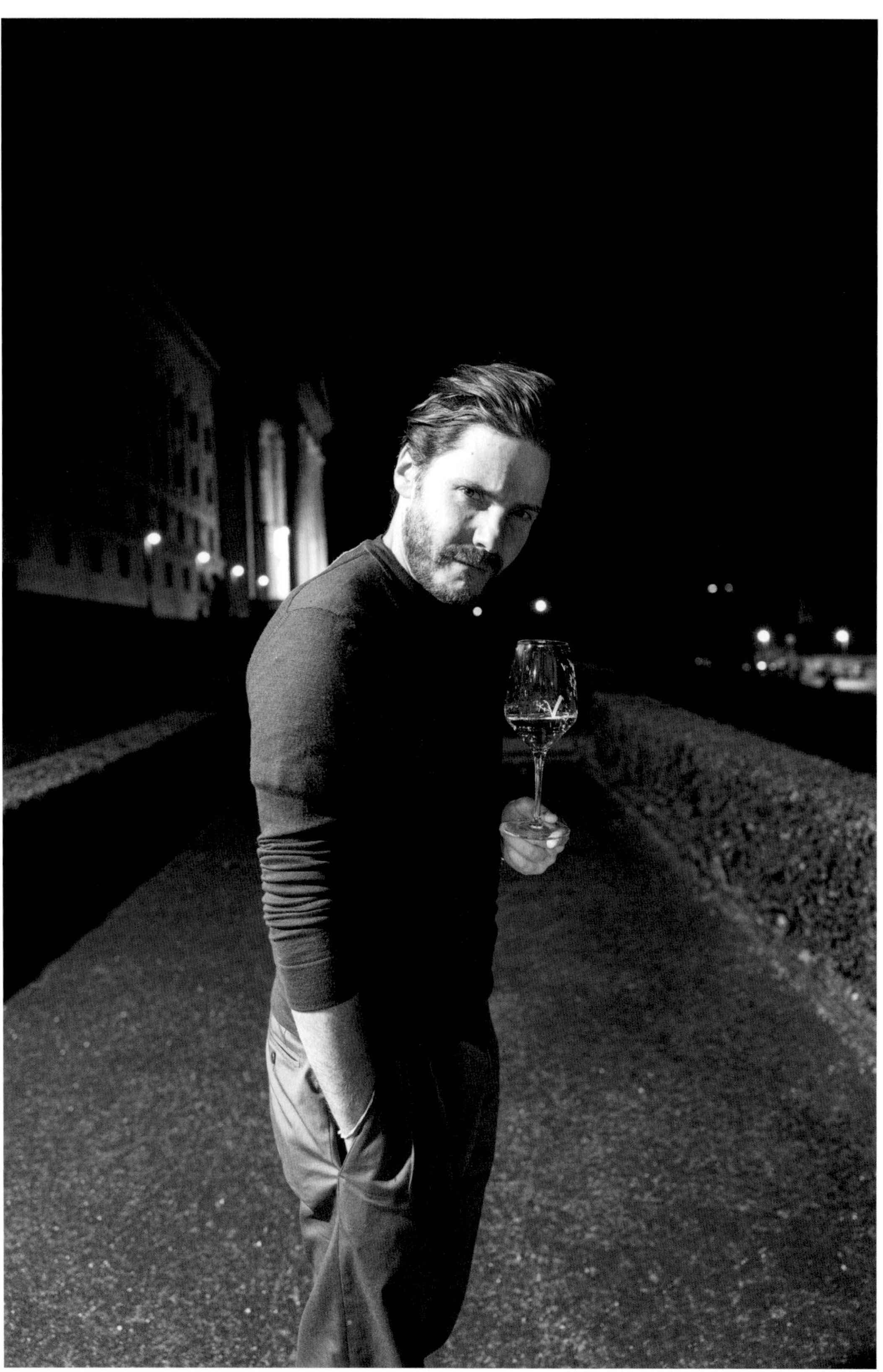

Actor | acteur – Lausanne, Switzerland 2022

Christopher Walken

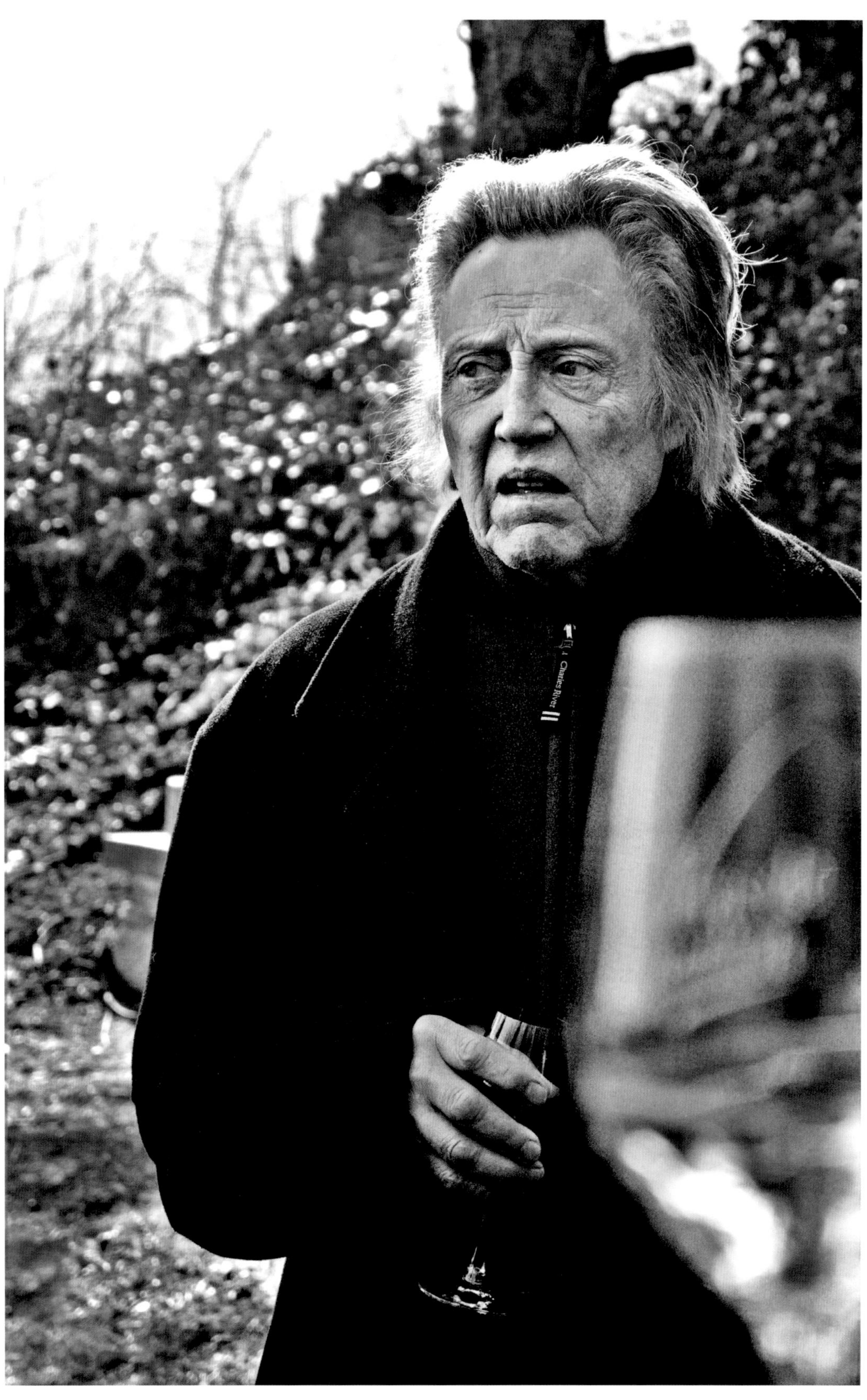

Actor | acteur – Saillon, Switzerland 2018

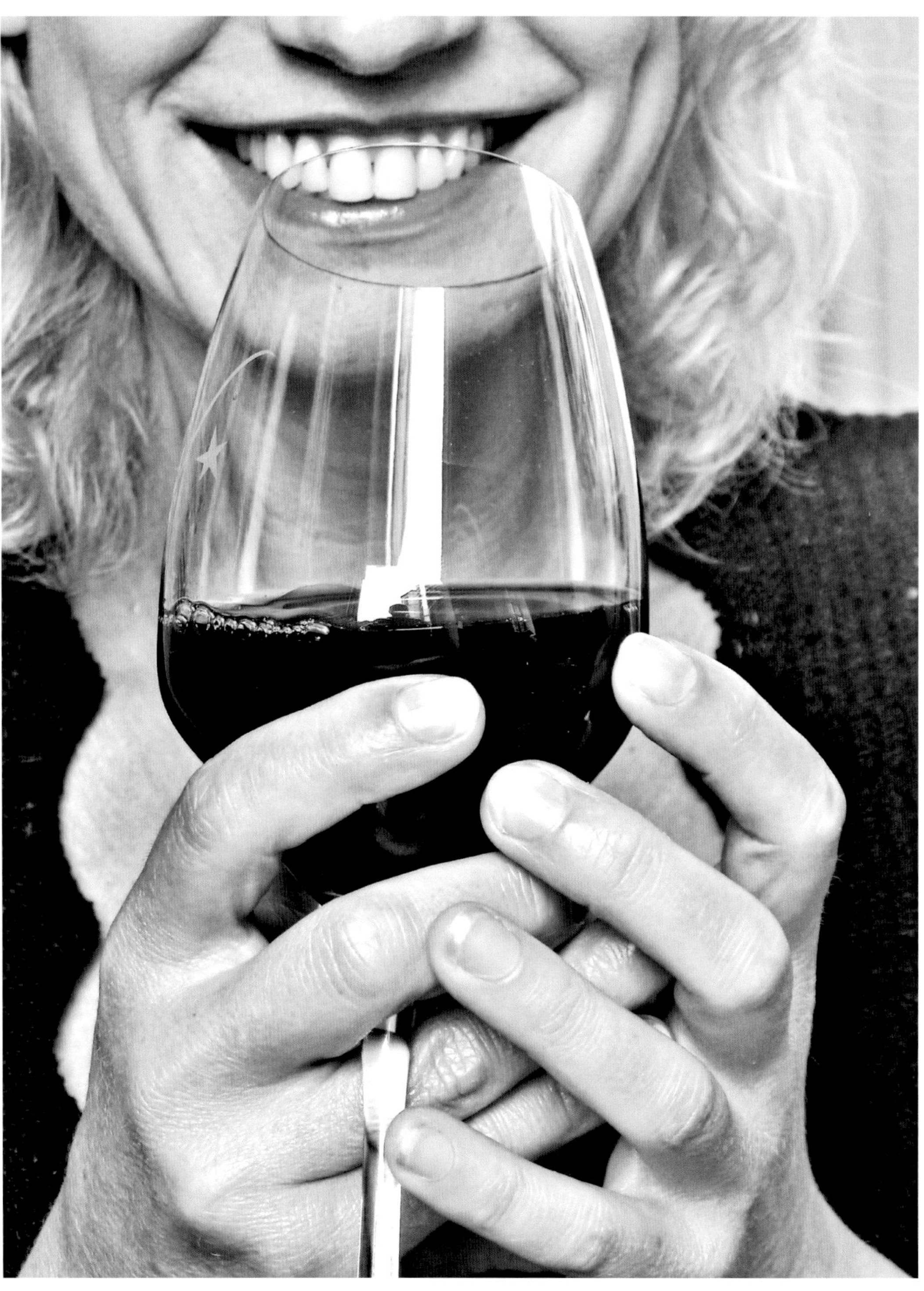

Sandrine Bonnaire

Actress and film director | actrice et réalisatrice de cinéma – Paris, France 2013

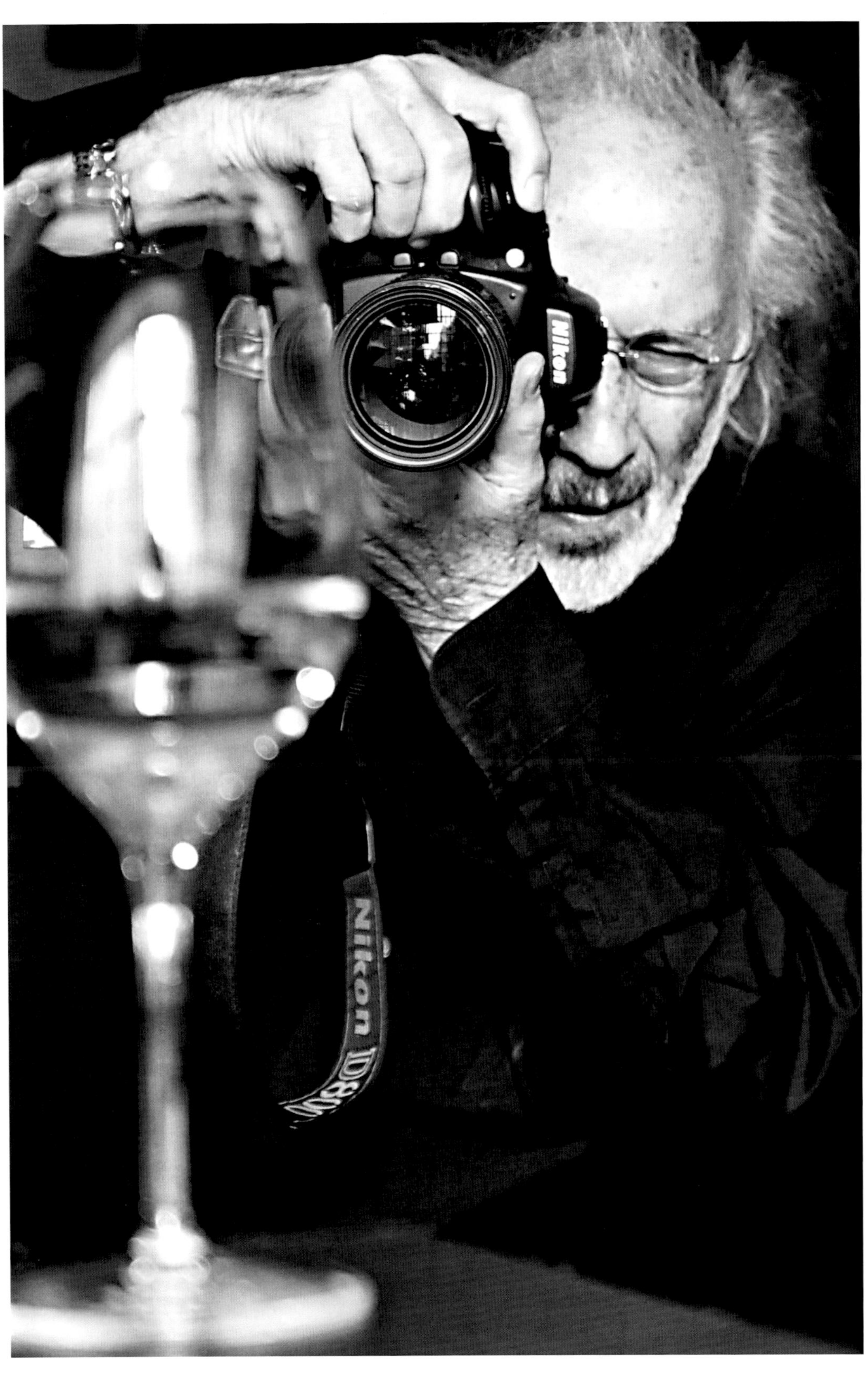

Jerry
Schatzberg

Photographer and film director | photographe et réalisateur de cinéma – New York, USA 2016

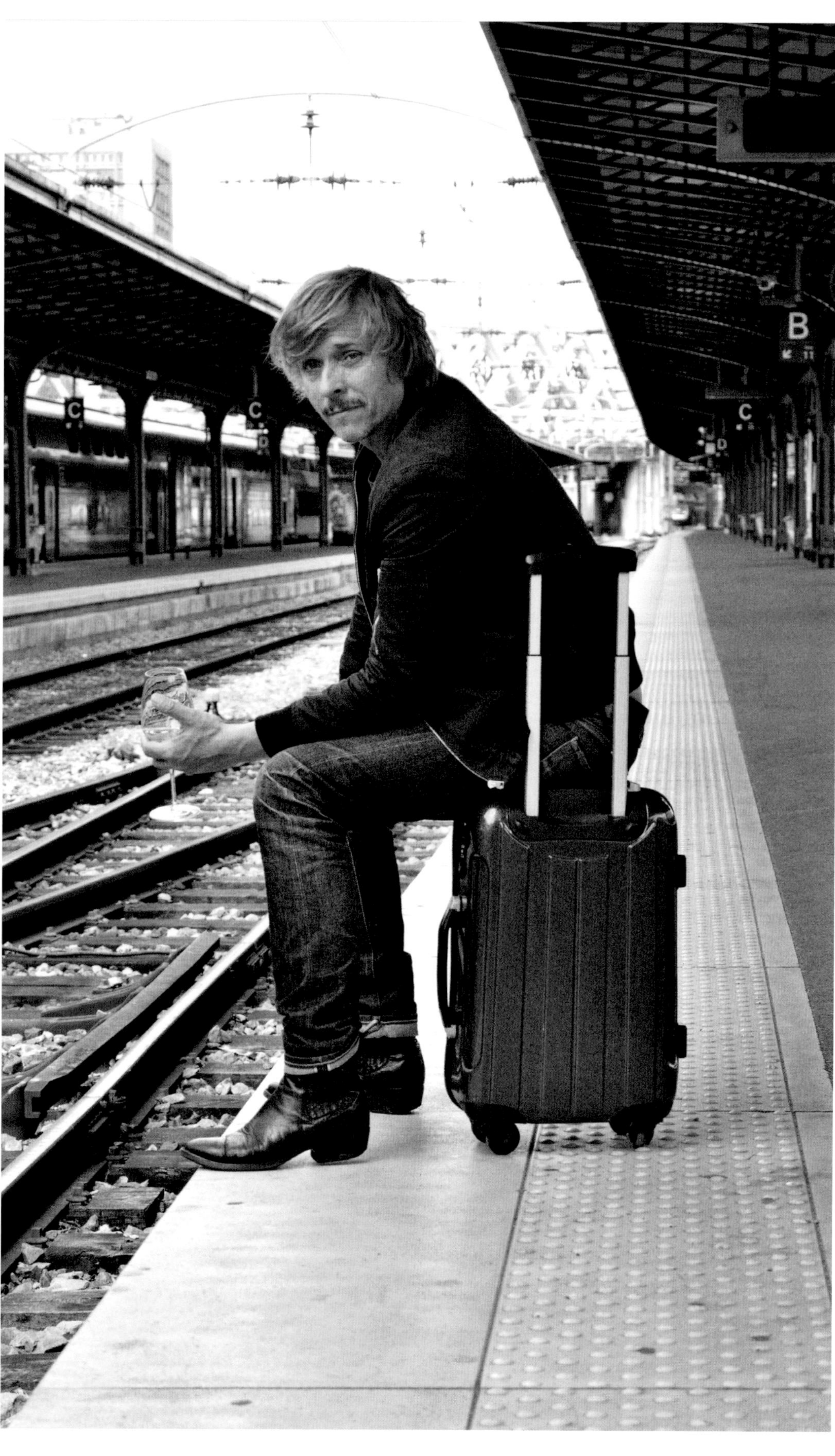

Pascal Demolon

Actor | acteur – Paris, France 2019

Actress | actrice – Berlin, Germany 2019

Patricia
Aulitzky

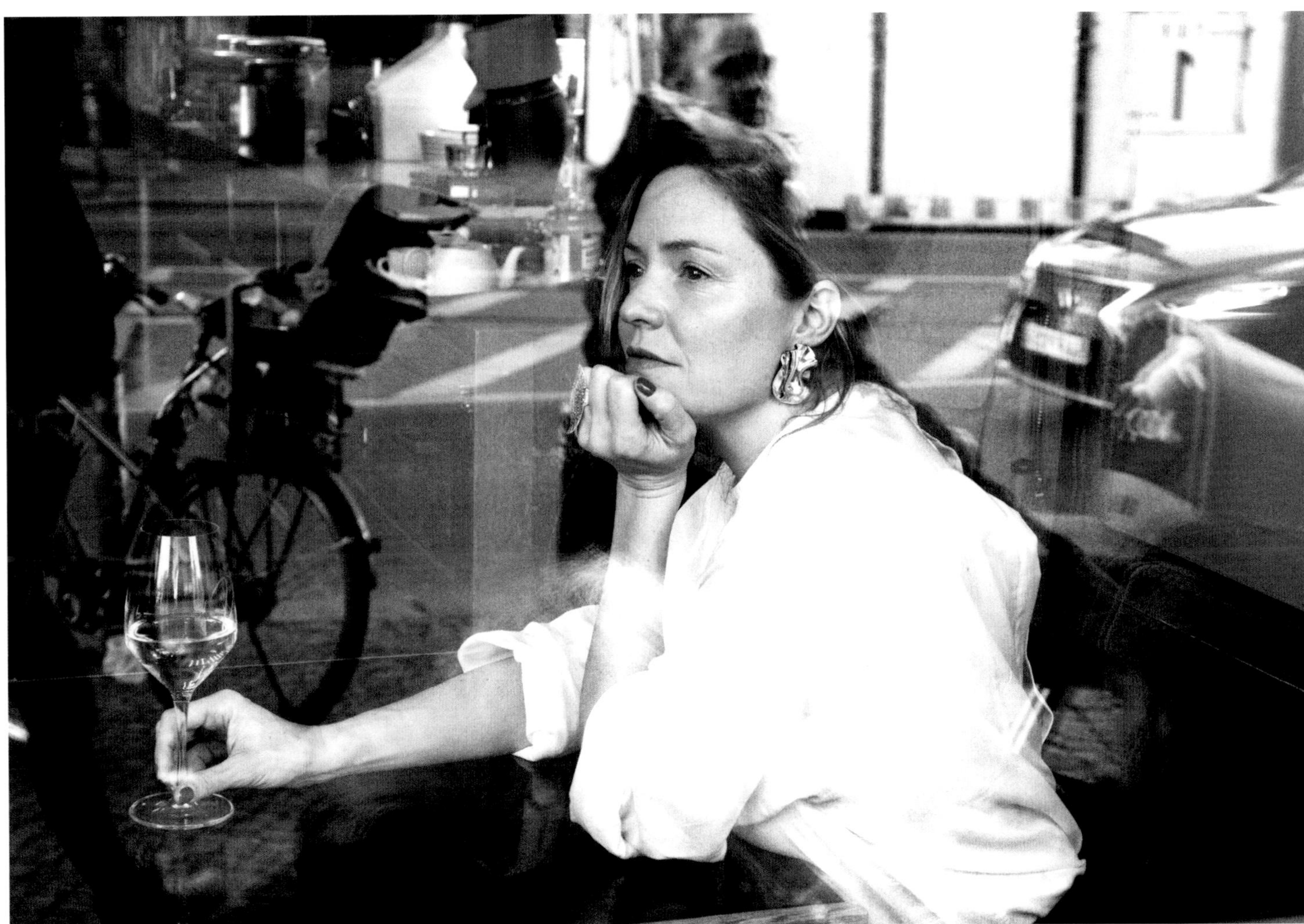

He is one of those actors whose appearances on stage or screen accompany you all your life. Each role shines a new light on your very existence, jumps over a mysterious barrier, never to be forgotten – sometimes in only a few scenes.
Lambert Wilson is in that league. One of the greatest of our time.
An artist with a capital "A," he acts, directs, reads, sings and shines. Imagine the spectacle when he lets his dreams run wild! An actor whose talent captures the light, he has a gift for leaving his mark on a film reel and bewitching an entire theater.
On a summer's evening in 2001, under the skies above the Cloître des Carmes at the Festival d'Avignon, his role as actor and director in *Bérénice*, a masterpiece of French stagecraft, moved me in such a way that I fell helplessly in love with theater.
The stars aligned to forge an unforgettable moment: a legendary location, fantastic staging, performers at their peak, an audience full of emotion, chirping crickets and even pirouetting bats. Then came the Alexandrine delivered by the heavy-hearted Lambert Wilson, addressing Bérénice (Kristin Scott Thomas): "Weeping at your absence, I sought to trace your steps."
Time appeared to stand still.
Fleeting seconds with a talent who's pulling at every one of your heartstrings. A revelation of a scene that I carry with me like a talisman – from which stars continue to sparkle – like the perfect chord or the decisive click of a camera shutter. This too is art: time frozen by intense emotion – pure poetry.
Lambert Wilson fuses with his characters in the same way he lives his life: with intensity and style.
If a person's aura is measured by their ability to change the atmosphere of a space, he possesses true magic. Today, he is on stage, on screen and in the recording studio. Tomorrow is another day, another way of surprising and delighting us. Guided by an internal flame that drives him, his path illuminates, leading him towards new experiences, all the more dazzling, intense and passionate.

Gérard-Philippe Mabillard

Il est des acteurs dont les apparitions au cinéma ou au théâtre accompagnent nos existences ; chaque rôle les révèle sous des éclairages nouveaux et les propulse par-dessus une barrière mystérieuse, les rendant ainsi inoubliables, parfois grâce à seulement quelques scènes.
Lambert Wilson est de ces acteurs. L'un des plus grands de notre époque.
Artiste majuscule, il joue, il met en scène, il lit, il chante, il irradie. Et quand il se met à rêver, imaginez le spectacle ! Acteur doué et capteur de lumière, il a un don pour imprimer la pellicule et envoûter la scène.
Ce soir d'été 2001, sous le ciel du cloître des Carmes d'Avignon, le metteur en vie et acteur de *Bérénice*, pièce maîtresse du répertoire, m'a ému et m'a définitivement fait aimer le théâtre.
Tout était réuni pour rendre cet instant inoubliable : un lieu mythique, une mise en scène fabuleuse, des interprètes au sommet de leur art, un public ému, le chant des grillons, et même un ballet de chauve-souris. Puis est venu cet alexandrin déclamé par Lambert Wilson, l'âme triste, s'adressant à Bérénice (Kristin Scott Thomas) : « Je cherchais en pleurant les traces de vos pas. »
Le temps semblait s'être arrêté.
Des secondes qui ont l'art de faire vibrer toutes les cordes de l'émotion. Une scène comme une révélation qui m'accompagne à la manière d'un talisman, d'où parfois des étoiles jaillissent encore ! Tel l'accord parfait en musique, ou l'instant décisif en photographie. L'Art, c'est aussi cela : le temps figé par une émotion forte, une poésie.
Lambert Wilson se fond dans ses personnages de la même manière qu'il habite le monde : avec intensité, élégance.
Si l'aura d'une personne se mesure à sa faculté de changer l'atmosphère d'un lieu, Lambert Wilson détient ce pouvoir magique. Aujourd'hui, il est au cinéma, au théâtre et dans l'univers musical. Et demain sera un autre jour. Il sera ailleurs encore, pour nous surprendre, nous ravir. Guidé par ce soleil intérieur qui l'anime, il trouvera sa route éclairée vers de nouvelles histoires. Sans doute solaires, intenses, passionnantes.

Gérard-Philippe Mabillard

Lambert Wilson

Actor, theater director and singer |
acteur, metteur en scène de théâtre et chanteur – Paris, France 2019

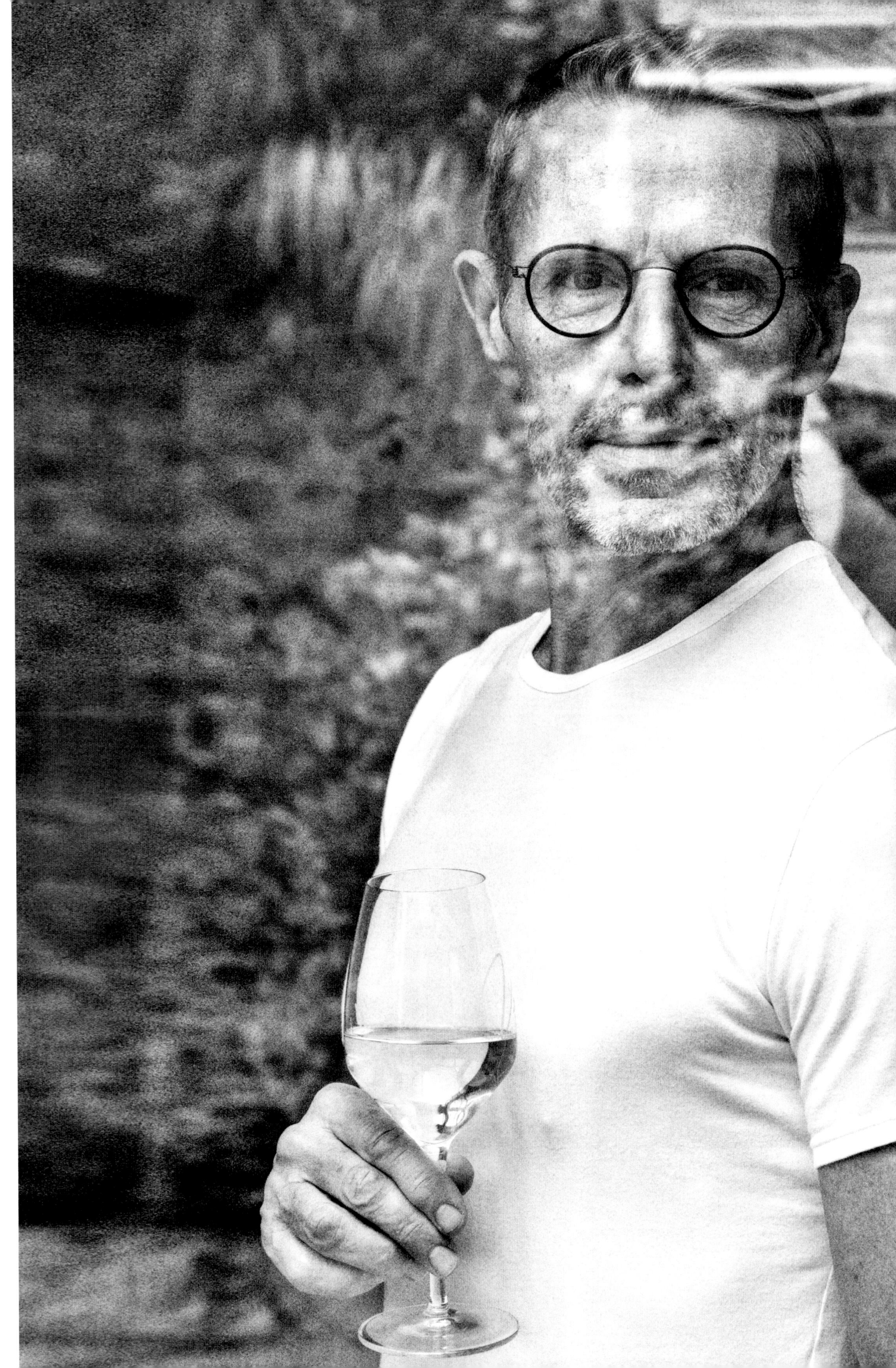

Karine
Silla

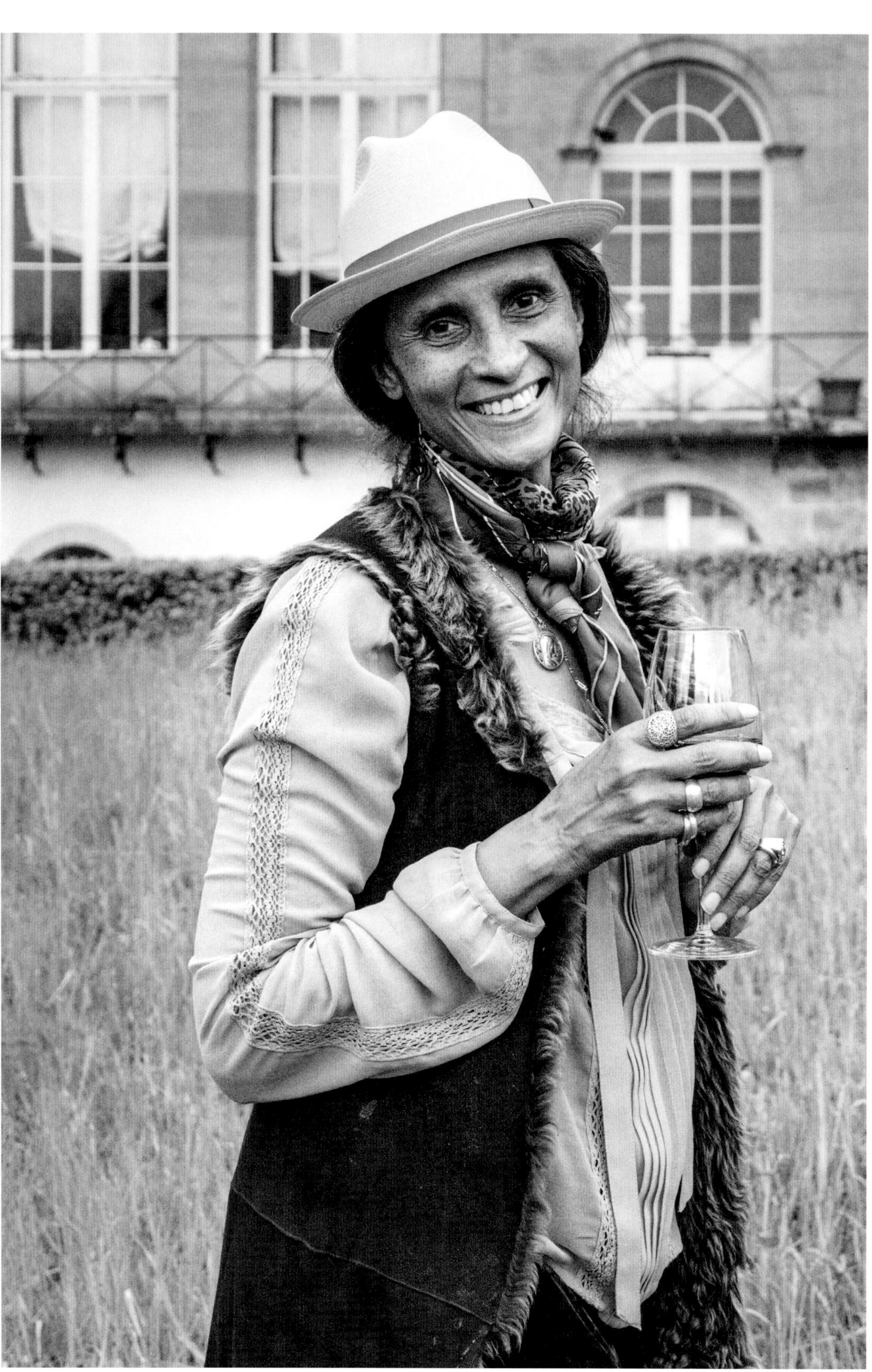

Actress, film director, screenwriter and writer |
actrice, réalisatrice, scénariste et écrivaine – Lausanne, Switzerland 2021

Chef Rasmus Kofoed

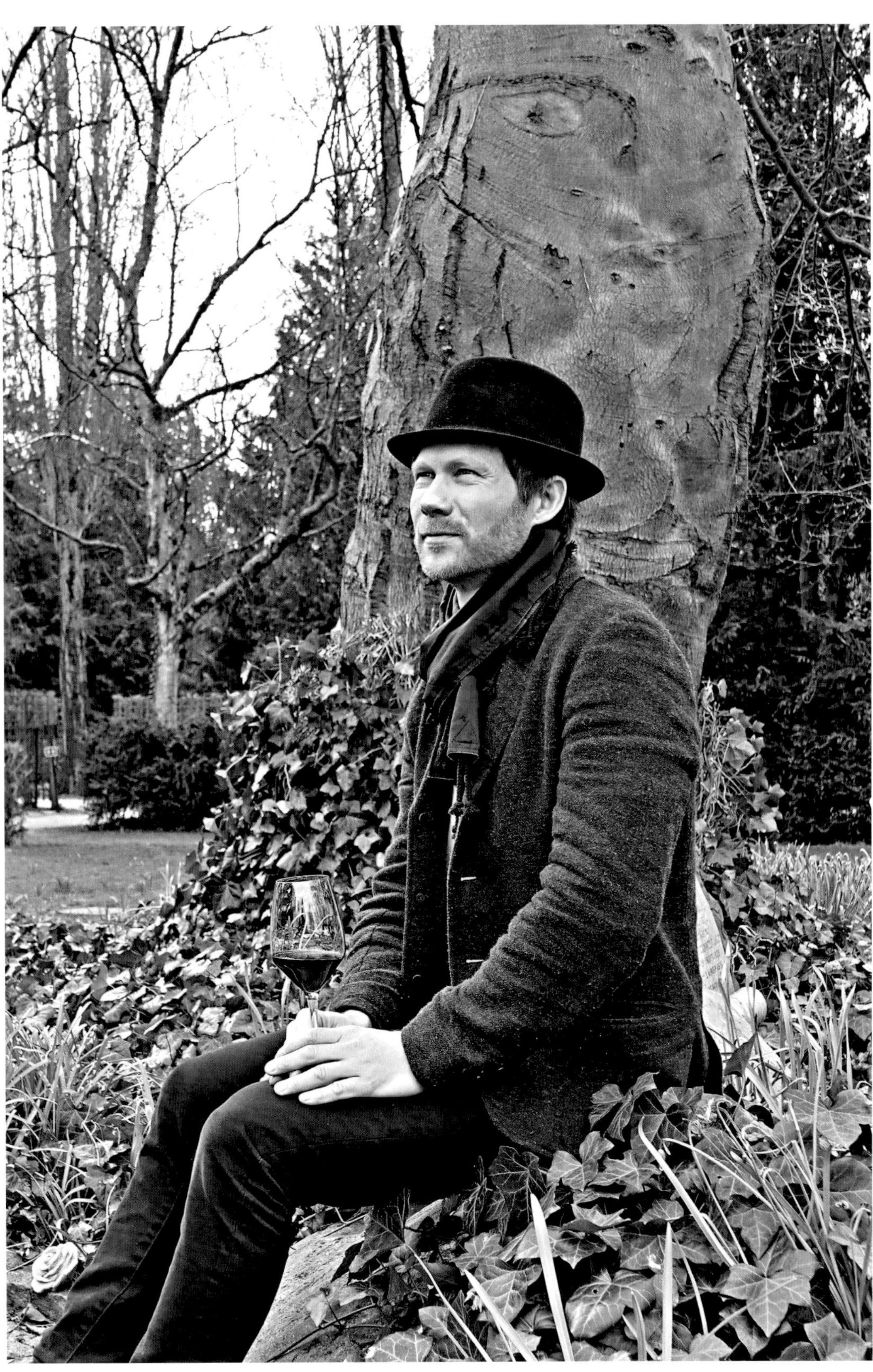

Copenhagen, Denmark 2017

Jean-Jacques Annaud

Film director and screenwriter | réalisateur de cinéma et scénariste – Saillon, Switzerland 2019

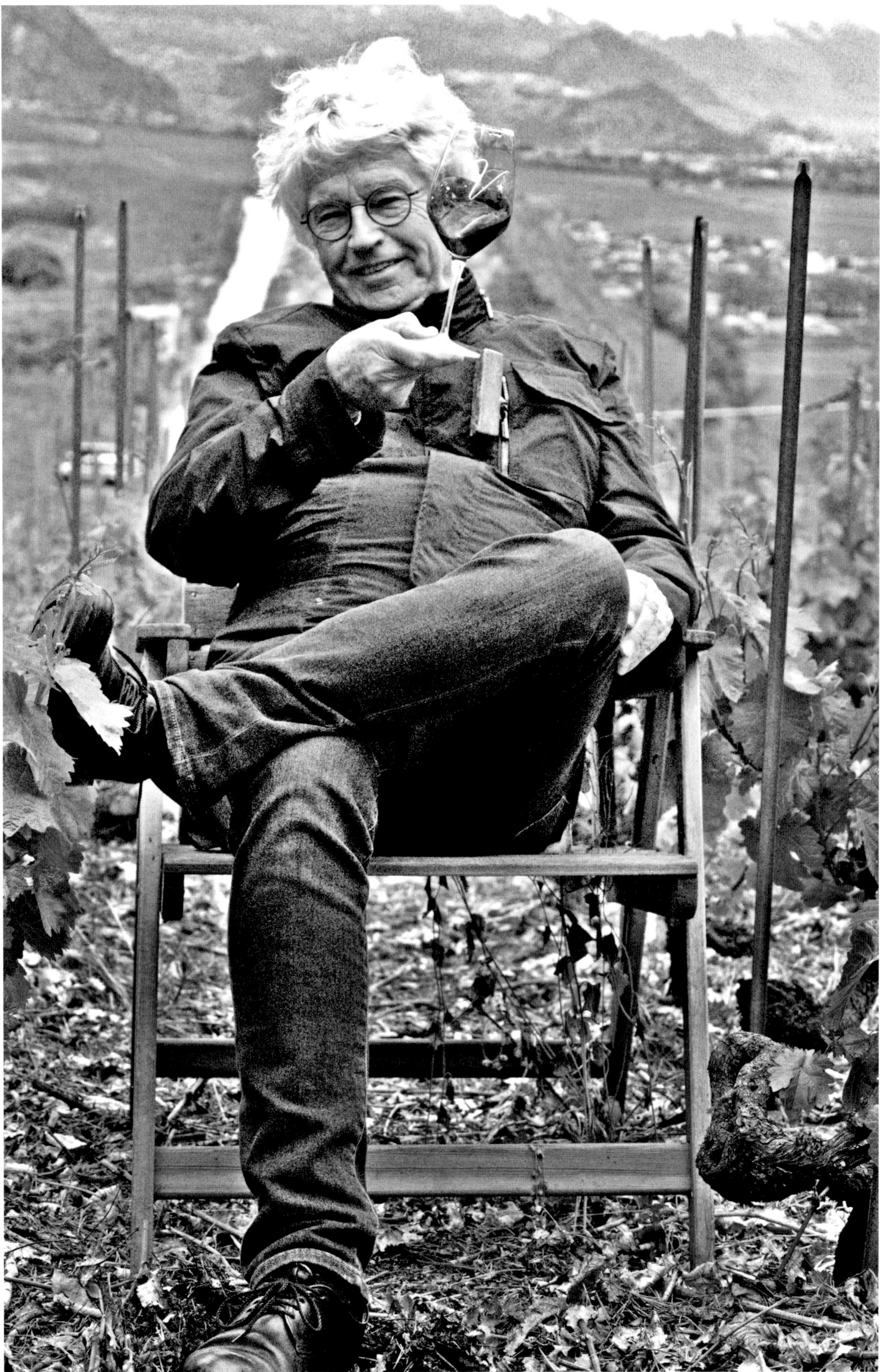

Eliane Amherd

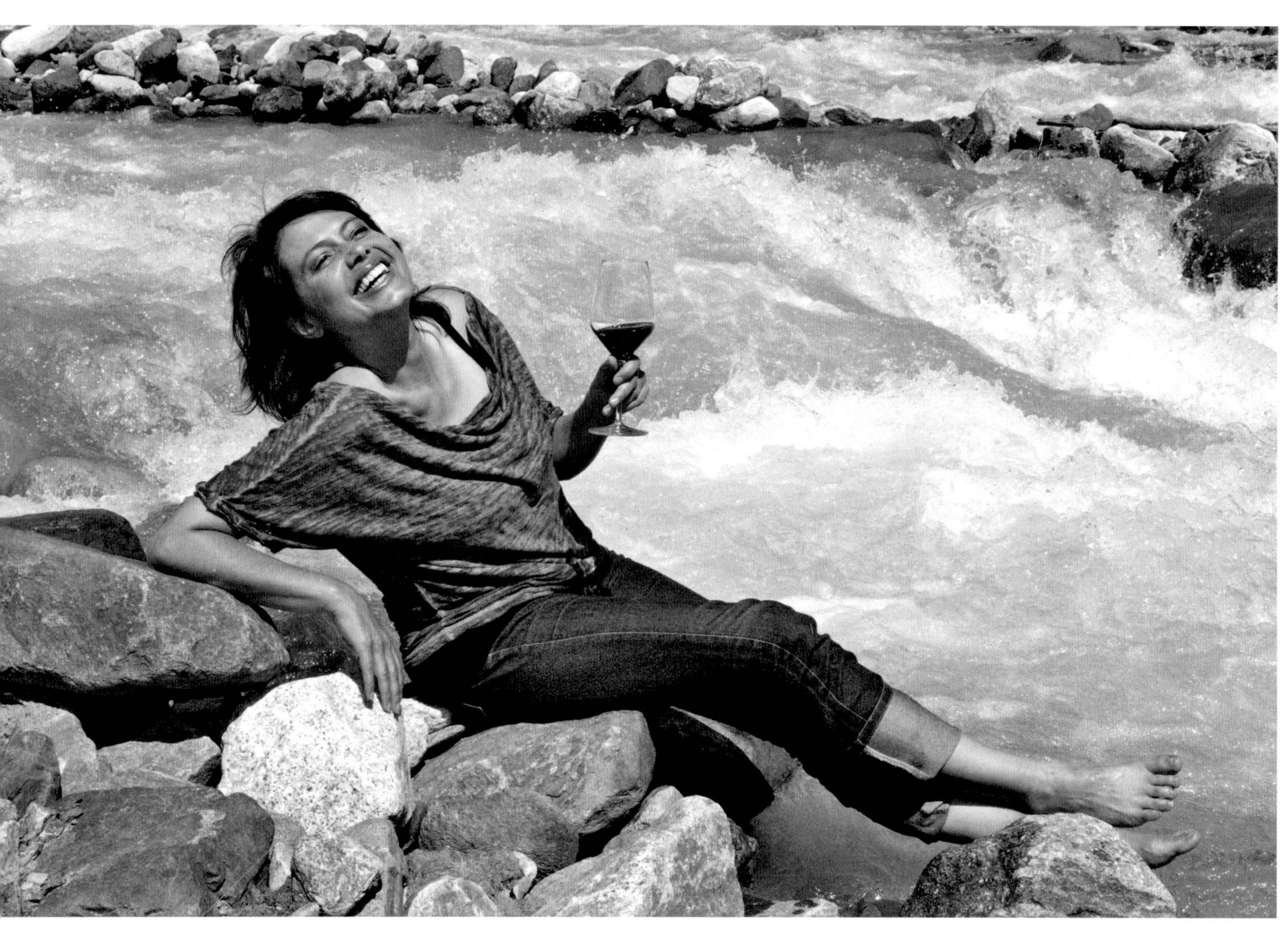

Singer and songwriter | auteure, compositrice et interprète – Blatten, Switzerland 2021

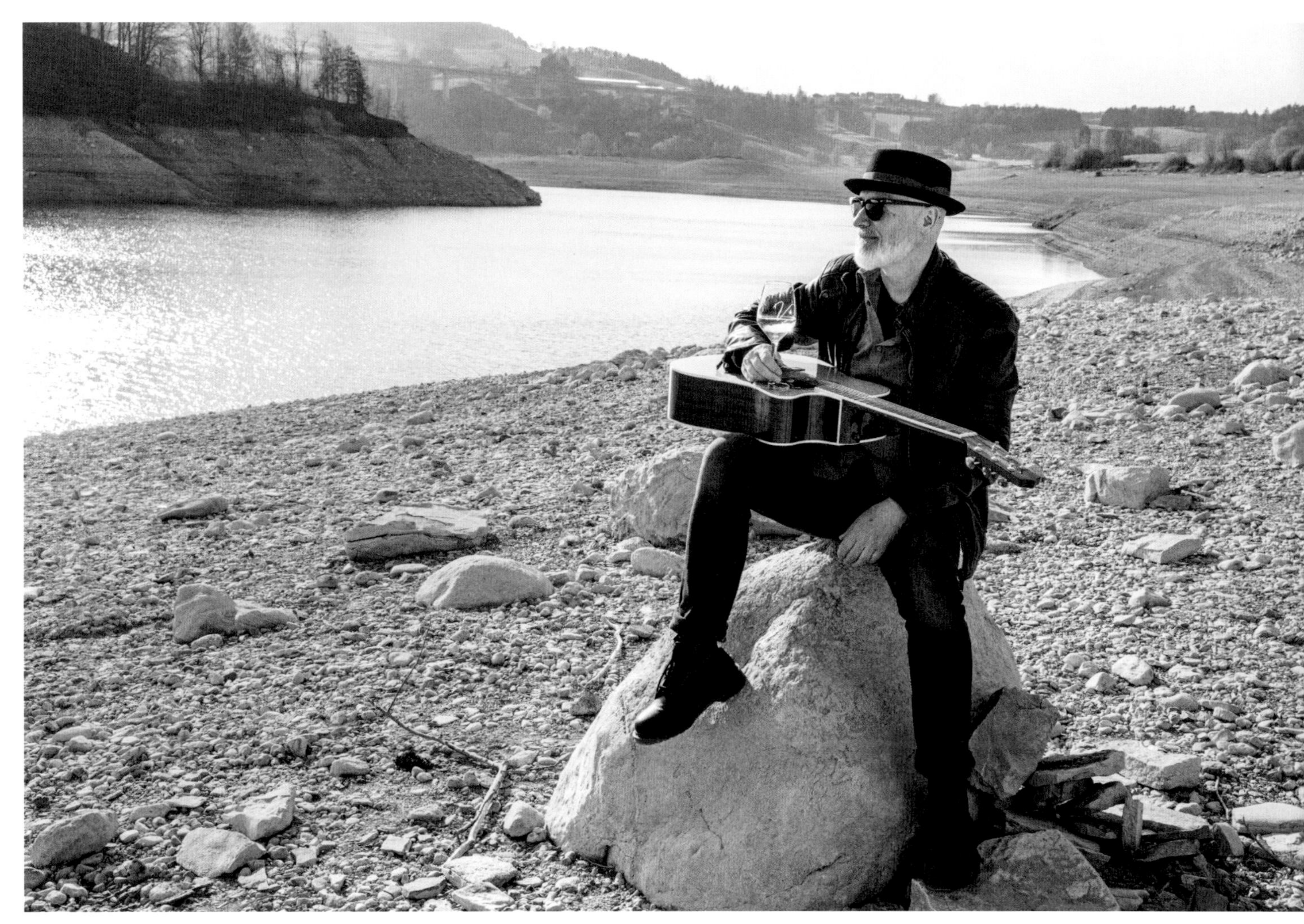

Actor, director, singer and songwriter |
acteur, metteur en scène, auteur, compositeur et interprète – Lac de la Gruyère, Switzerland 2021

Denis Alber

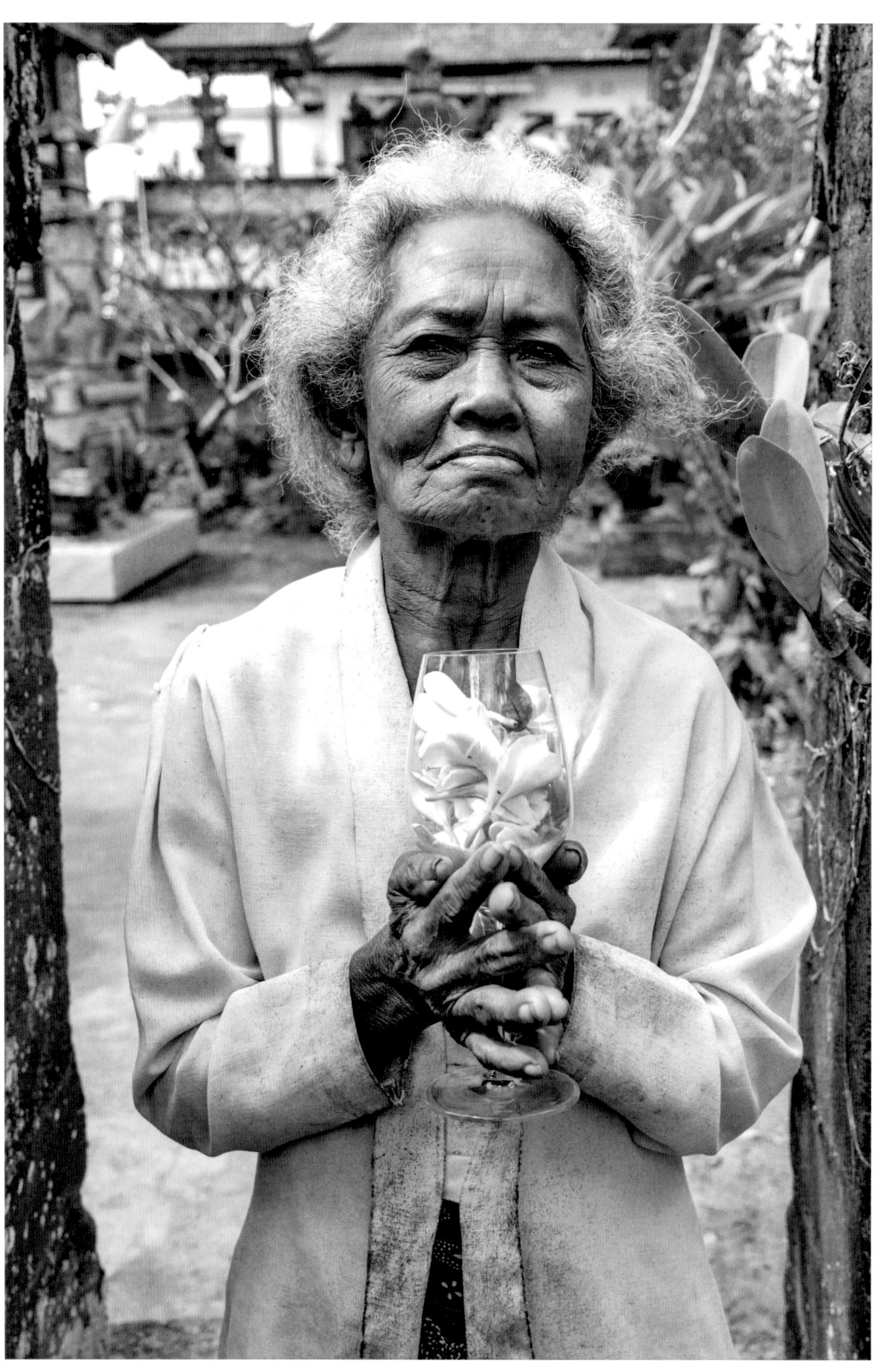

Dadong
Ni Made
Pricet

Balinese grandmother | grand-mère balinaise – Ubud, Bali 2019

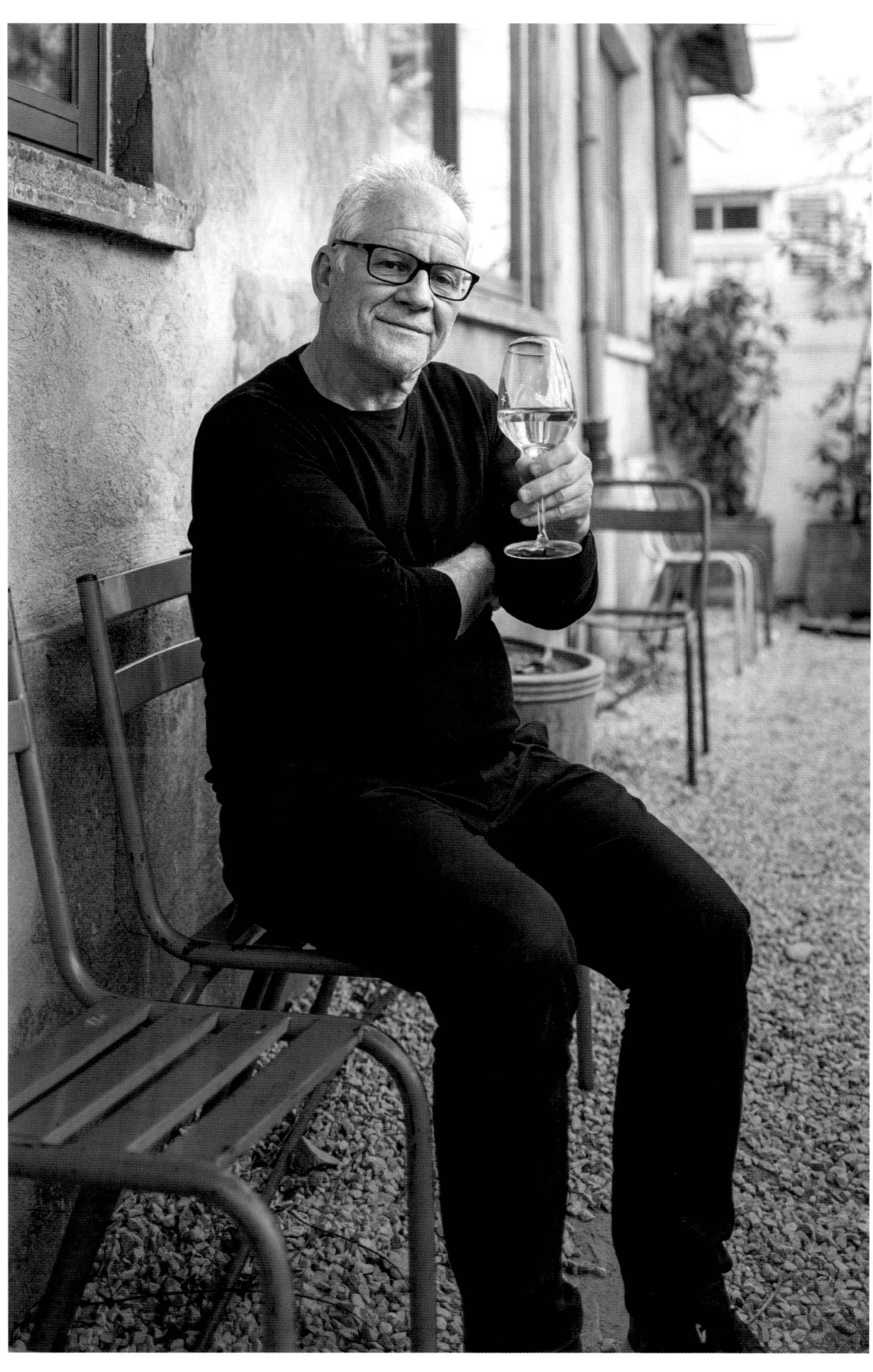

Artistic director of the Cannes Film Festival and director of the Institut Lumière in Lyon |
Directeur général du Festival de Cannes et directeur de l'Institut Lumière de Lyon – Lyon, France 2022

Thierry
Frémaux

Penélope
Cruz

Actress | actrice – Madrid, Spain 2020

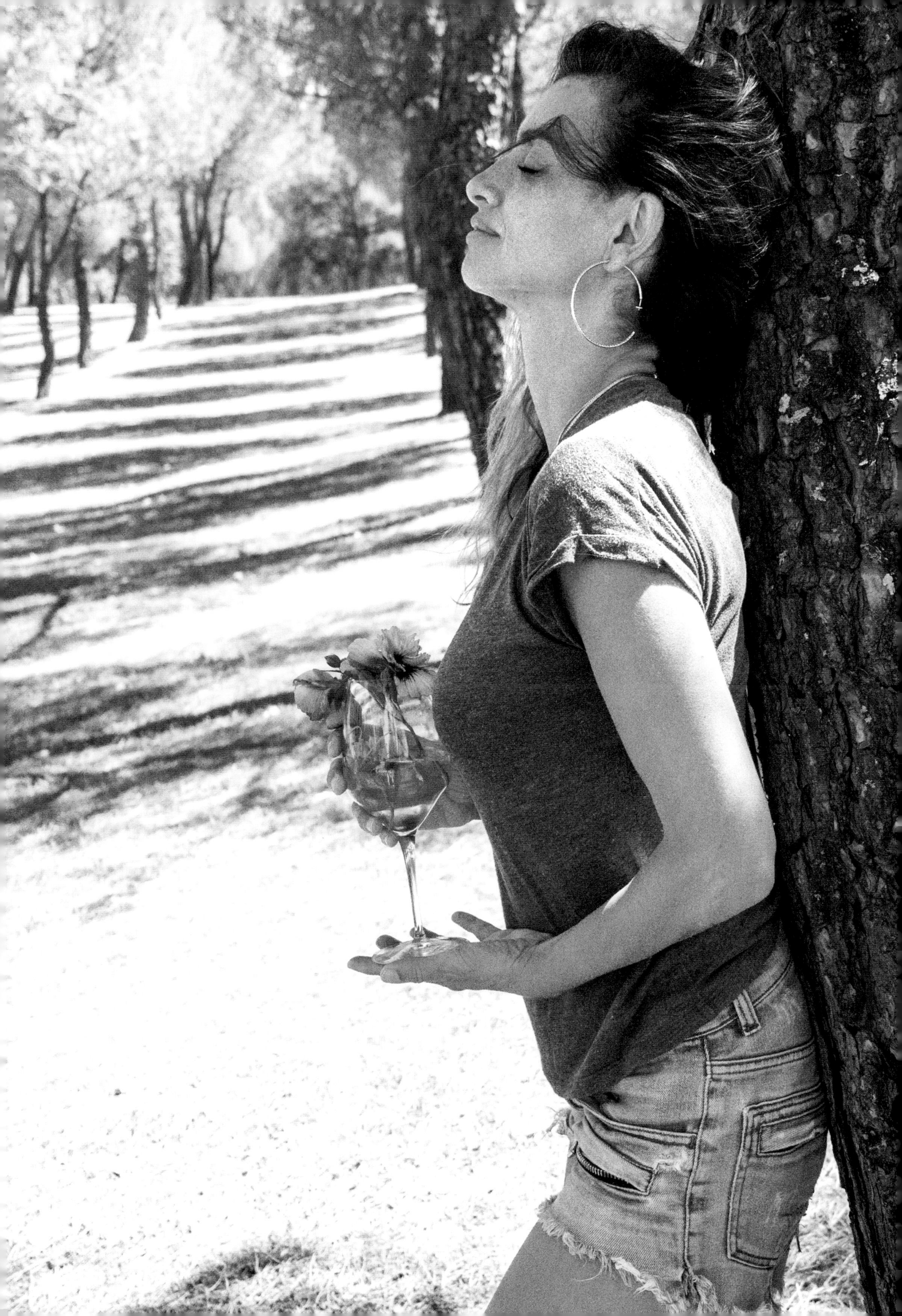

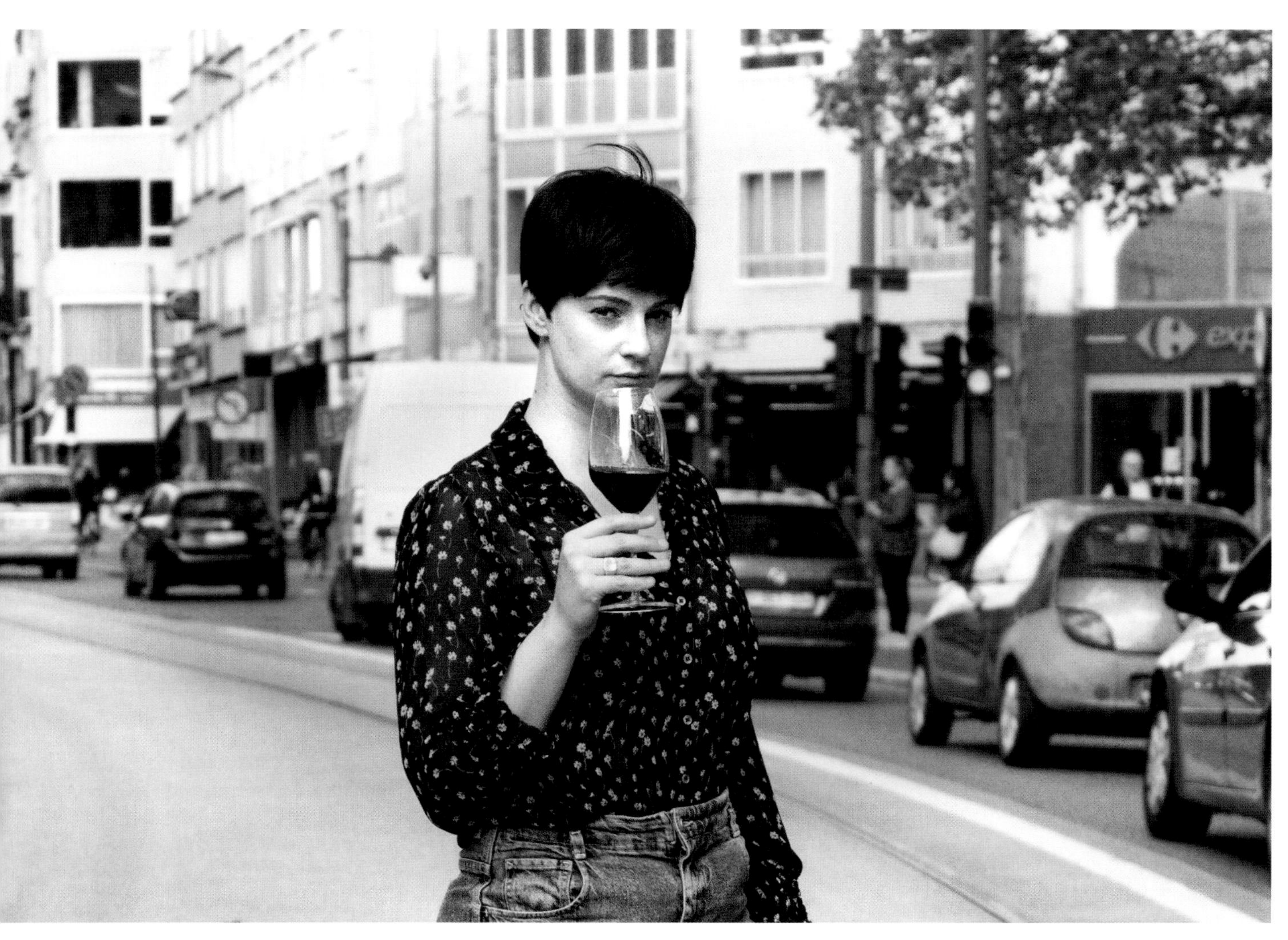

Noémie
Wolfs

Singer | chanteuse – Antwerp, Belgium 2019

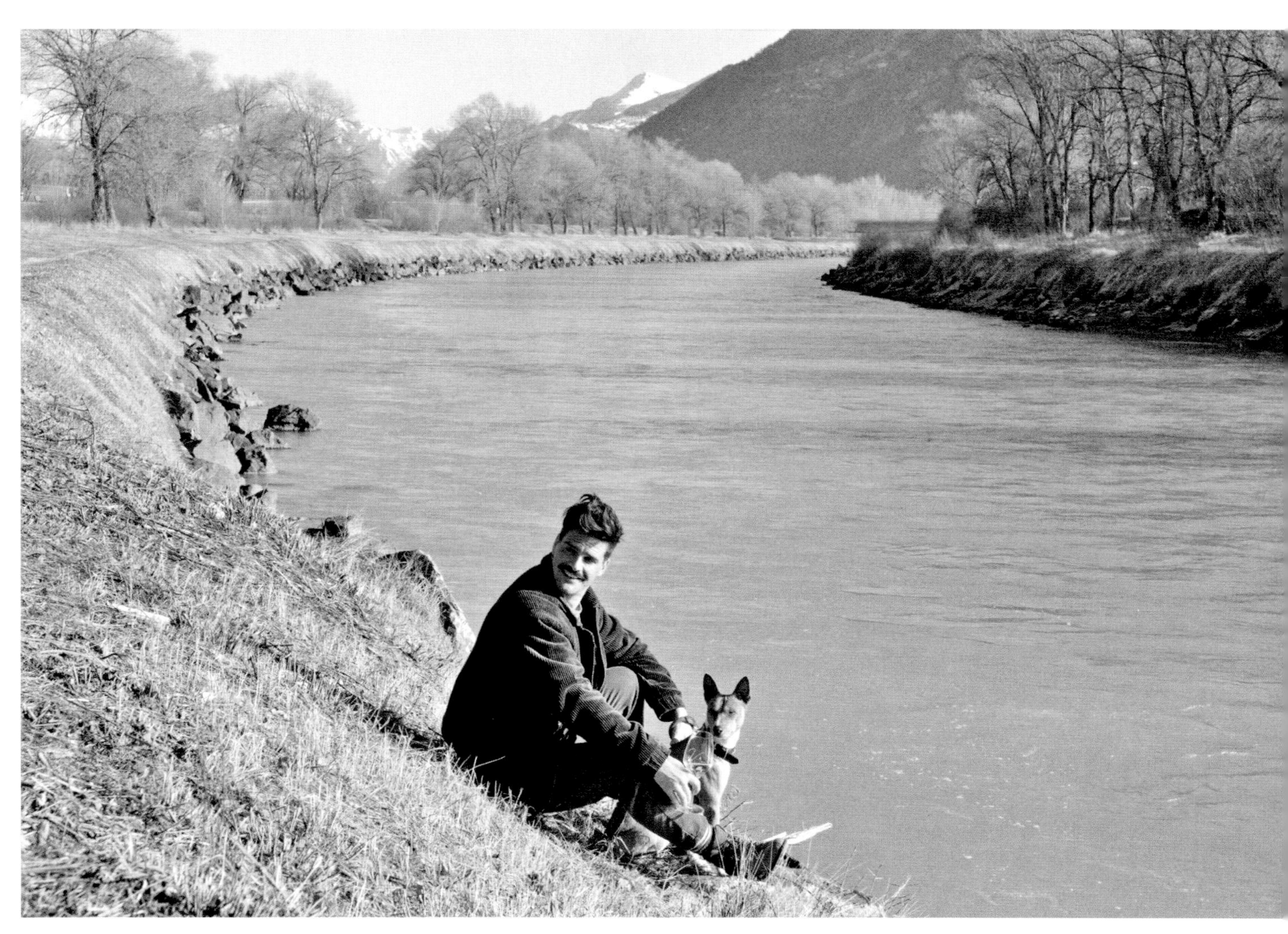

Writer and theater director | auteur et metteur en scène de théâtre – Saillon, Switzerland 2019

Mathieu
Bertholet

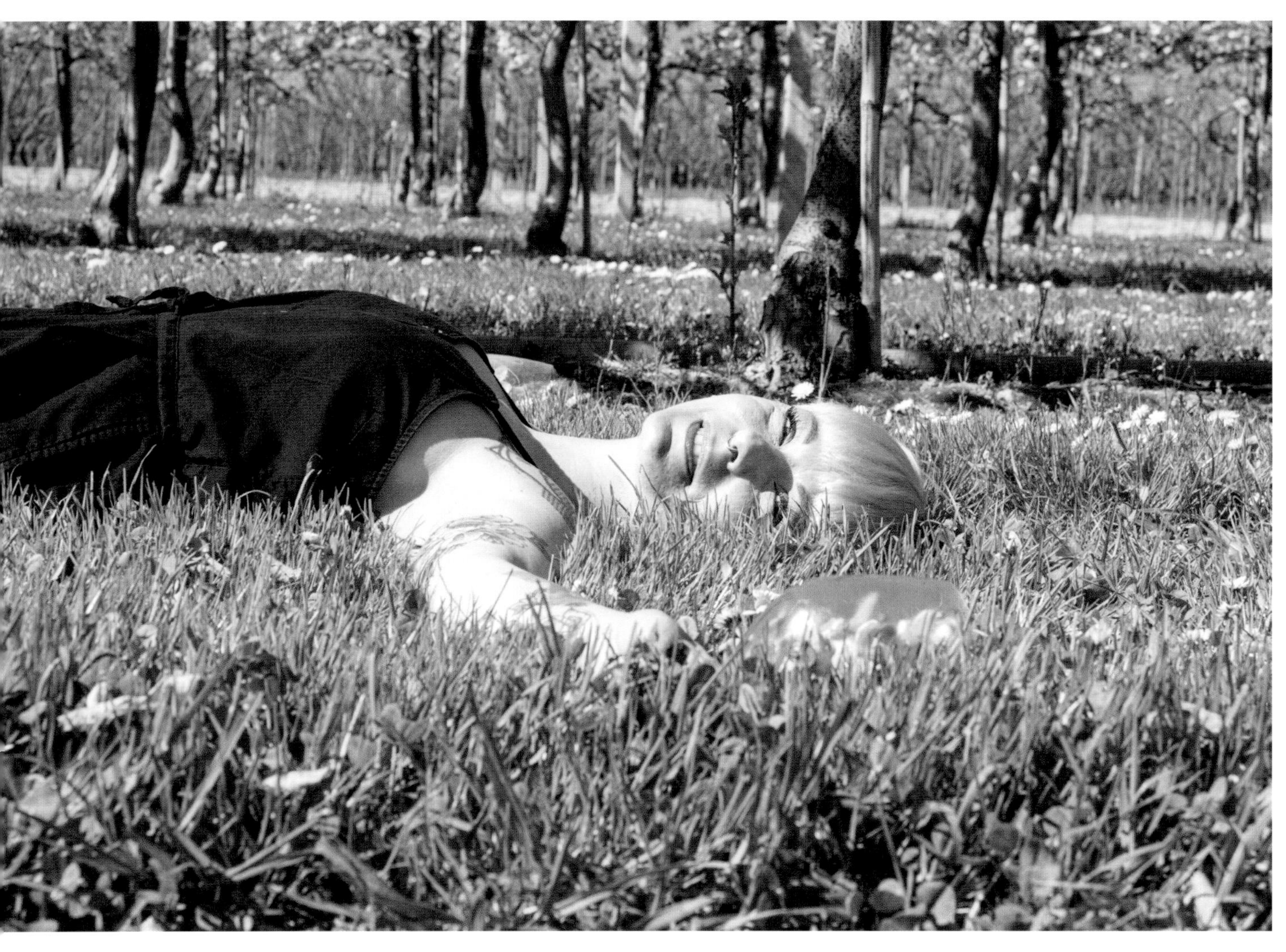

Florence
Fagherazzi

Choreographer and dancer | chorégraphe et danseuse – Rhone Valley, Switzerland 2021

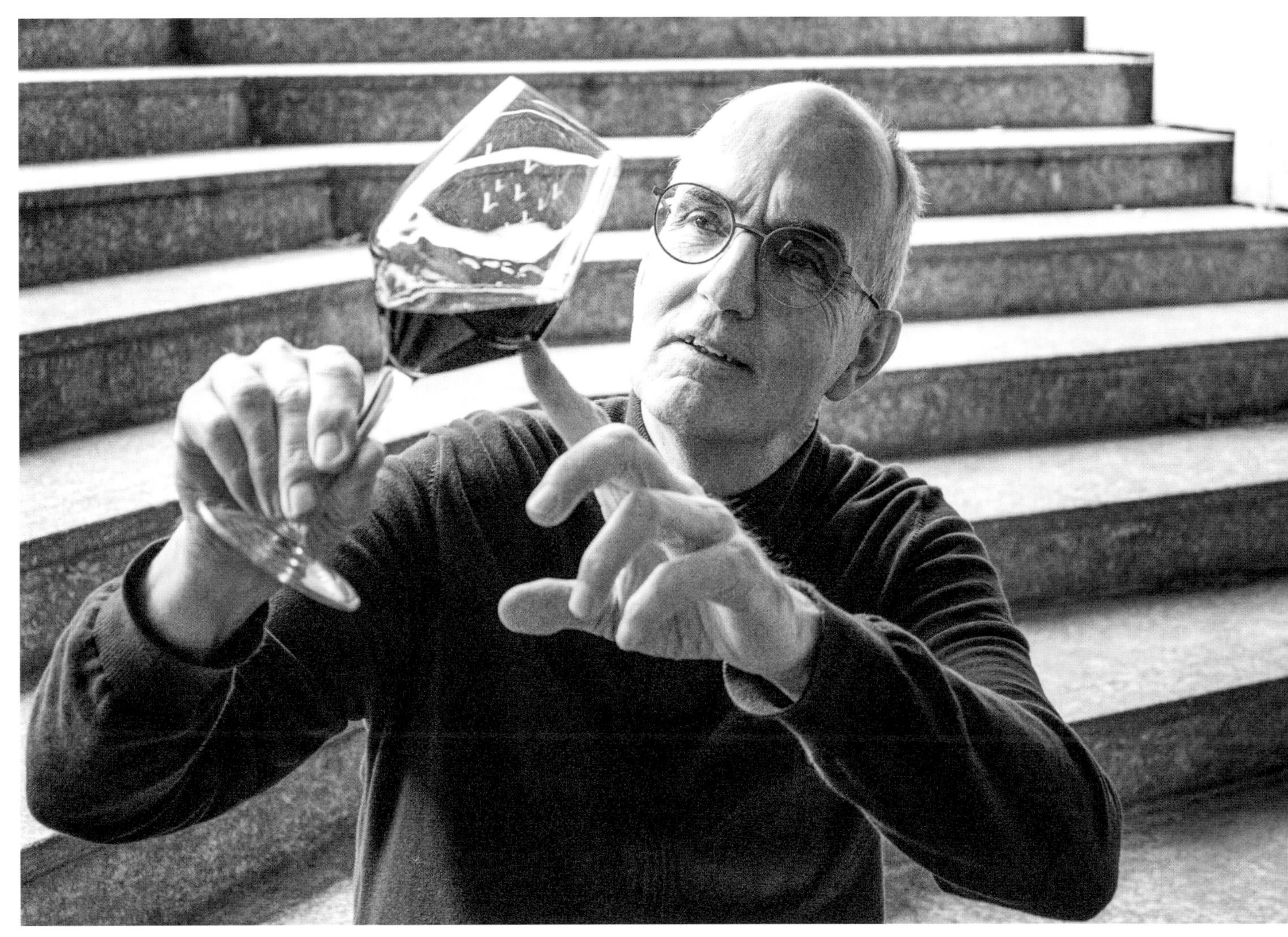

Photographer | photographe – Fribourg, Switzerland 2021

Robert
Hofer

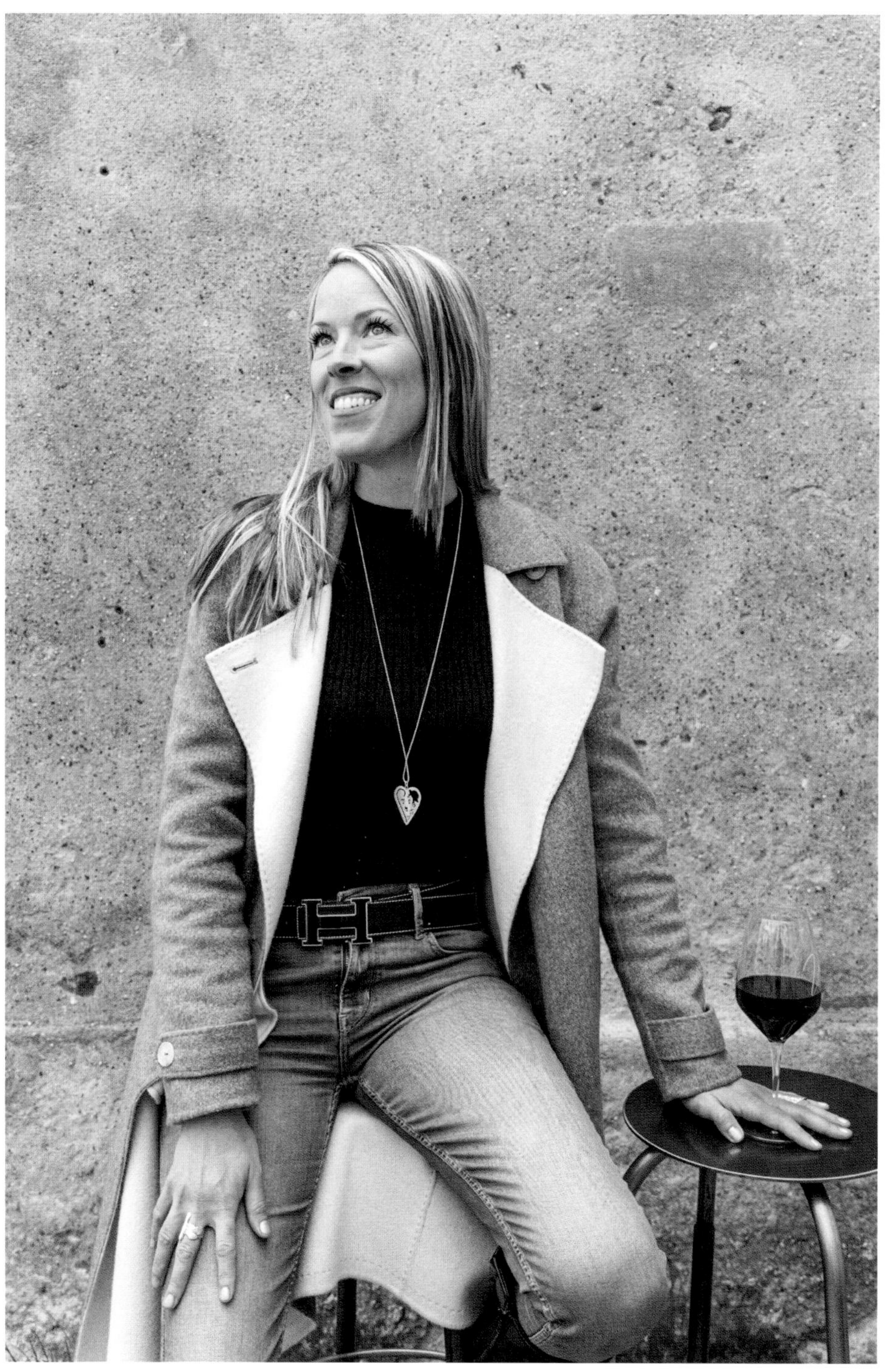

Laura Chaplin

Artist and godmother of the Moi pour Toit Foundation |
artiste et marraine de la Fondation Moi pour Toit – Saillon, Switzerland 2021

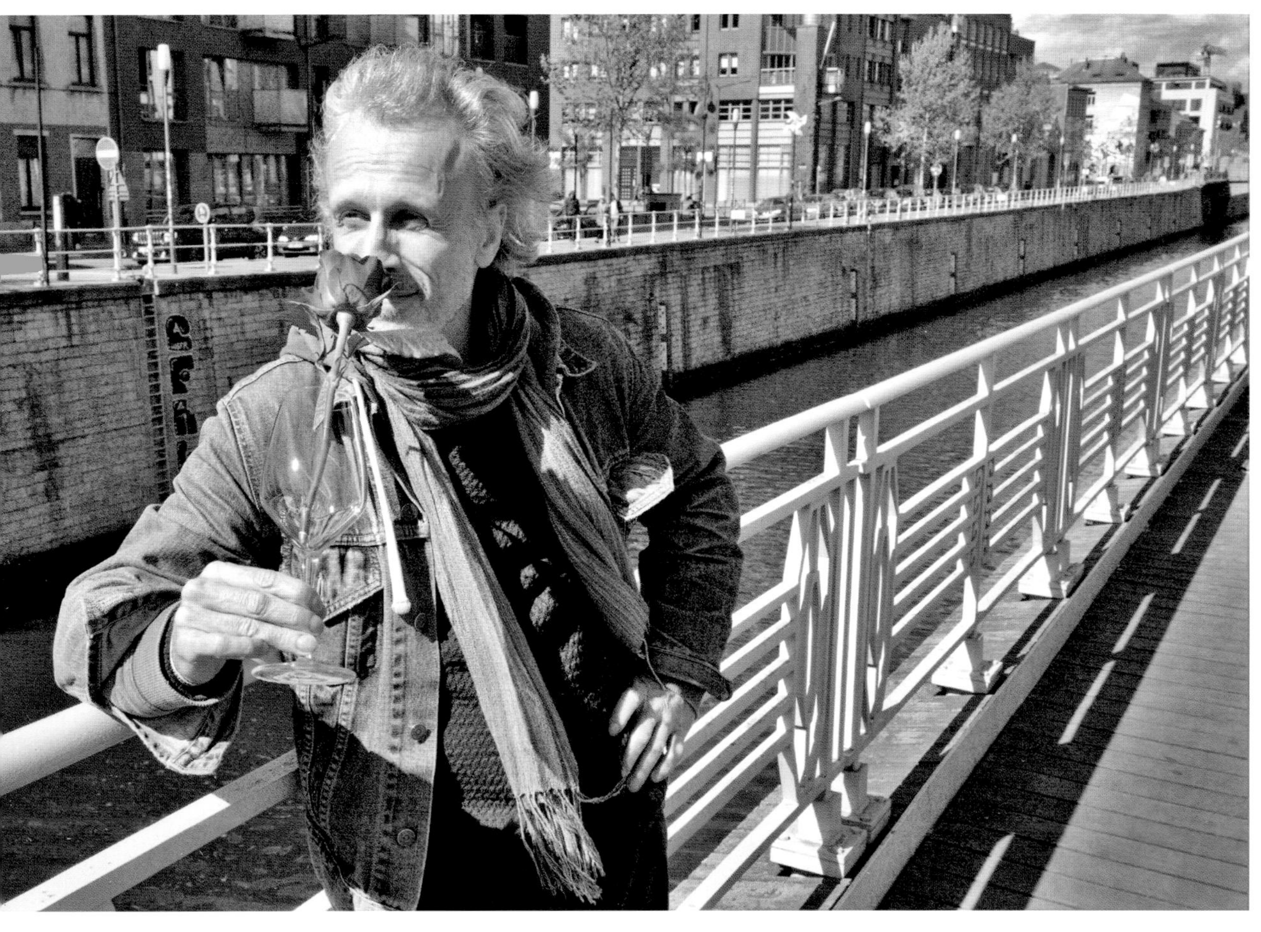

Actor | acteur – Brussels, Belgium 2019

Jan
Bijvoet

The wine storyteller | la conteuse du vin – Chamoson, Switzerland 2021

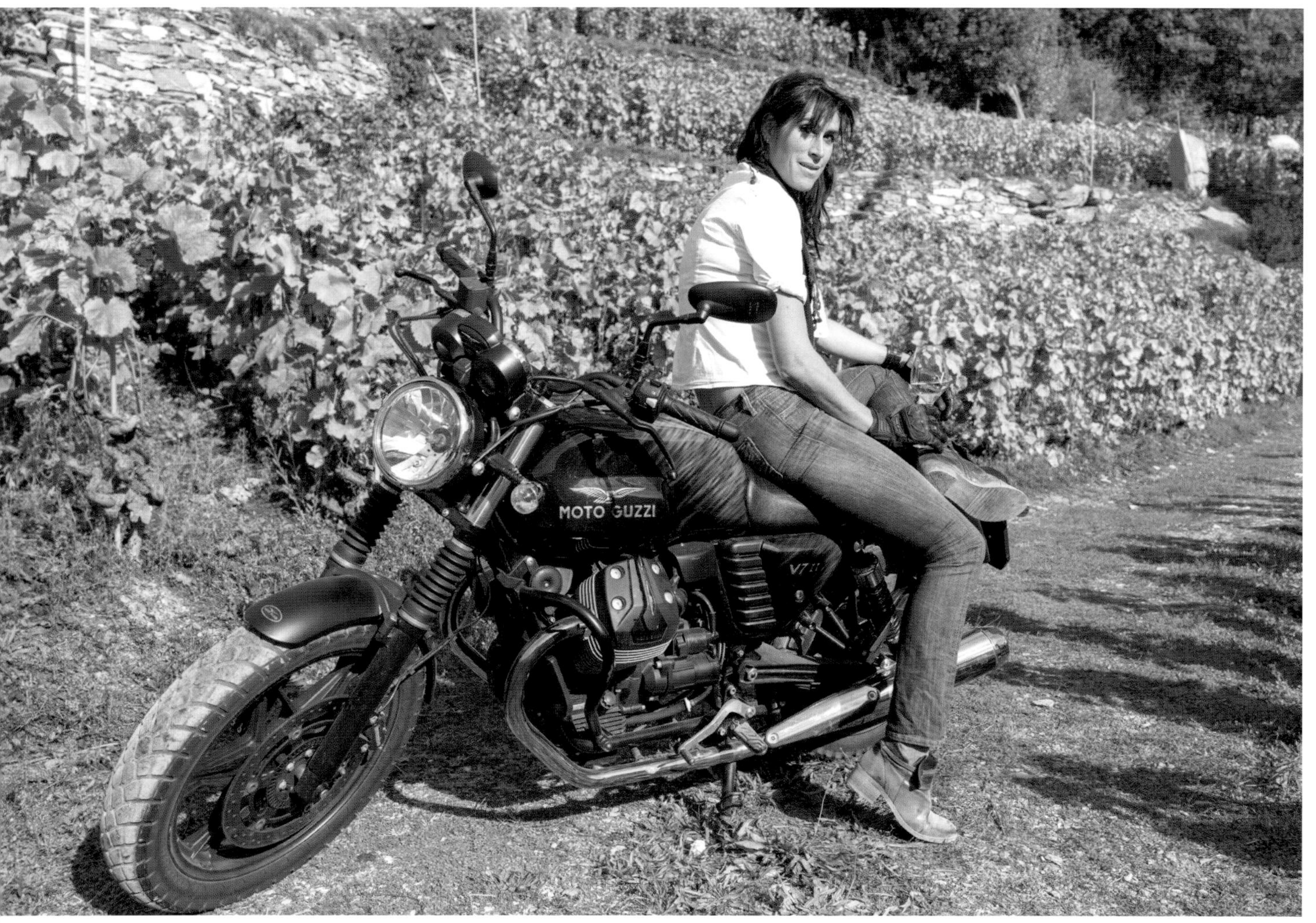

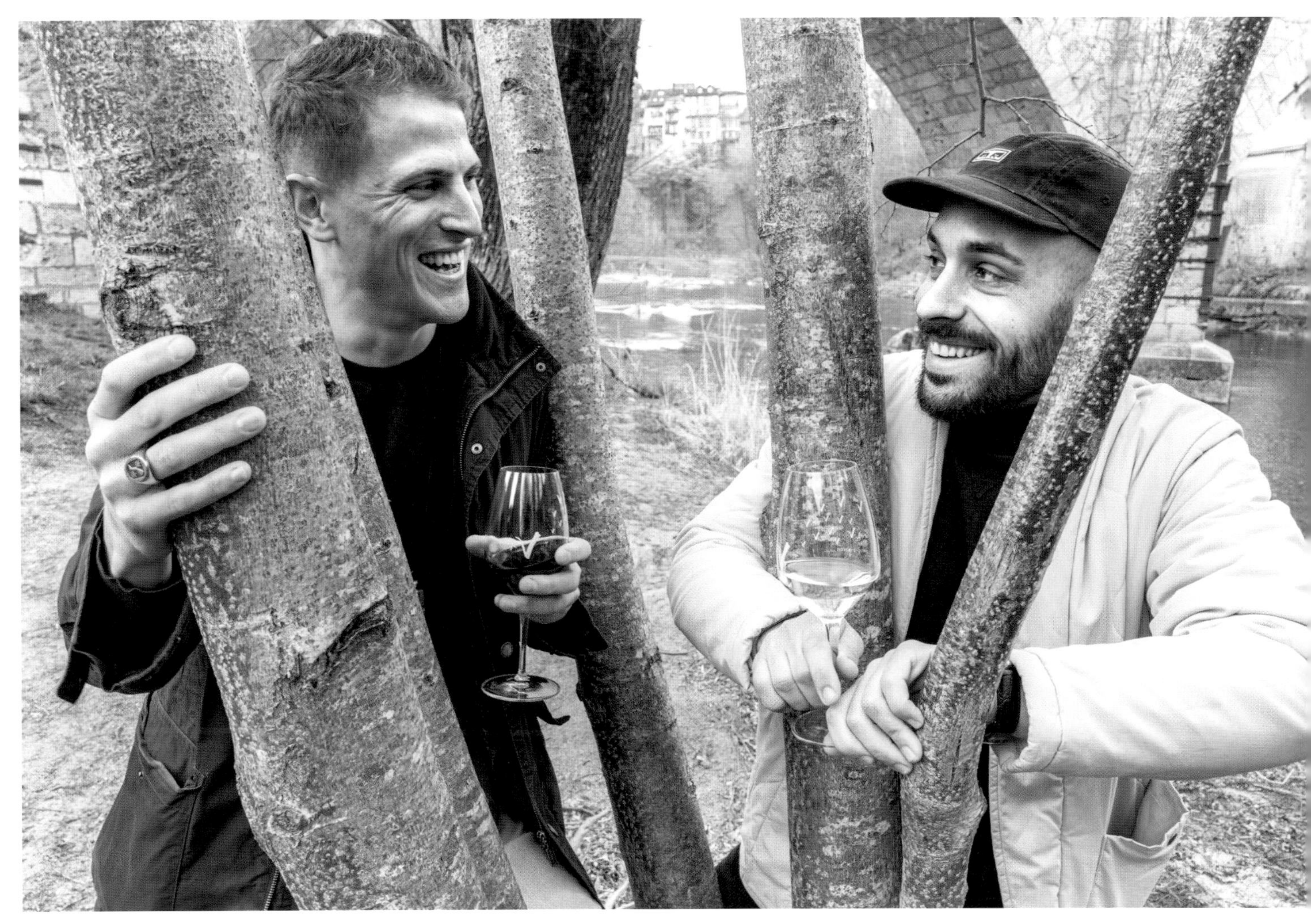

Fribourg, Switzerland 2022

Chef
Guy Savoy

Charmey, Switzerland 2021

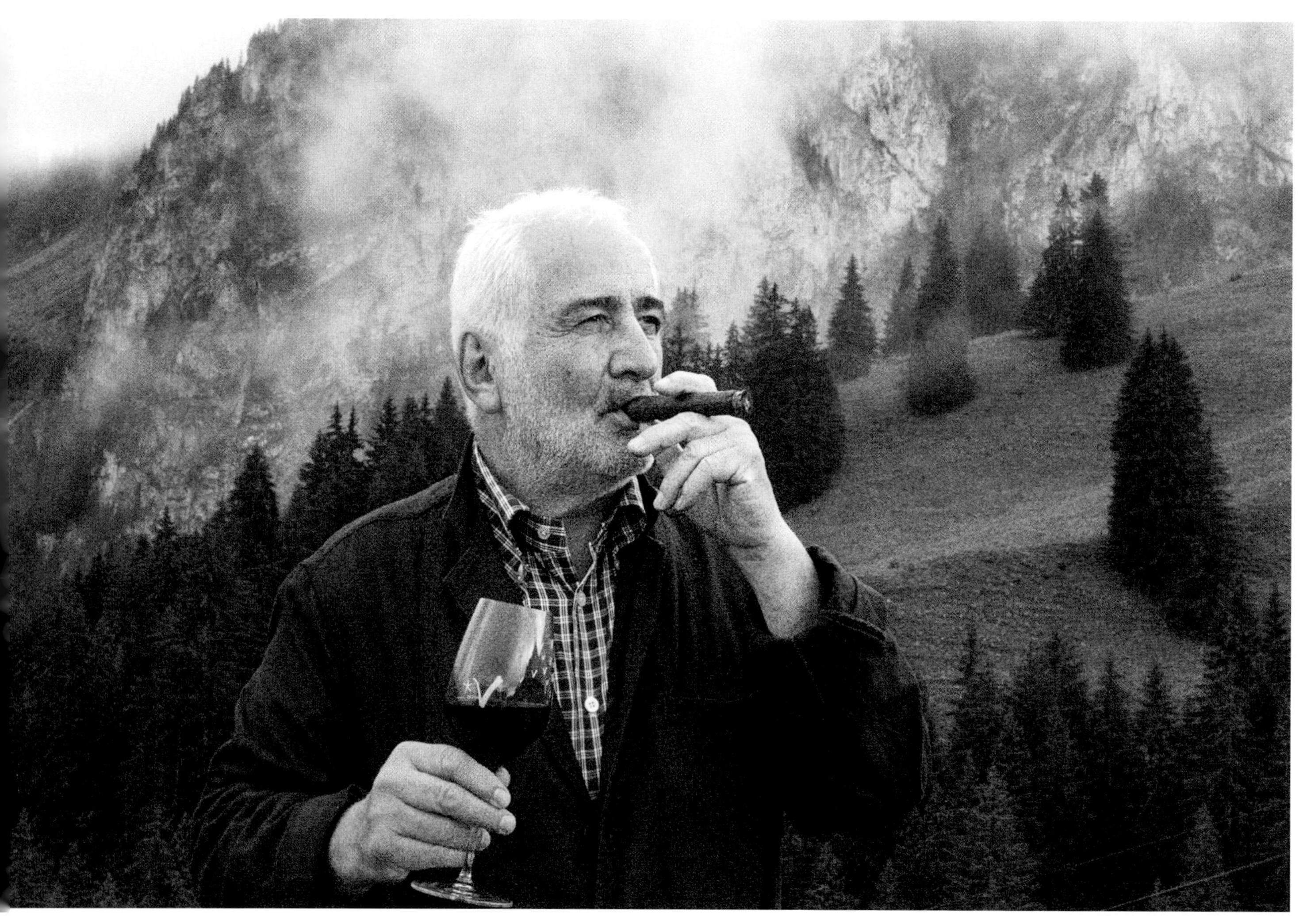

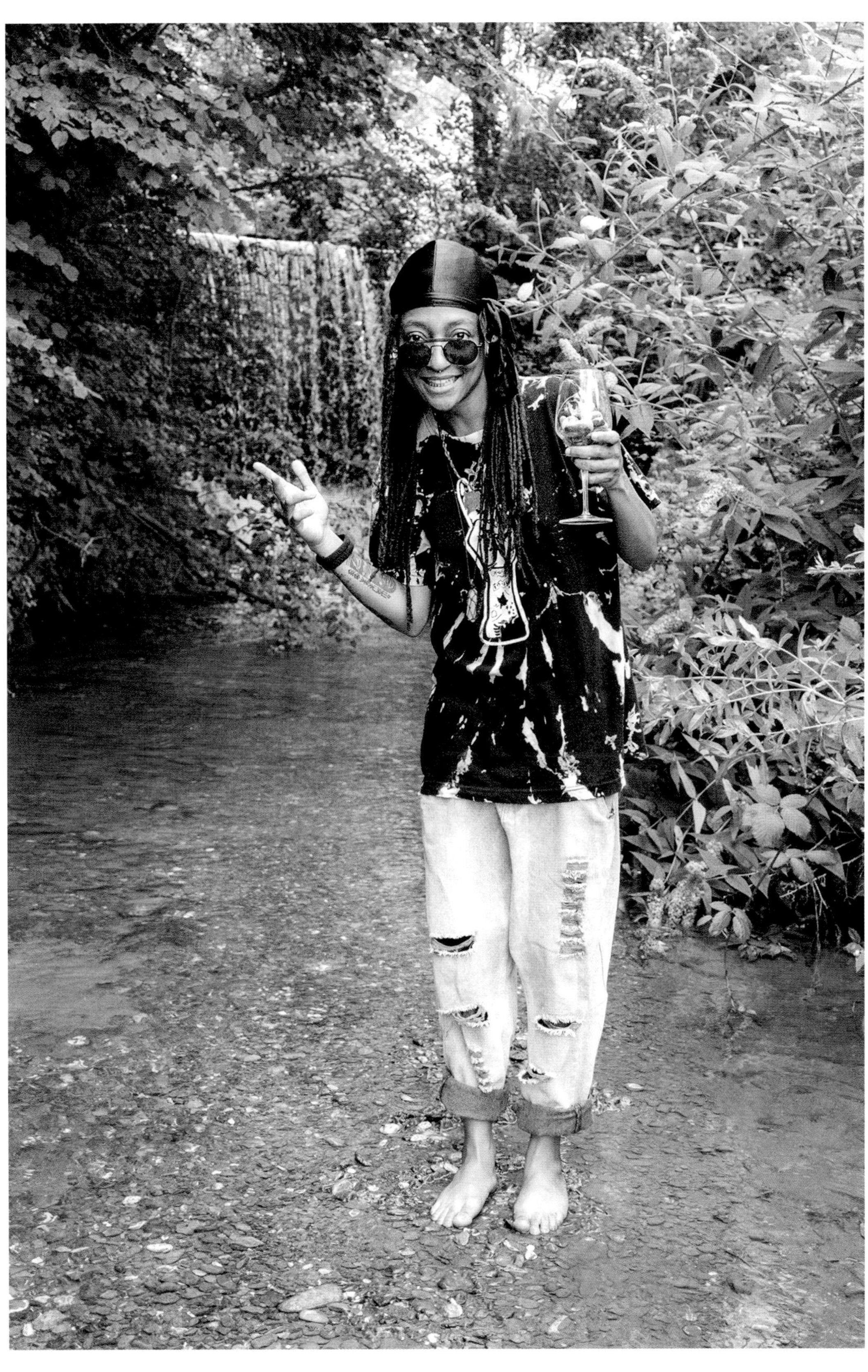

Rap musician and actress | musicienne de rap et actrice – Saillon, Switzerland 2020

KT
Gorique

Marthe Keller only has one flaw: she is perfect. It is borderline indecent.

She is too often defined by her TV role in *La demoiselle d'Avignon*, and yet her empire stretches from Basel to Hollywood, uninhibited by jet lag.

In the 1970s, teens spotted her wearing a miniskirt through the lens of Philippe de Broca or serving breakfast to Noiret in *The Old Maid*. They were hooked. Even Al Pacino was not immune to her charm, but we can forgive him. He probably made her an offer she couldn't refuse. In *Bobby Deerfield*, she was dying of cancer. In *Marathon Man*, Dustin Hoffmann chased after her. He had an excuse: someone who has filmed with Billy Wilder must be pretty special.

Her distinctive accent is enough to melt an ice cap. Environmentalists don't talk about it enough: She is largely responsible for global warming. In her mouth, words jostle for position like shoppers on the opening day of a sale.

She could easily have jumped straight off the page of a Paul Morand novel. She'd come out at night – the woman in a hurry. It is easy to imagine her striding through the vast halls of the Château de l'Aile in Vevey, where the author lived. His formidable wife, Hélène, would have looked quizzically at her neighbor, Marthe Keller, visiting from her chalet in Verbier.

Her laugh is like no other. Her tears are her makeup. She is a remarkable woman. We wish her to be unworthy. In Louis-Do de Lencquesaing's movies, she plays the role of a mother, and it suits her so well. She is unpredictable and distant – "as beautiful as the wife of another."

The tourist office in Valais must be warned immediately. Switzerland has produced chocolate, numbered accounts, cuckoo clocks and Marthe Keller. And the Swiss are supposed to be neutral!

Eric Neuhoff
Writer

Marthe Keller n'a qu'un défaut : elle est parfaite. Cela frôle l'indécence.

On associe beaucoup trop cette demoiselle à Avignon. Son domaine s'étend de Bâle à Hollywood. C'est dire qu'elle ne craint pas le décalage horaire.

Les adolescents des années 1970 l'avaient repérée en mini-jupe chez Philippe de Broca ou apportant le petit déjeuner à Philippe Noiret dans *La Vieille Fille*. Elle ne les a plus lâchés. Al Pacino n'est pas resté insensible à son charme. On le pardonnait. Il lui avait sûrement fait une offre qu'elle ne pouvait pas refuser. Dans *Bobby Deerfield*, elle mourait d'un cancer. Dans *Marathon Man*, Dustin Hoffmann lui courait après. Il avait des excuses. Quelqu'un qui a tourné avec Billy Wilder ne peut pas être banal.

Son accent si particulier a de quoi faire fondre une banquise. Les écologistes ne le disent pas assez : elle est en majeure partie responsable du réchauffement climatique. Dans sa bouche, les mots se bousculent comme les clientes d'un magasin le premier jour des soldes.

On la voit assez bien surgir d'une nouvelle de Paul Morand. Elle sortirait la nuit, jouerait les femmes pressées. Il n'est pas difficile de l'imaginer traversant au pas de course les vastes pièces du château de l'Aile, où l'écrivain résidait, à Vevey. La redoutable Hélène l'aurait regardée de travers. Marthe Keller serait venue en voisine, depuis son chalet de Verbier.

Elle rit comme personne. Les larmes lui servent de maquillage. C'est une grande dame. On lui souhaite d'être indigne. Dans les films de Louis-Do de Lencquesaing, elle incarne les mères. Cela lui va bien. Elle est imprévisible et lointaine, belle comme la femme d'un autre.

Il est urgent de prévenir le syndicat d'initiative du Valais. La Suisse produit du chocolat, des comptes numérotés, des coucous et Marthe Keller. Et on appelle cela un pays neutre !

Eric Neuhoff
Ecrivain

Marthe Keller

Actress and director | actrice et metteuse en scène – Verbier, Switzerland 2022

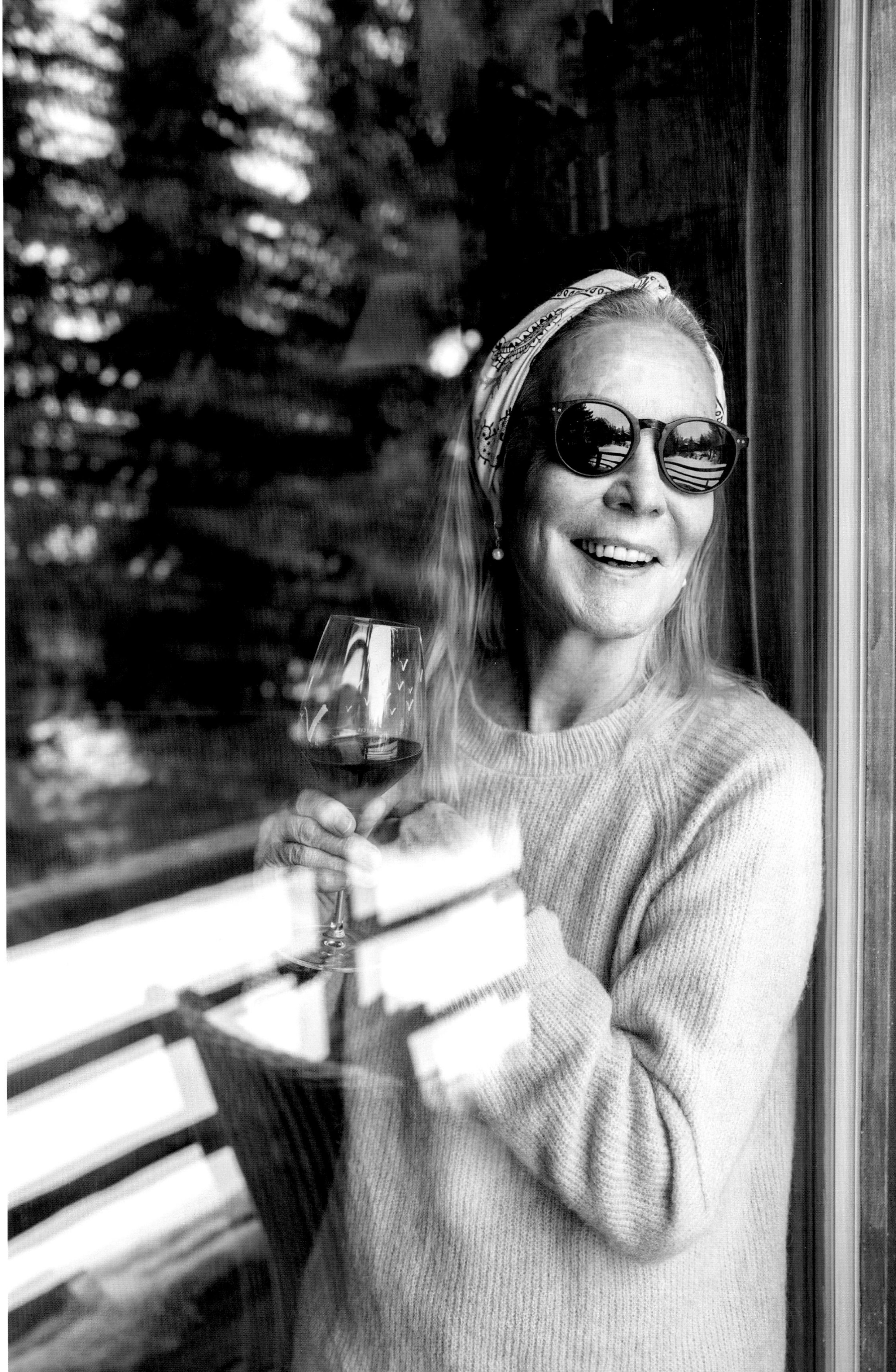

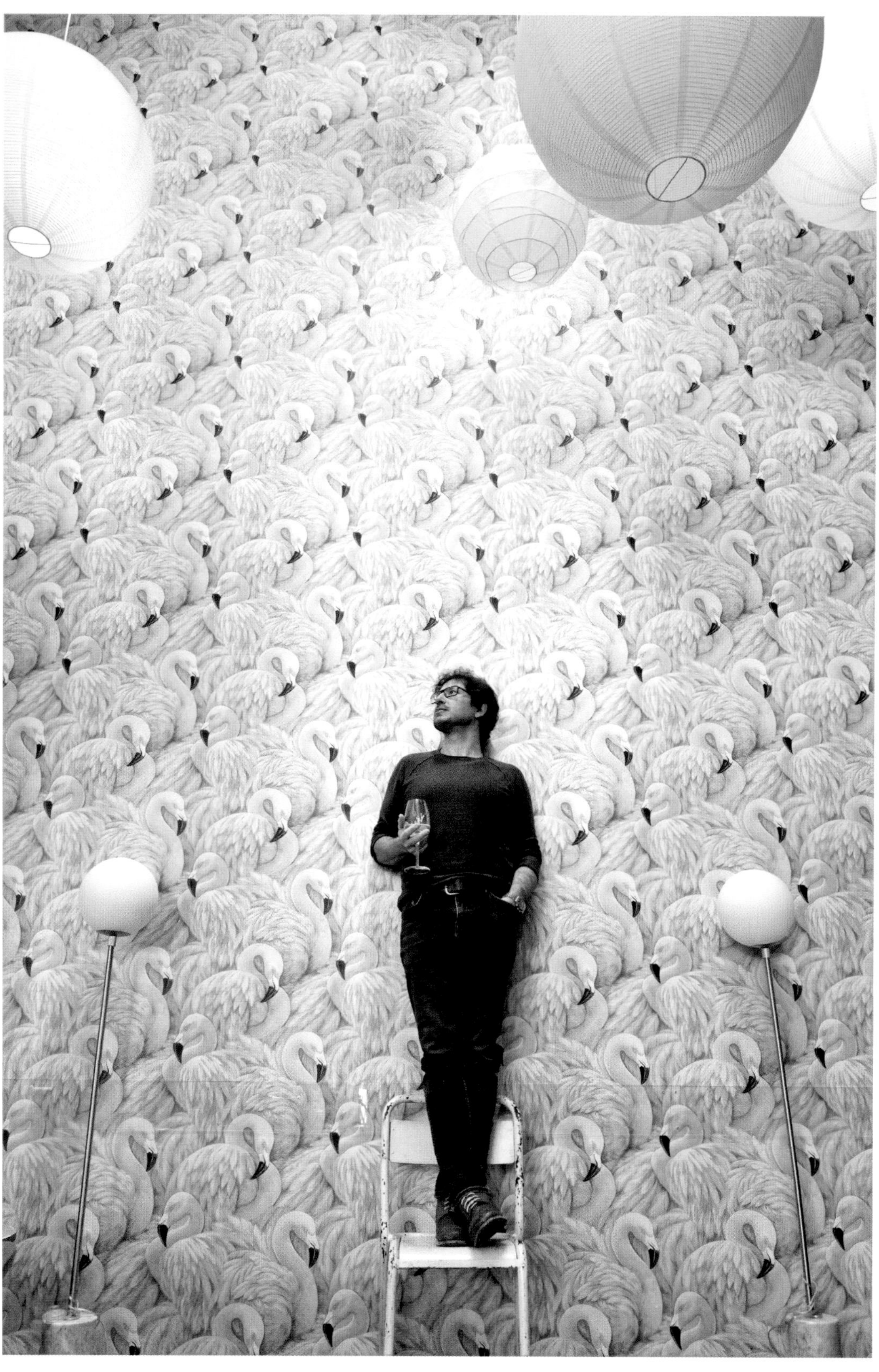

Gianluca Colla

Photographer | photographe – Sion, Switzerland 2022

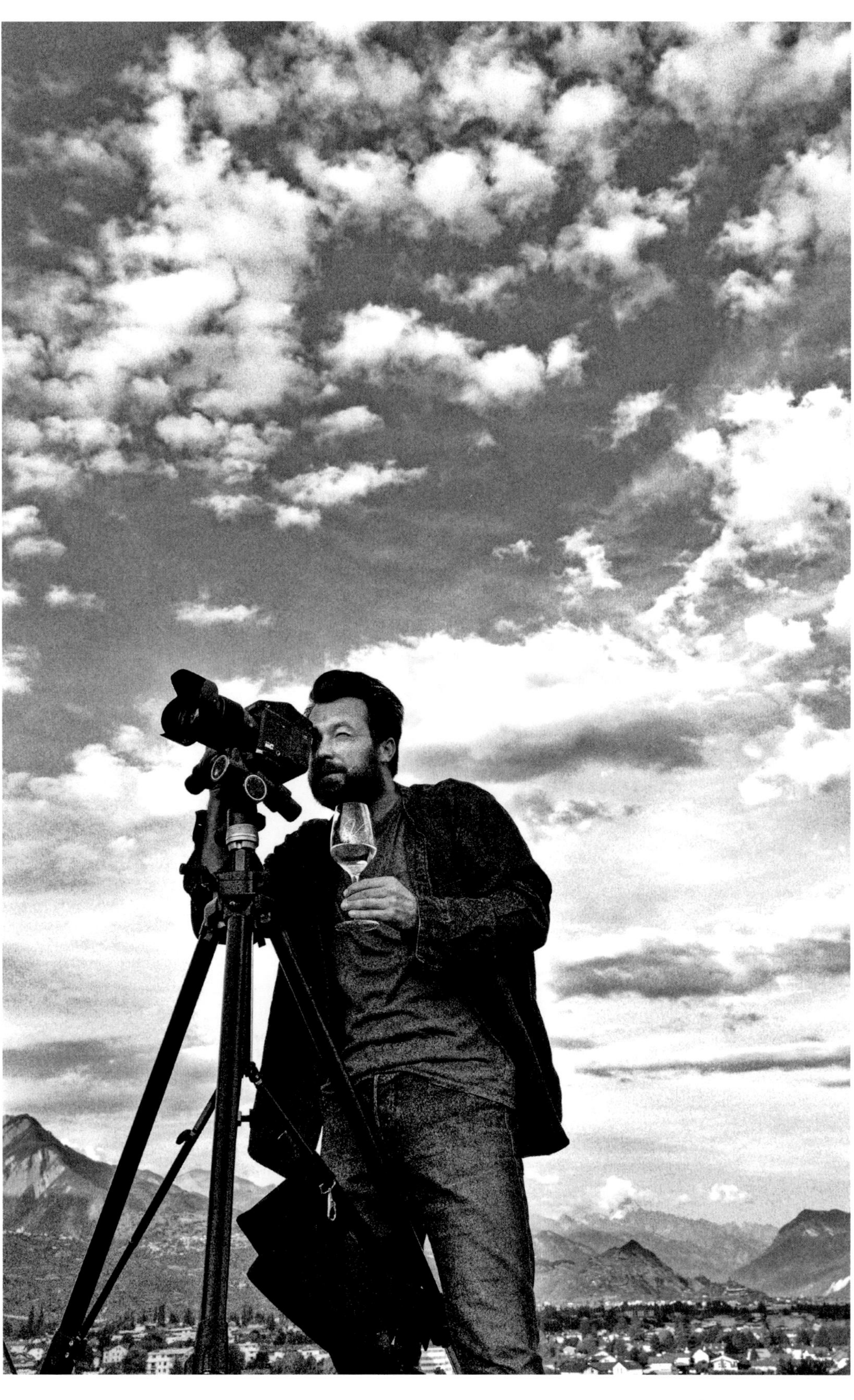

Photographer | photographe – Chamoson, Switzerland 2018

Sébastien
Agnetti

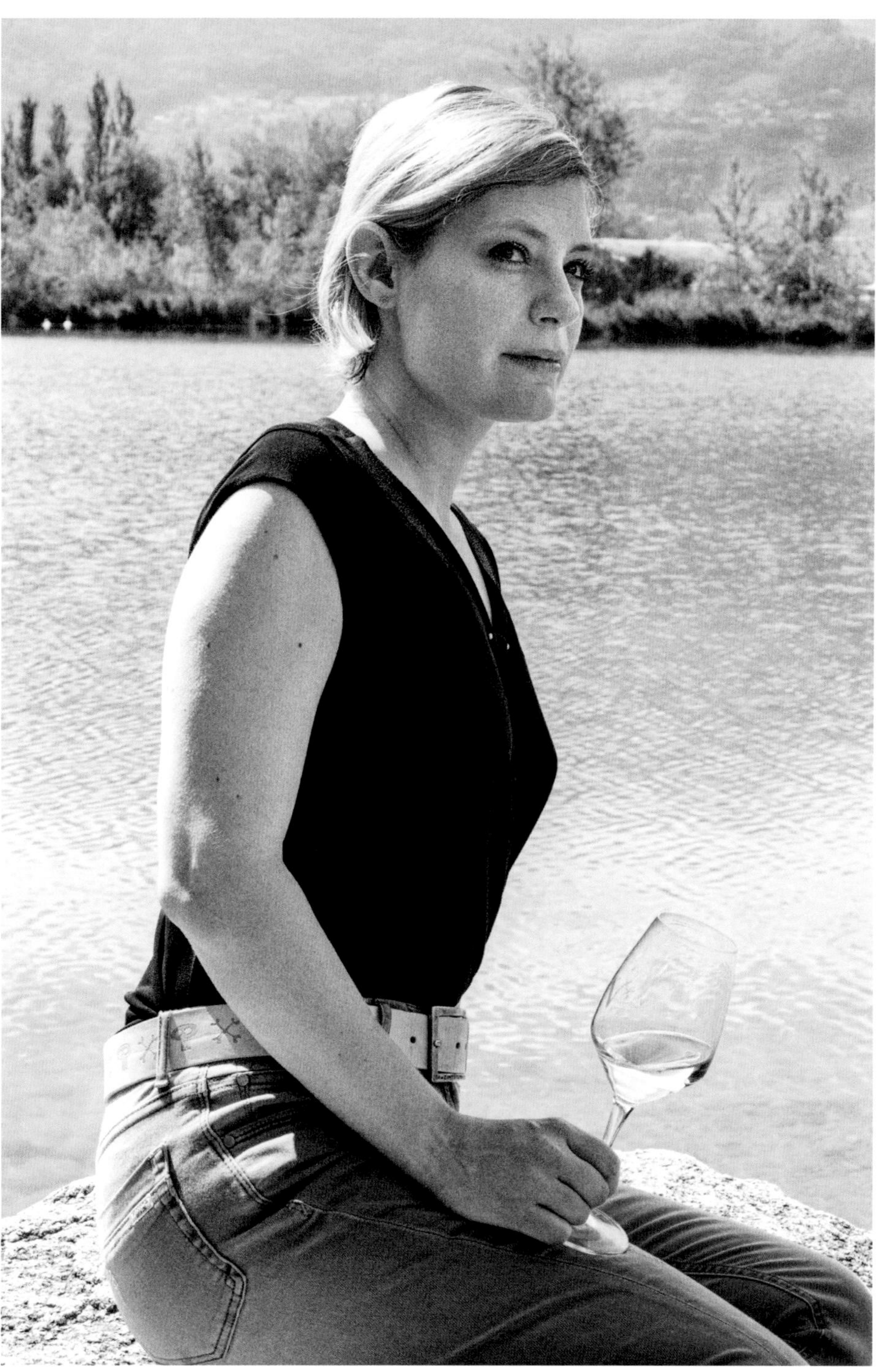

Béatrice Berrut

Pianist | pianiste – Monthey, Switzerland 2021

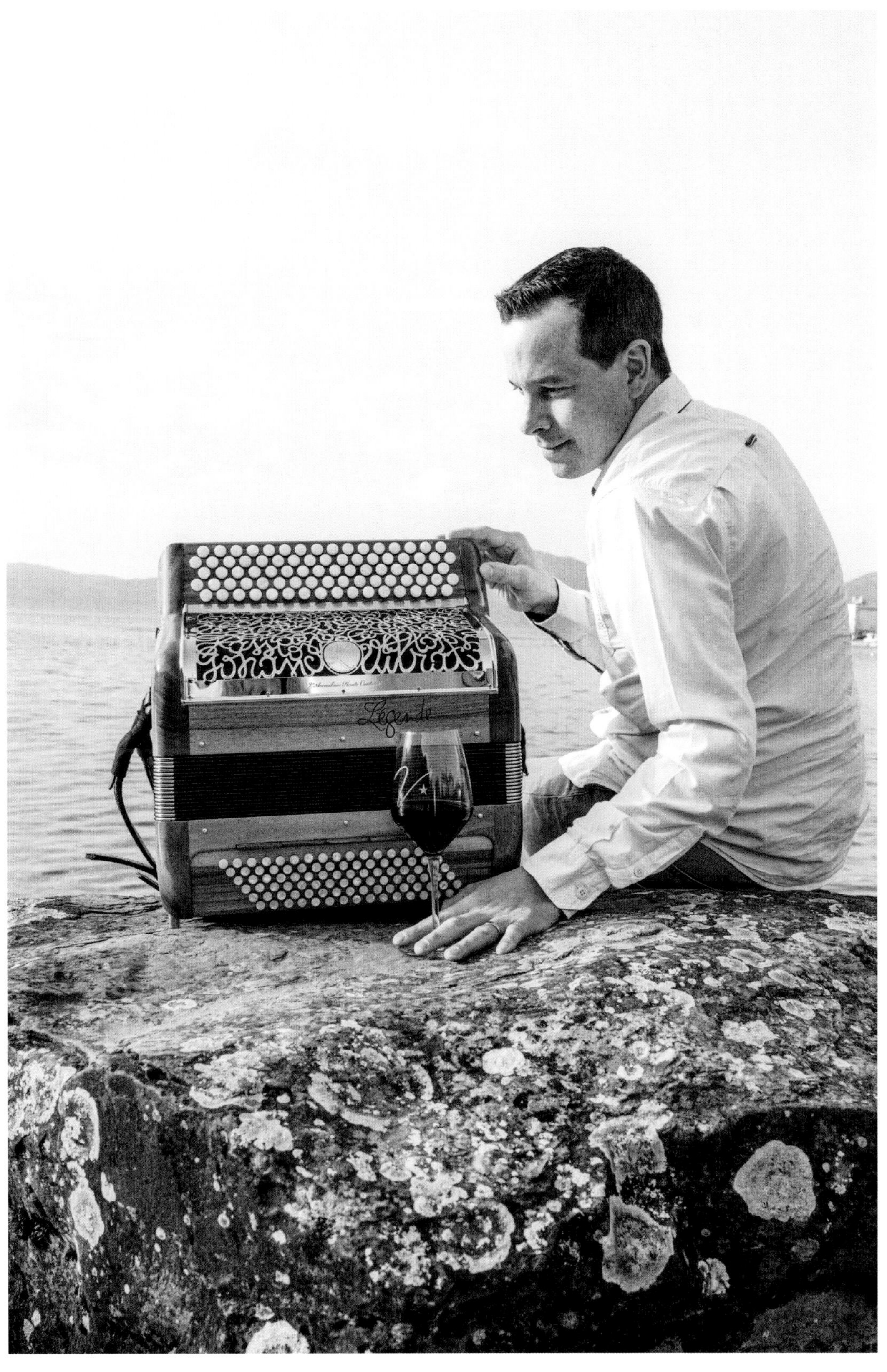

Accordionist | accordéoniste – Le Bouveret, Switzerland 2021

Yves Moulin

Aras
Bulut
İynemli

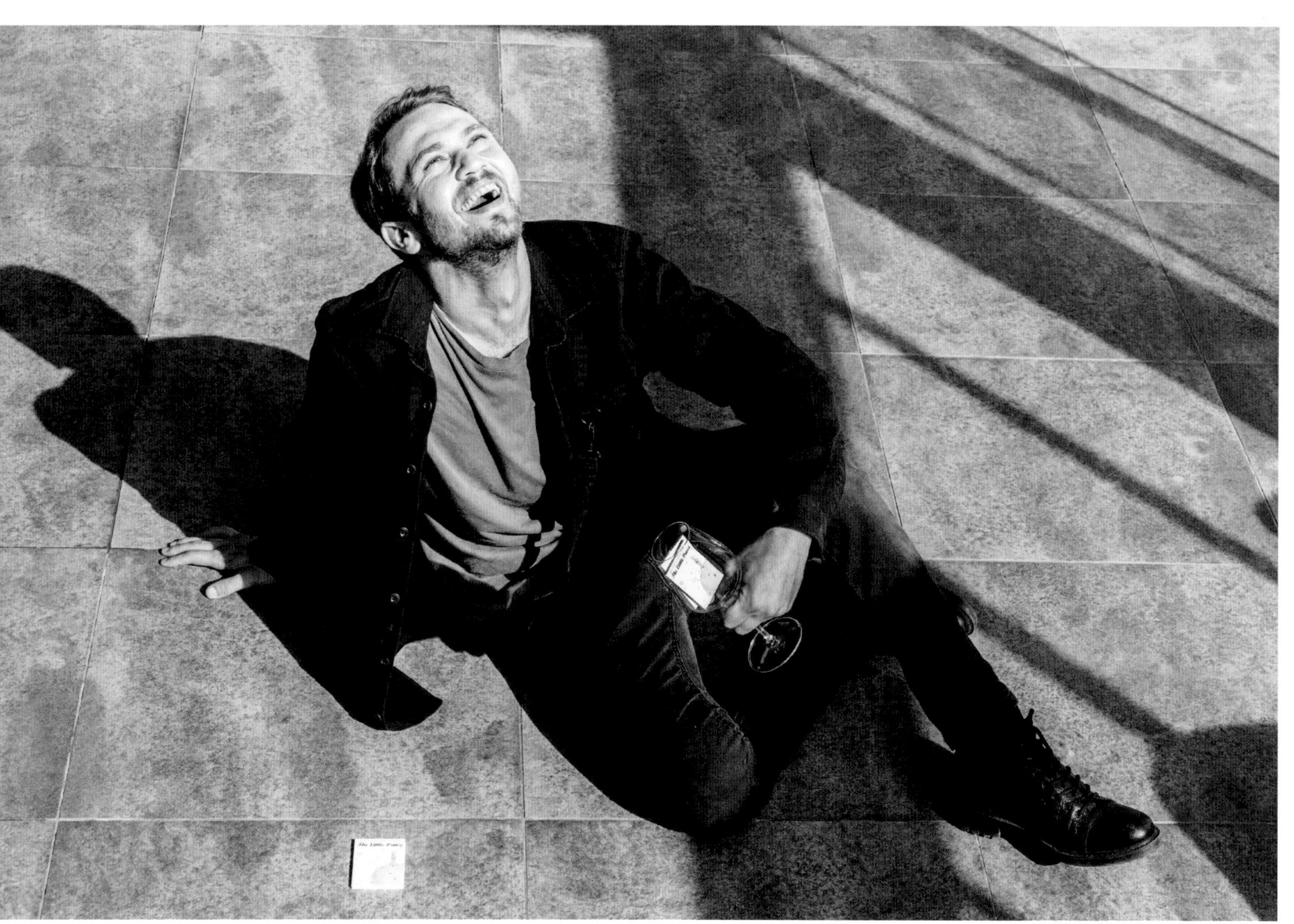

Actor | acteur – Istanbul, Turkey 2020

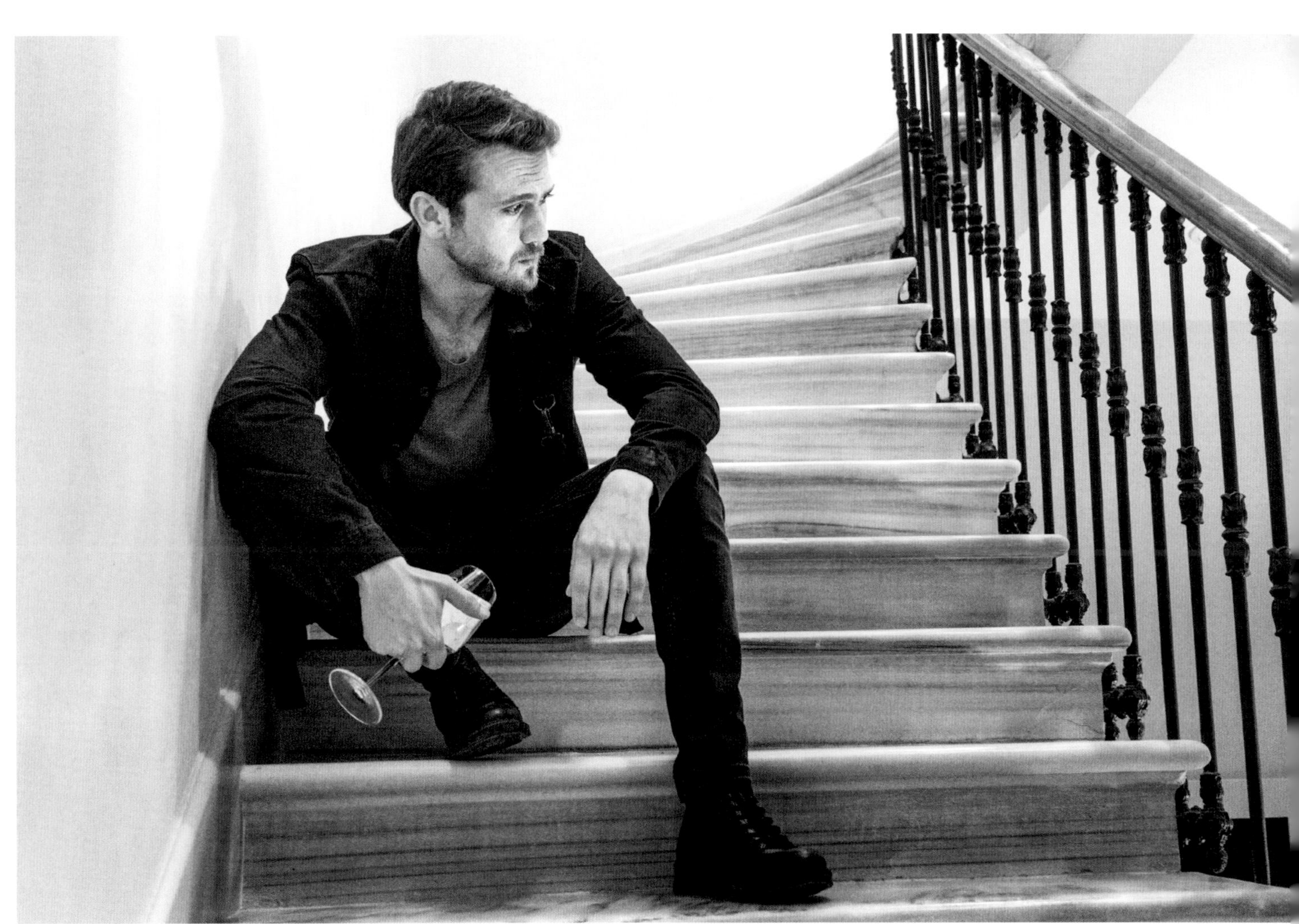

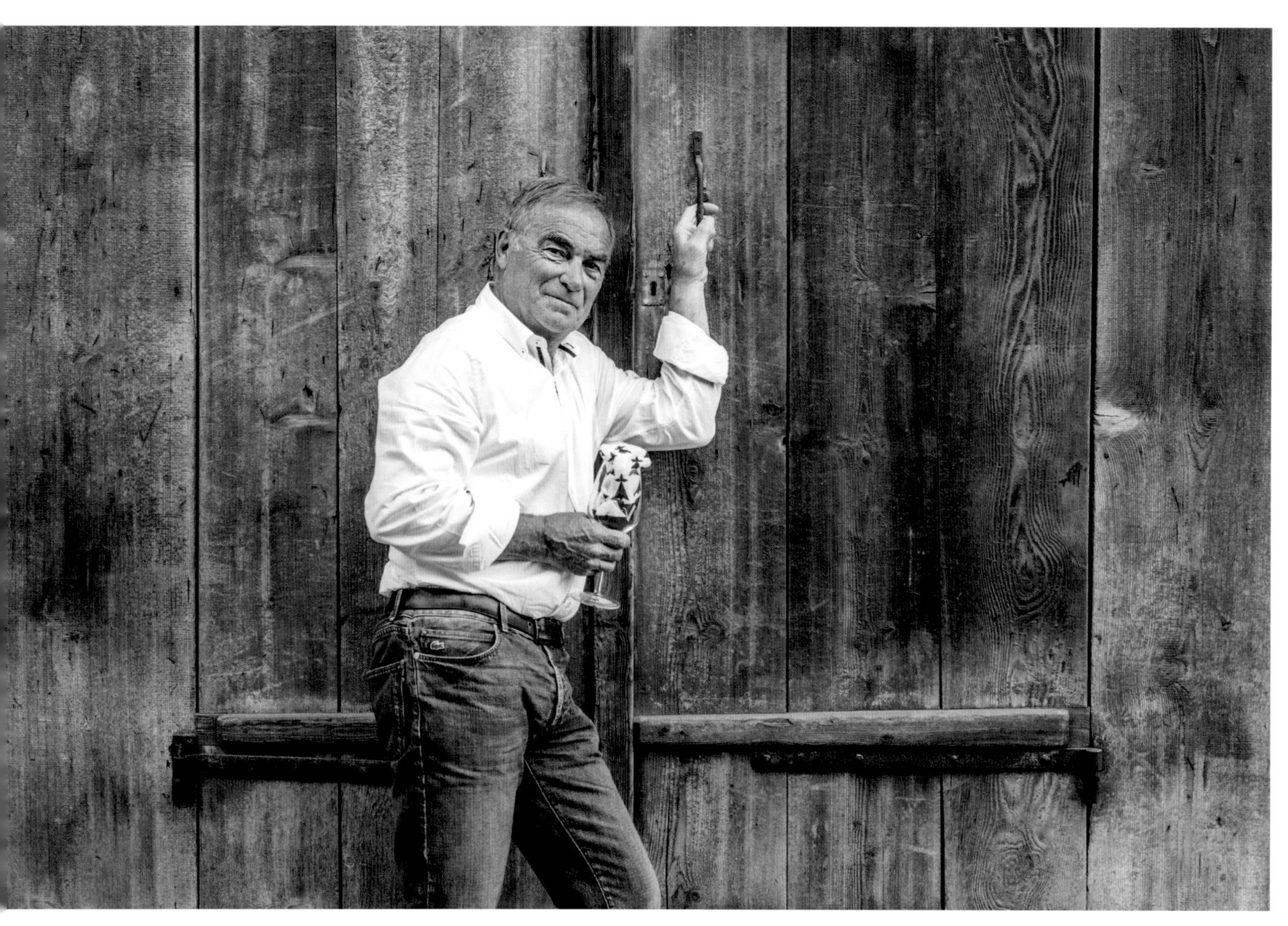

Bernard Hinault

Living legend of cycling | légende vivante du cyclisme – Grône, Switzerland 2022

Chef
Glenn Viel

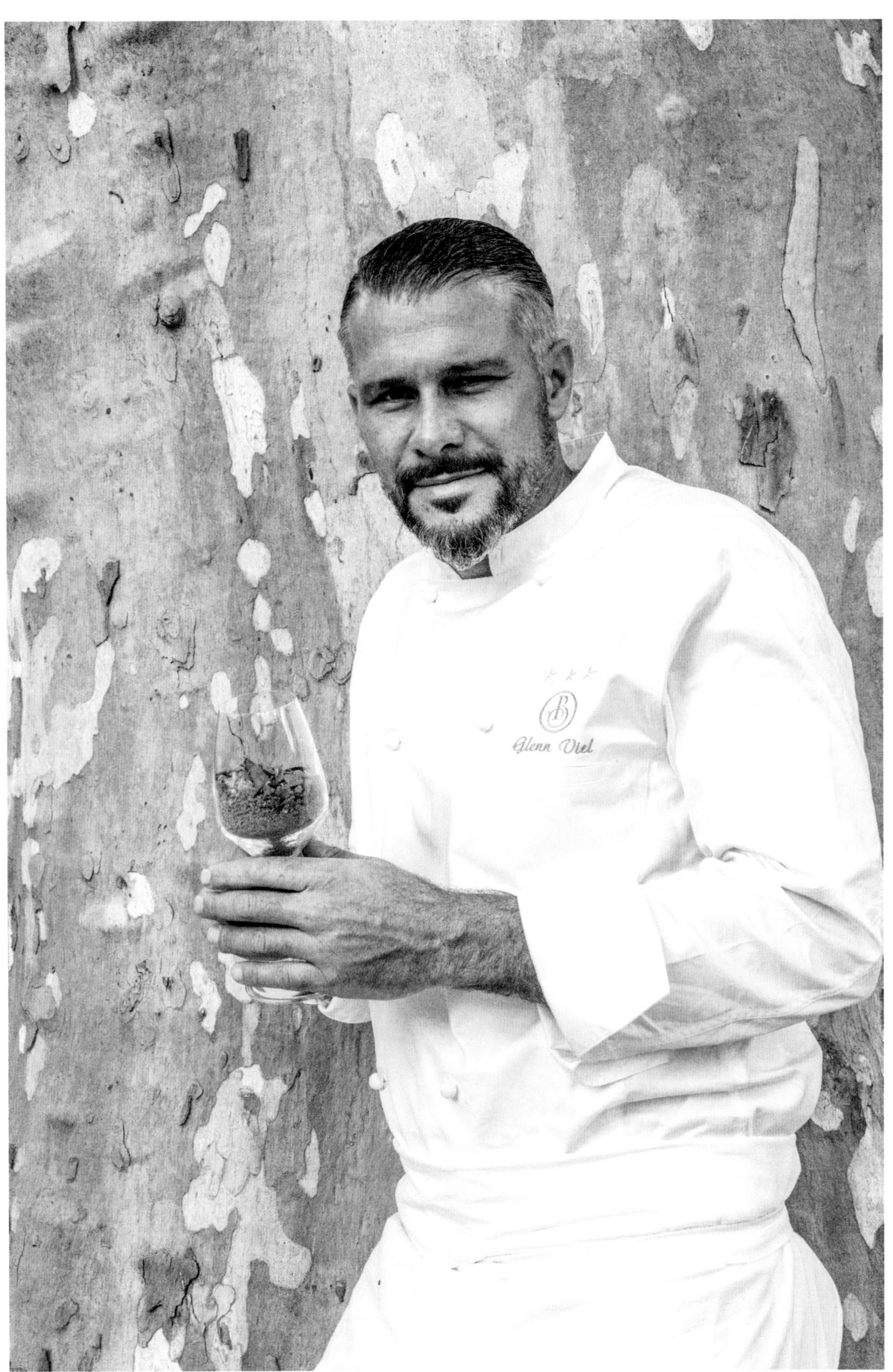

Les Baux-de-Provence, France 2020

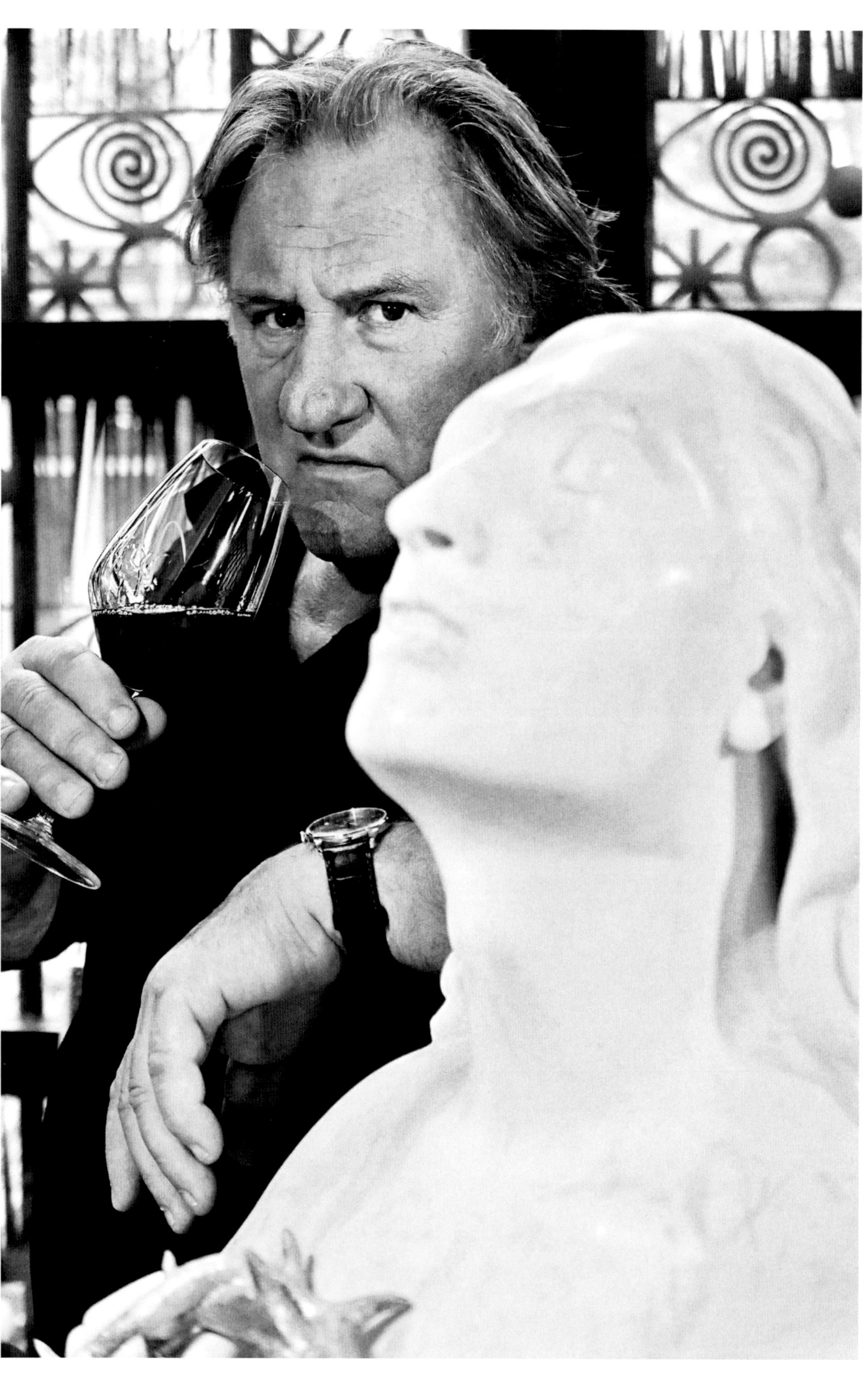

Gérard Depardieu

Actor | acteur – Paris, France 2015

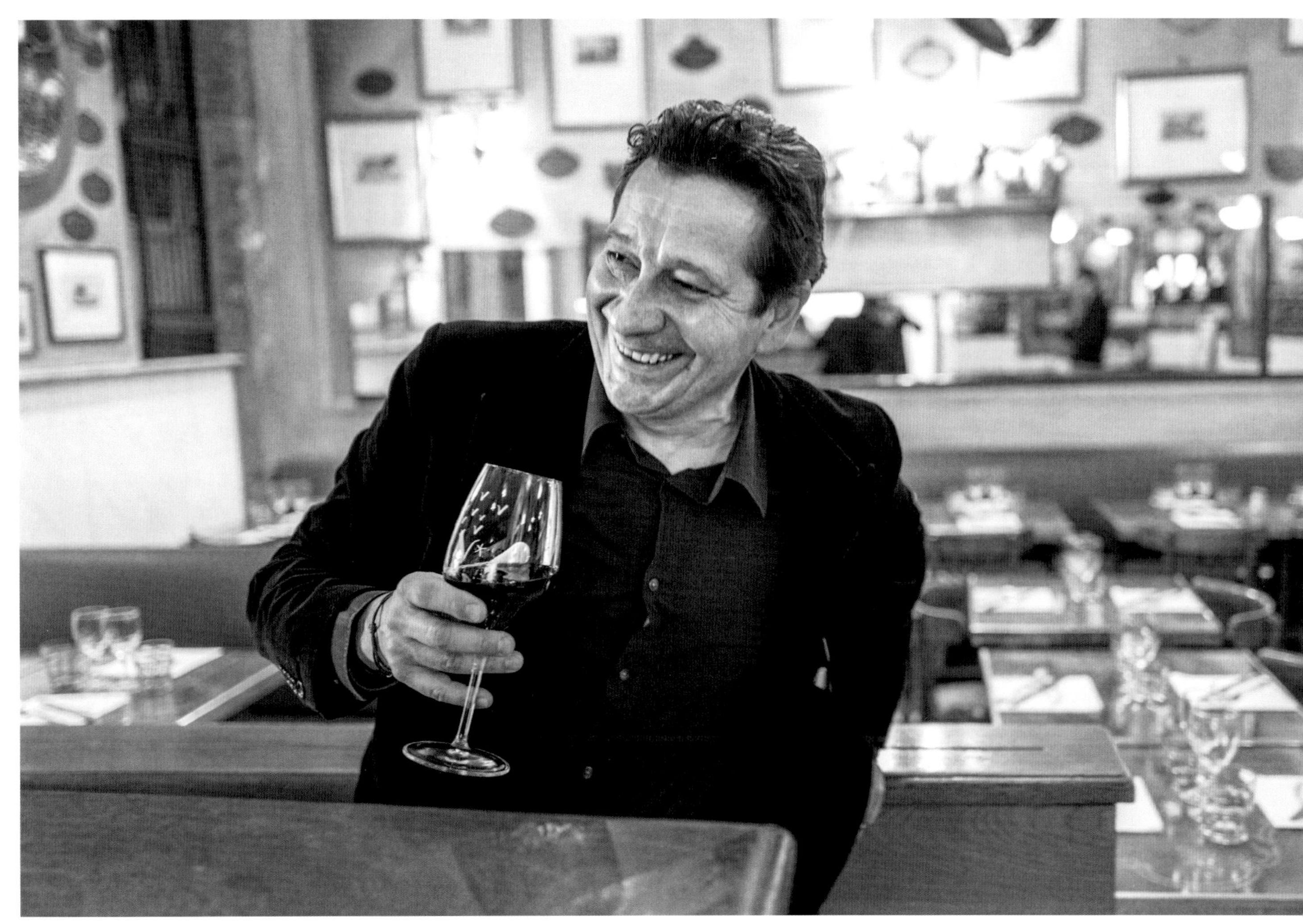

Actor, imitator and scriptwriter | acteur, imitateur et scénariste – Lyon, France 2022

Laurent
Gerra

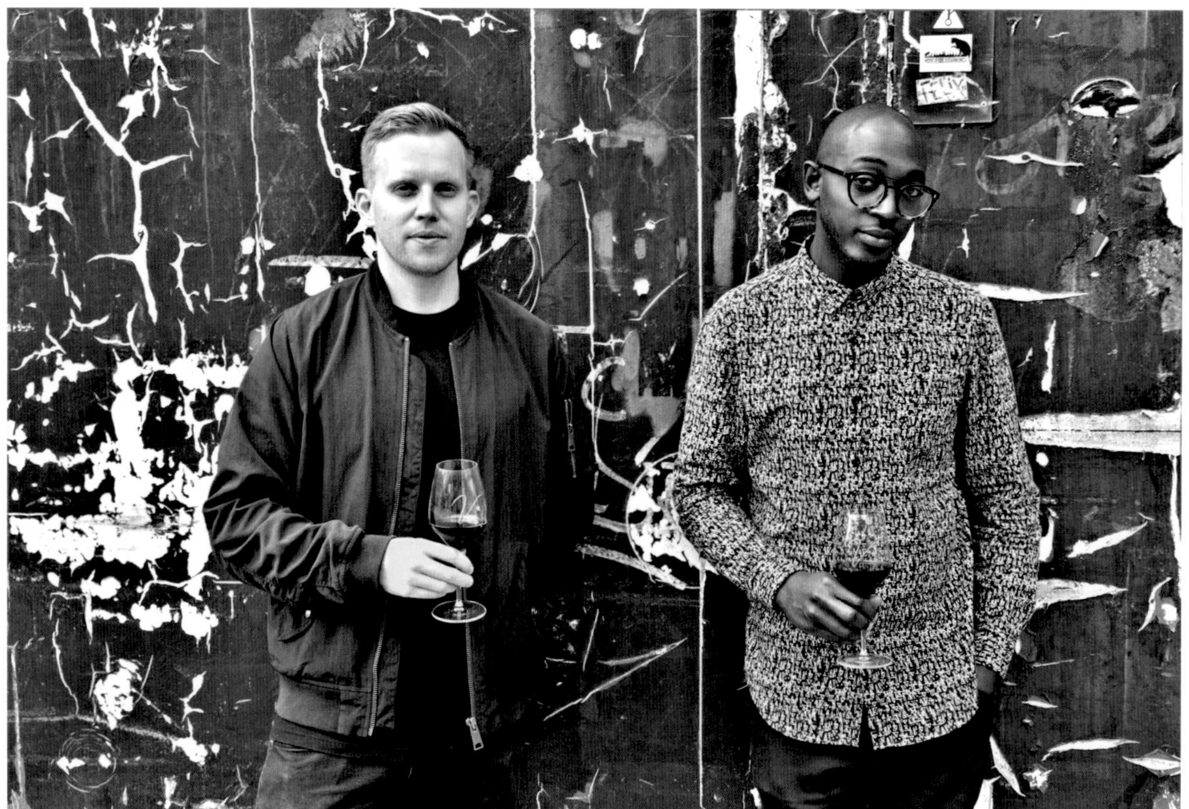

Musicians | musiciens – London, UK 2018

Stephen Frears

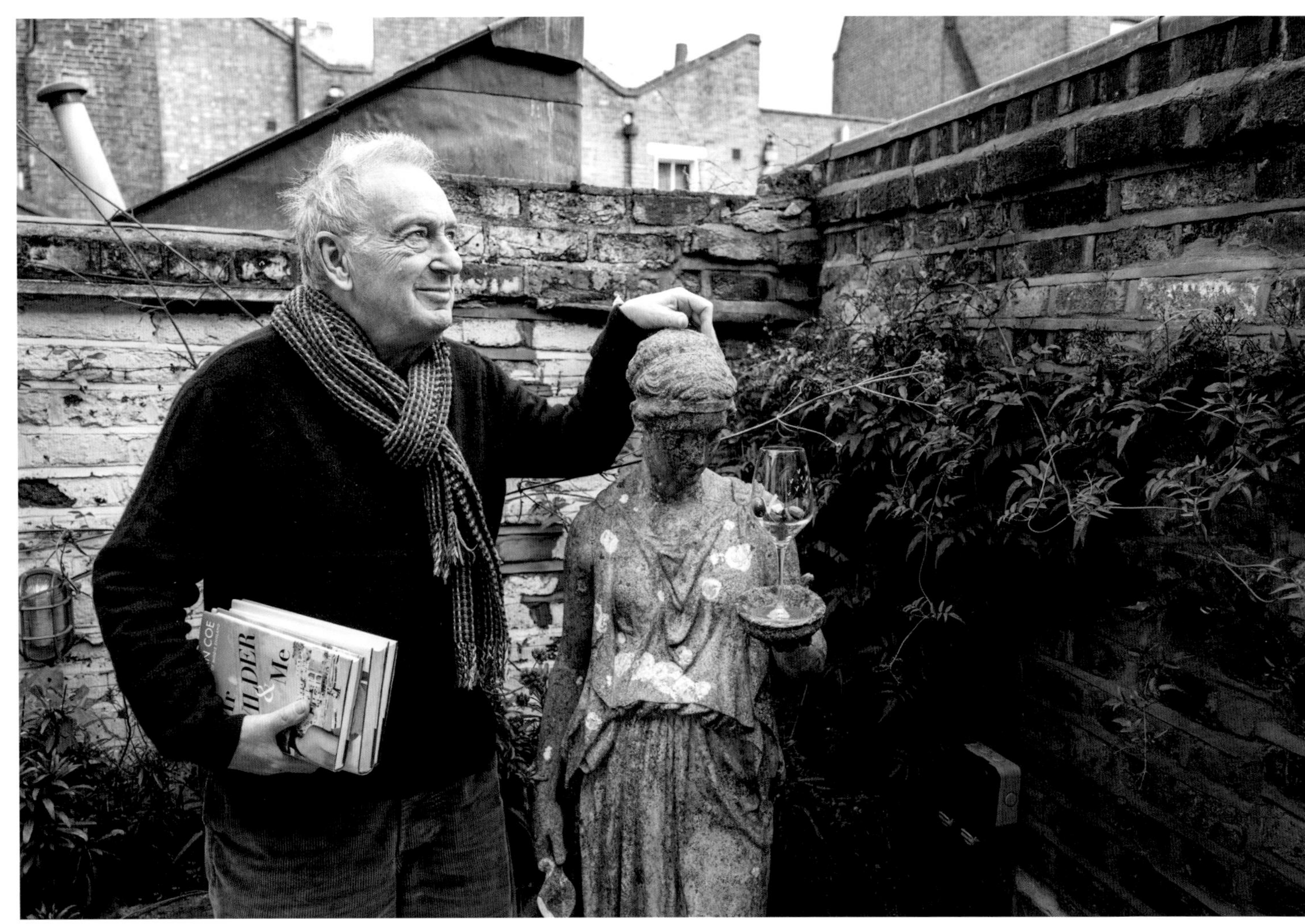

Film director | réalisateur de cinéma – London, UK 2022

Assumpta Serna

Actress | actrice – Vilafranca del Penedès, Spain 2019

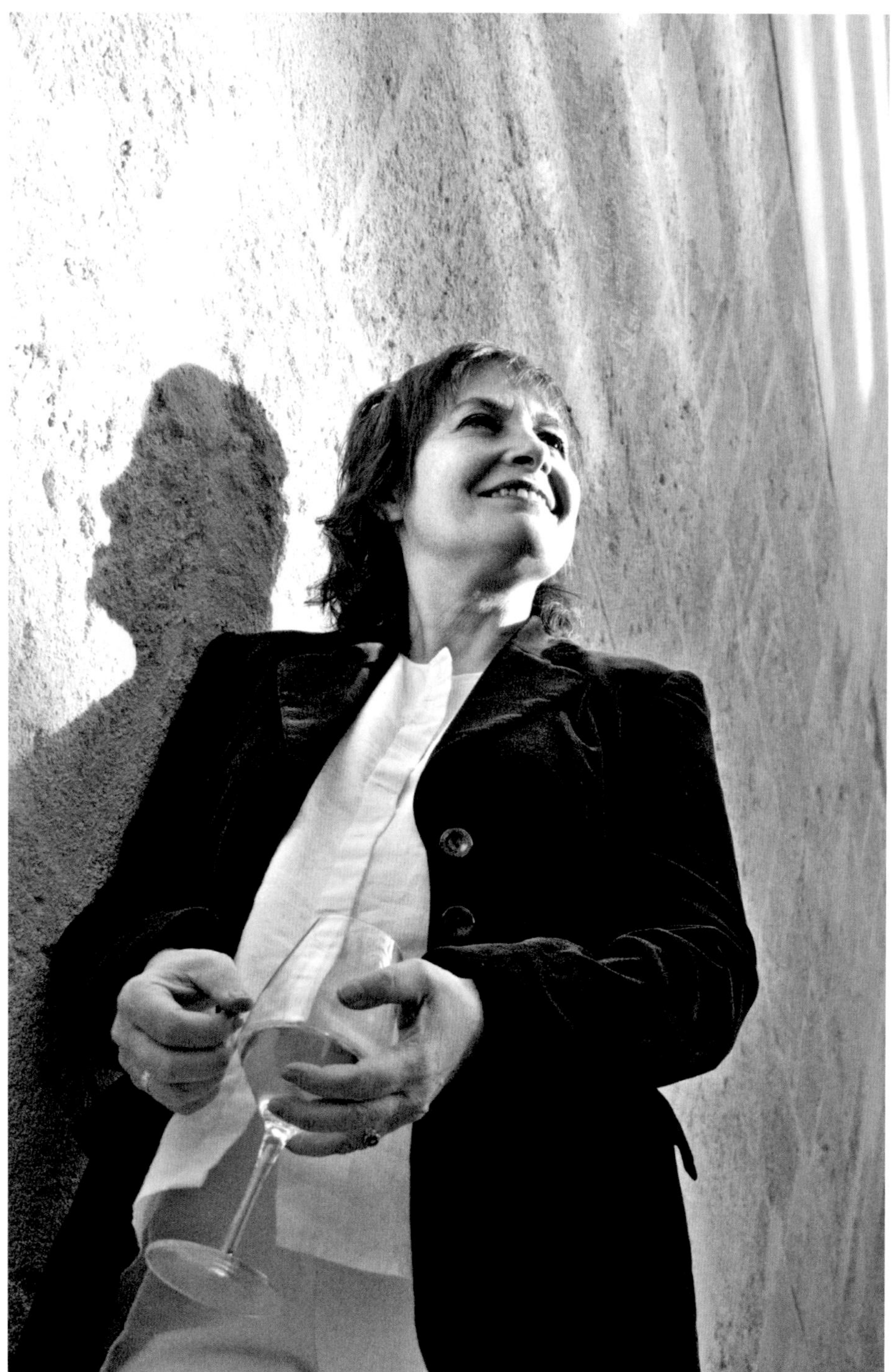

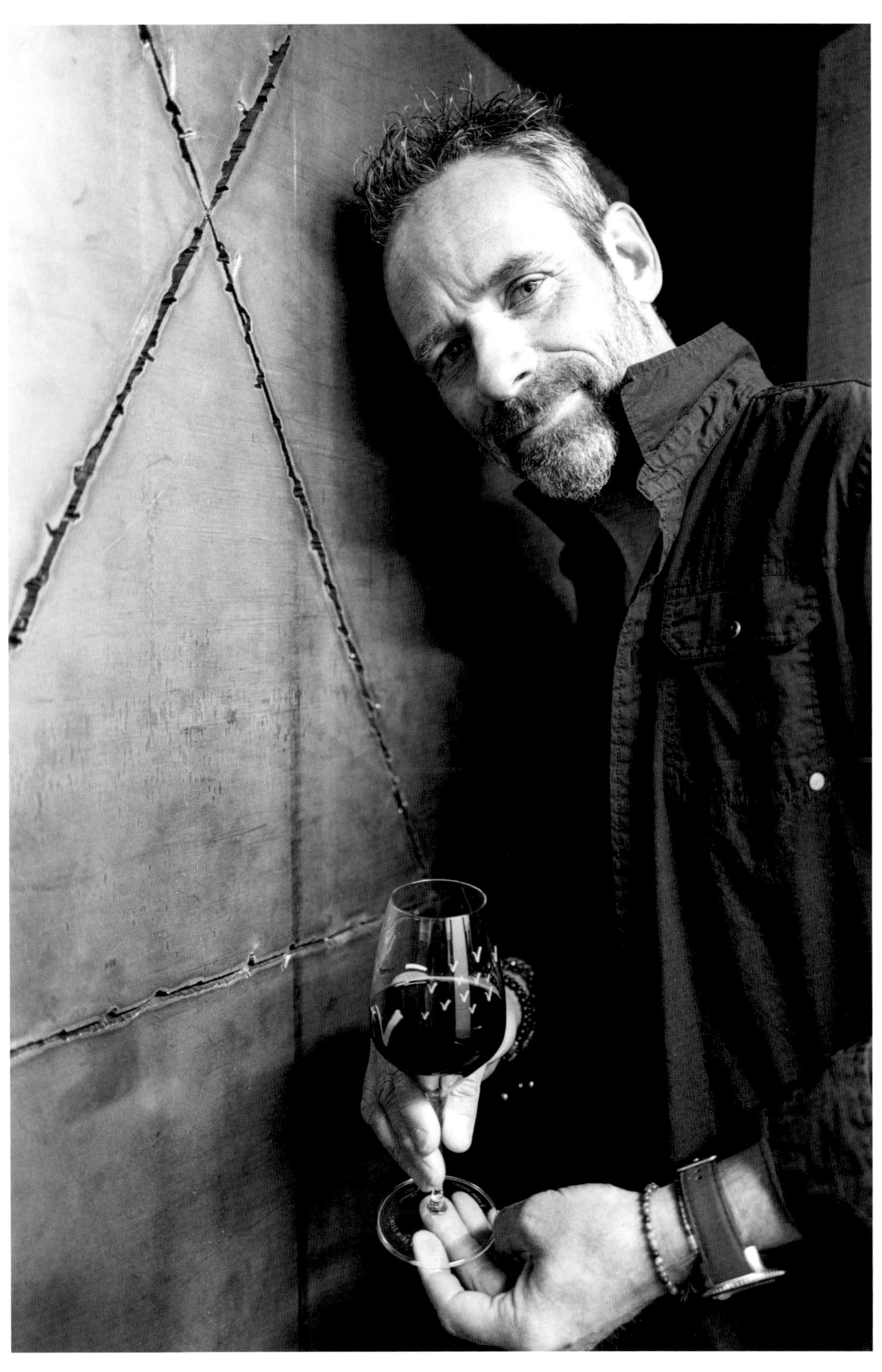

Fully, Switzerland 2022

Chef
Pierre
Crepaud

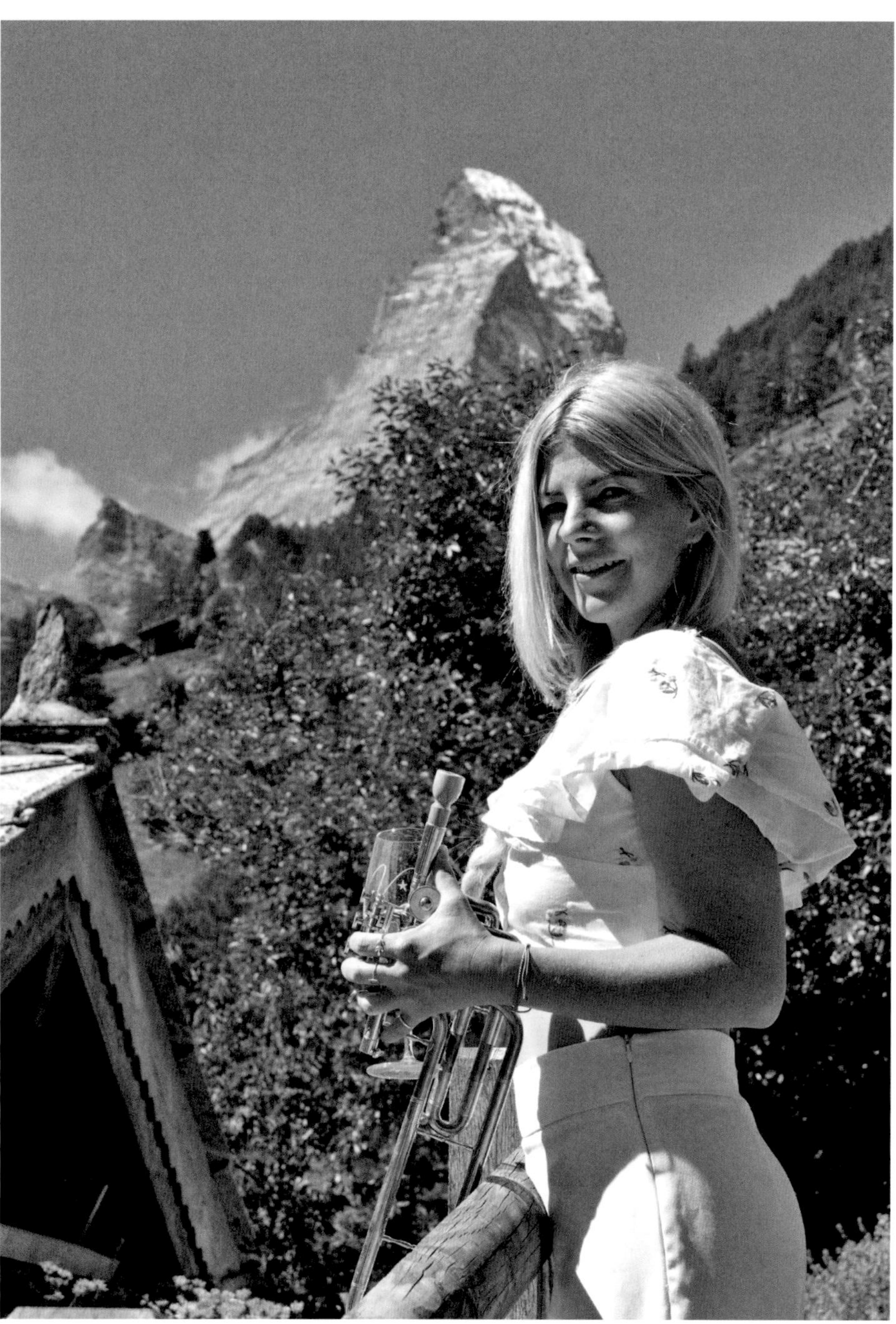

Eliana
Burki

Alpine horn musician | musicienne de cor des alpes – Zermatt, Switzerland 2019

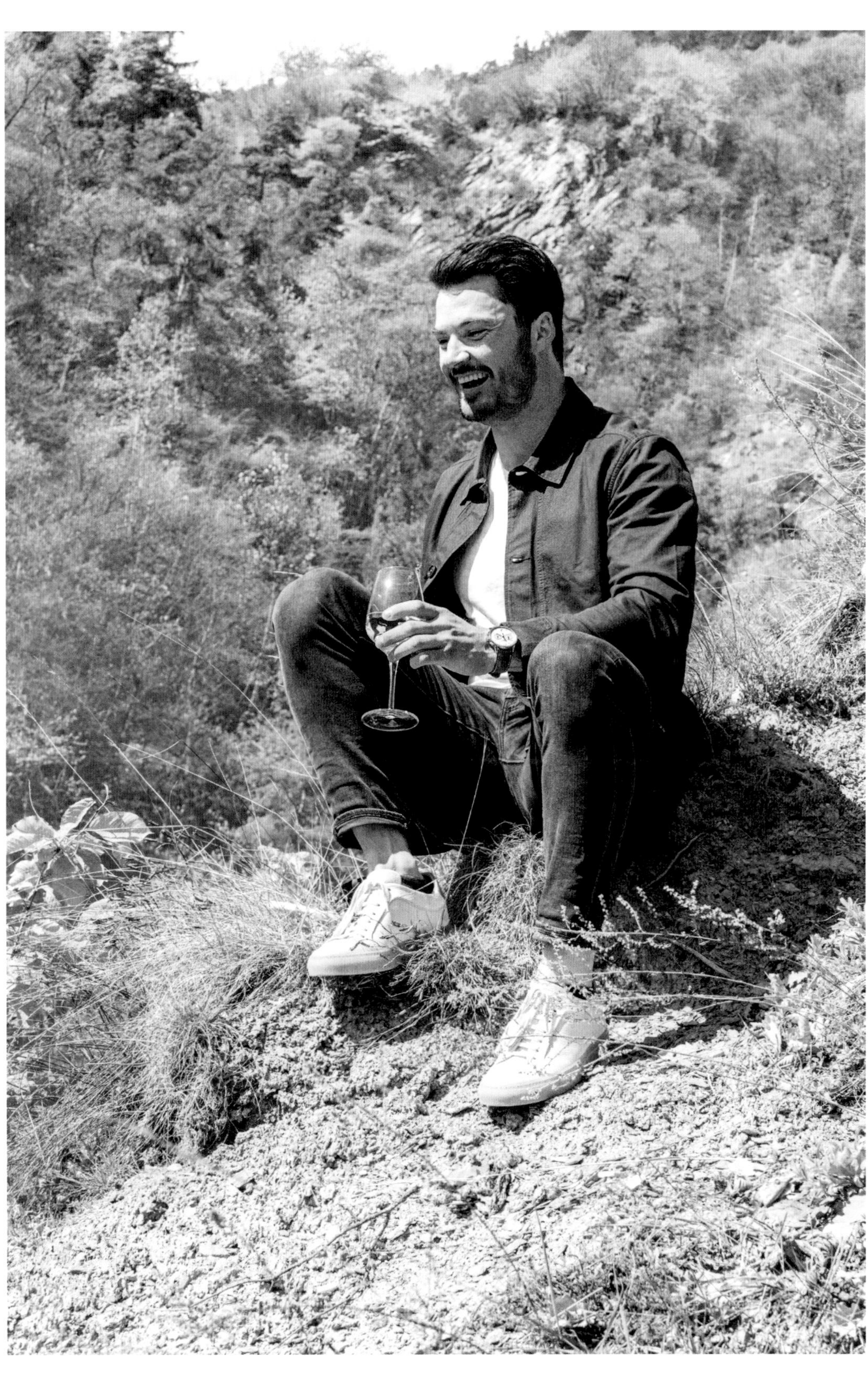

Skier and photographer | skieur et photographe – Saillon, Switzerland 2021

James Gray

Film director and screenwriter |
réalisateur de cinéma et scénariste – Los Angeles, USA 2016

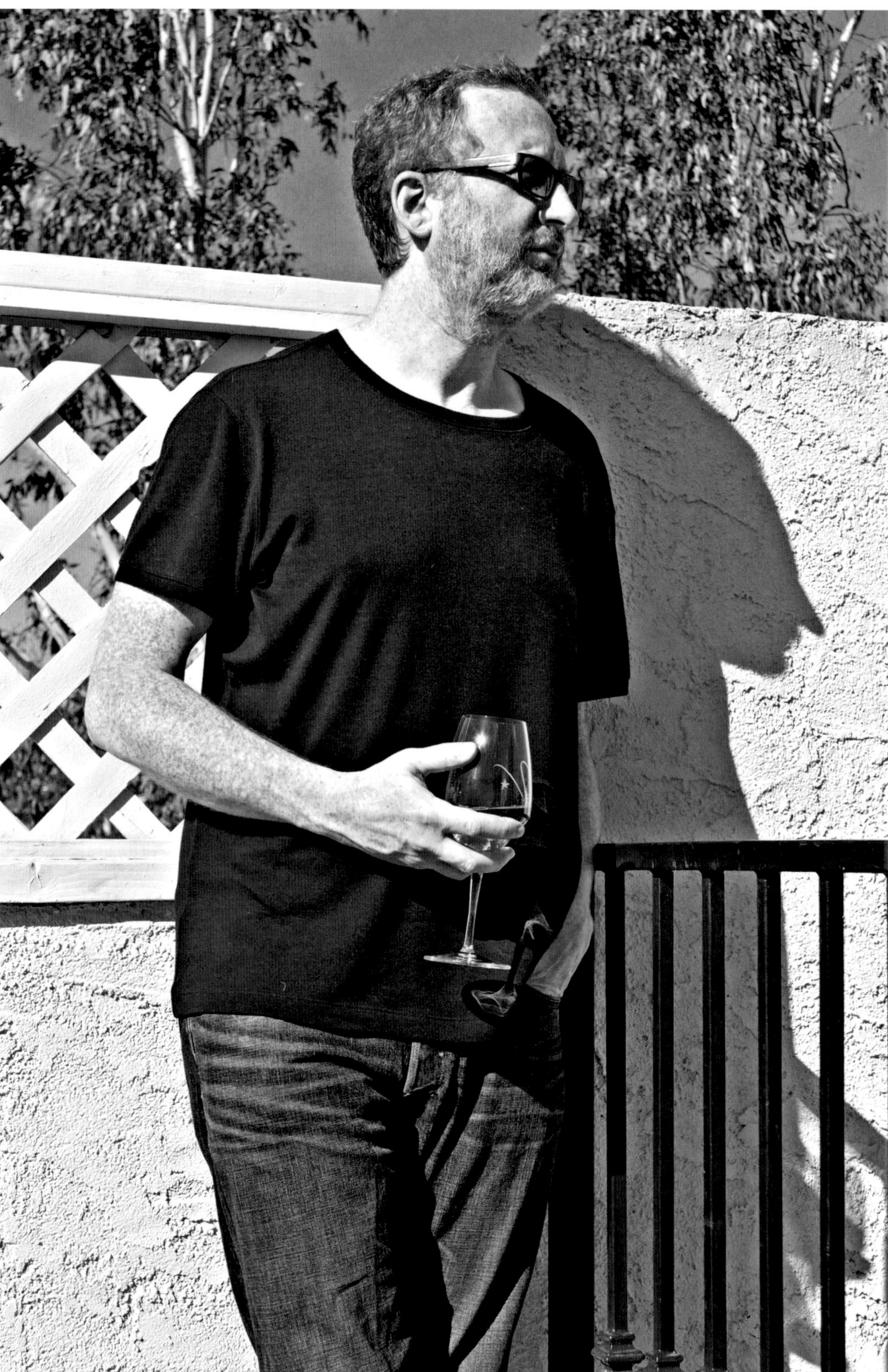

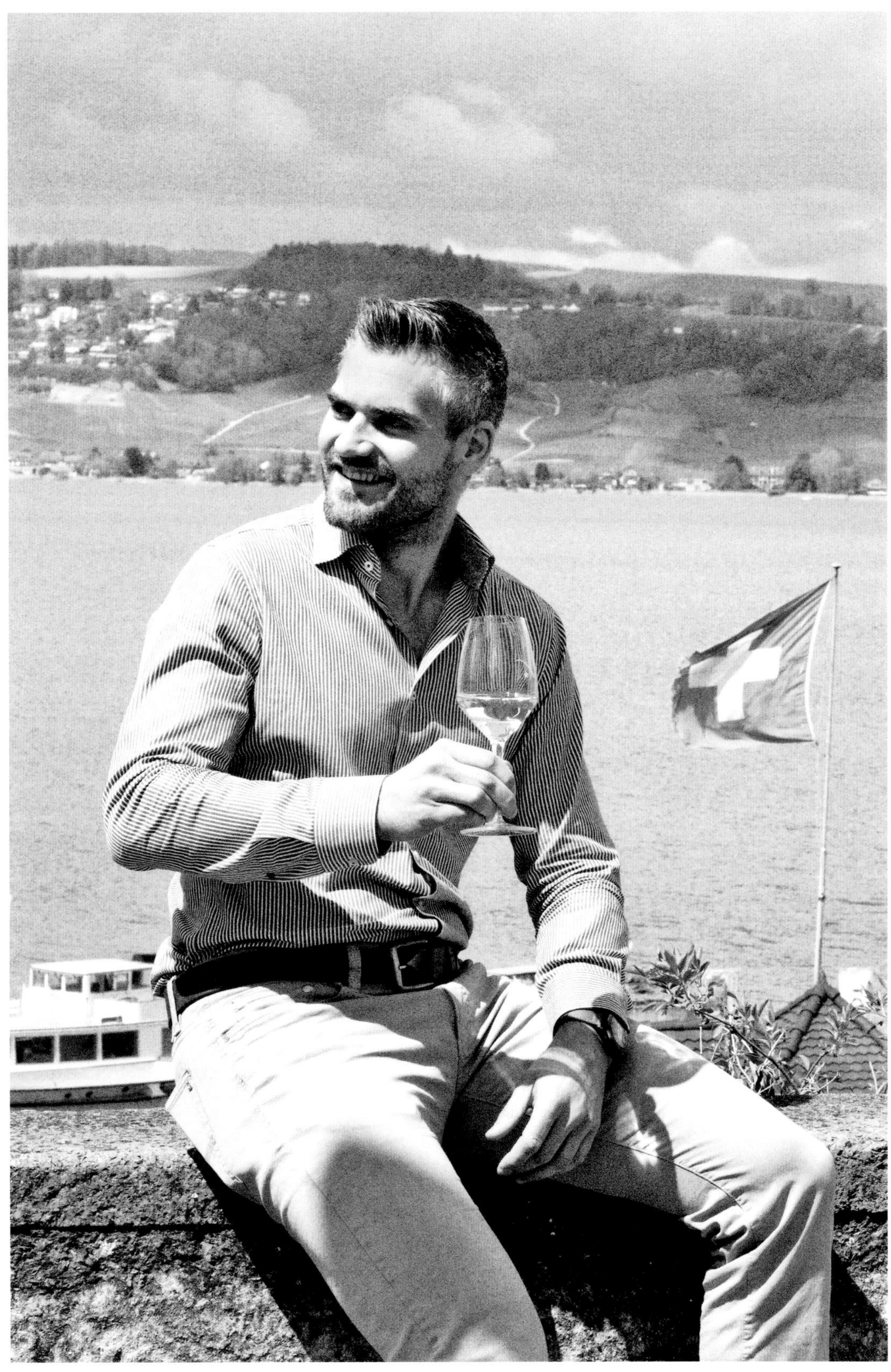

Joueur de hockey sur glace | ice hockey player – Morat, Switzerland 2019

Philippe
Furrer

Alessandro Borghi

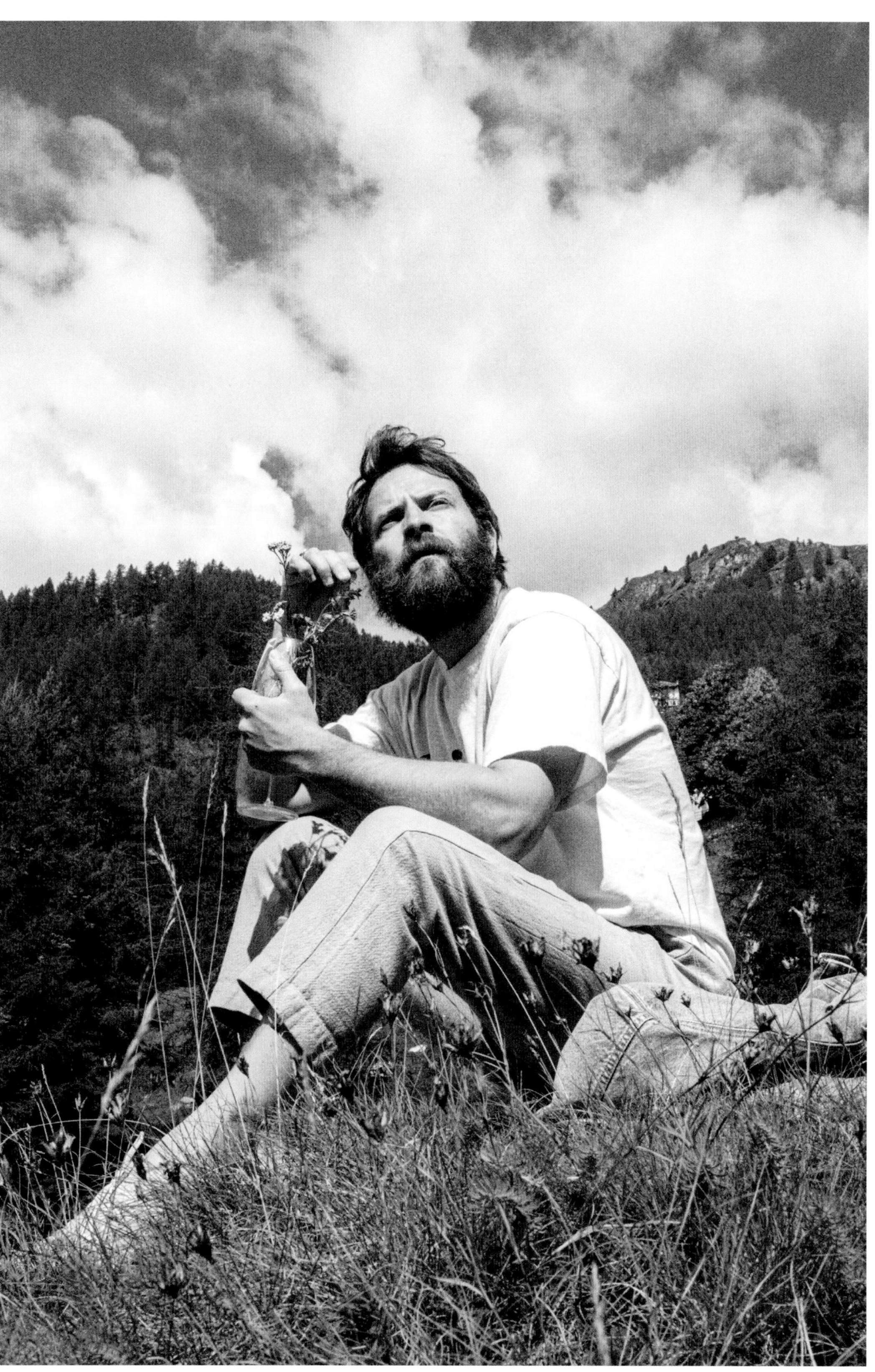

Actor | acteur – Champoluc, Italy 2021

Chef
Niclas
Jönsson

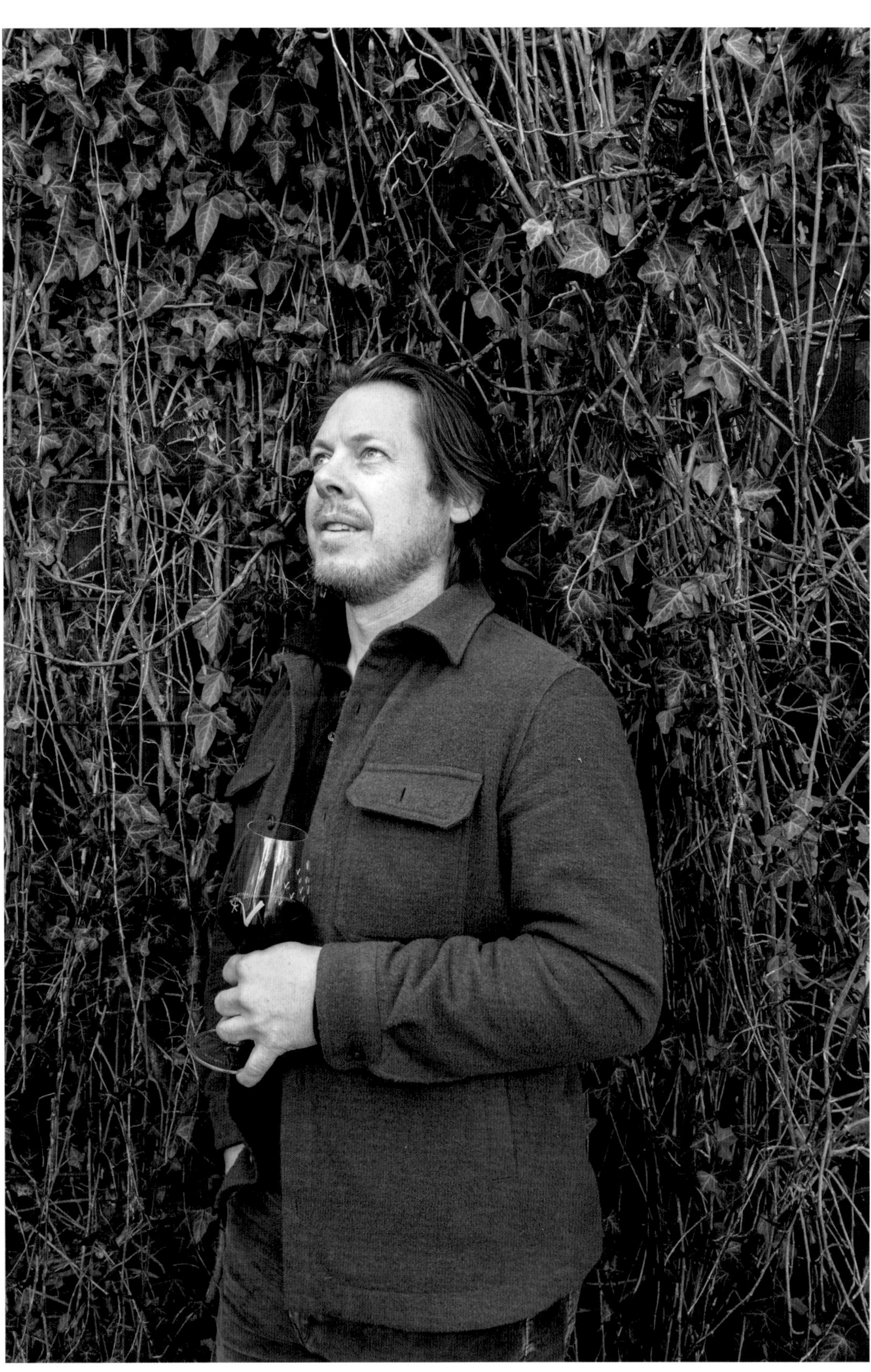

Älgö, Sweden 2022

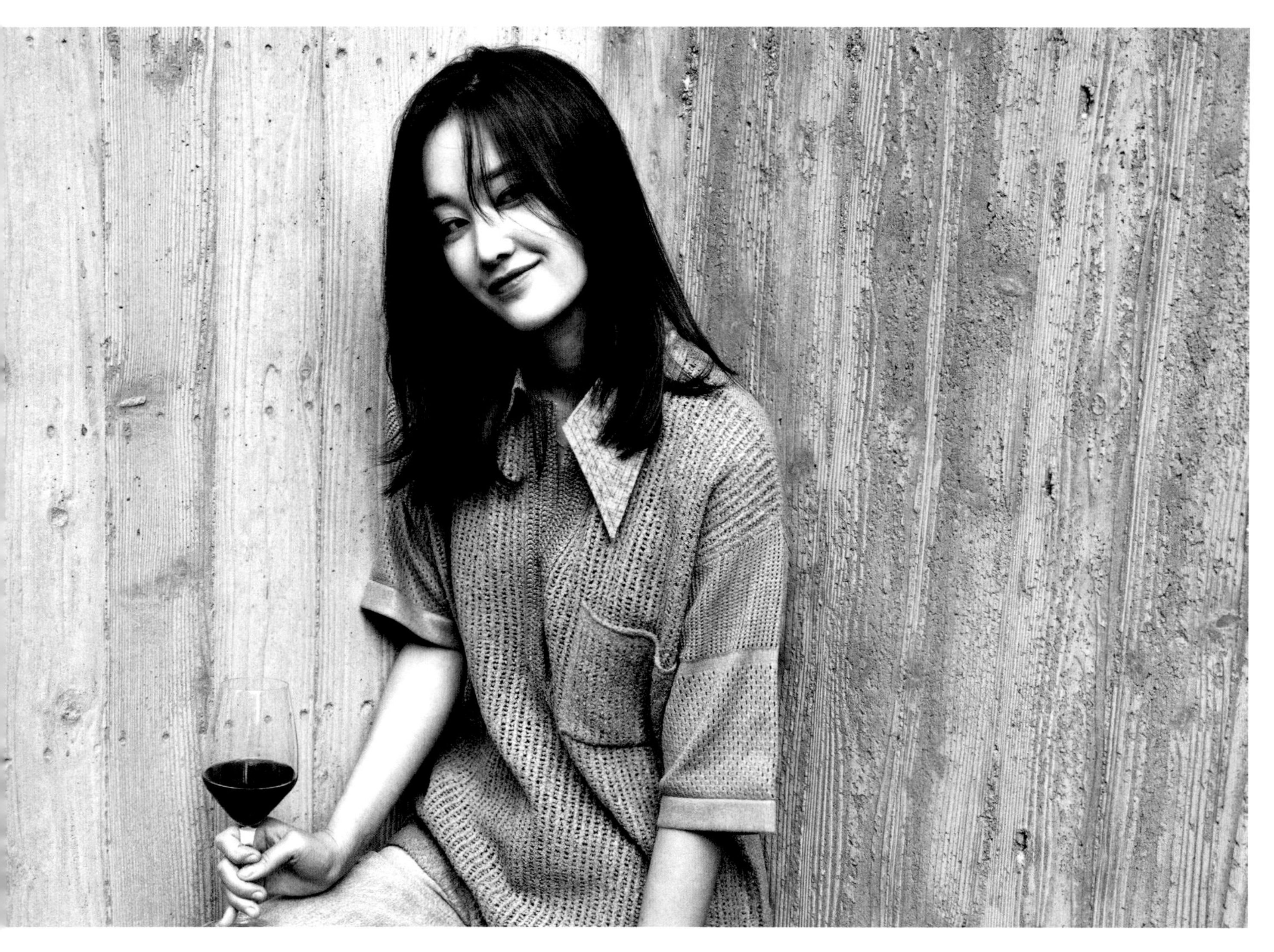

Jeon
Jong-seo

Actress | actrice – Seoul, South Korea 2019

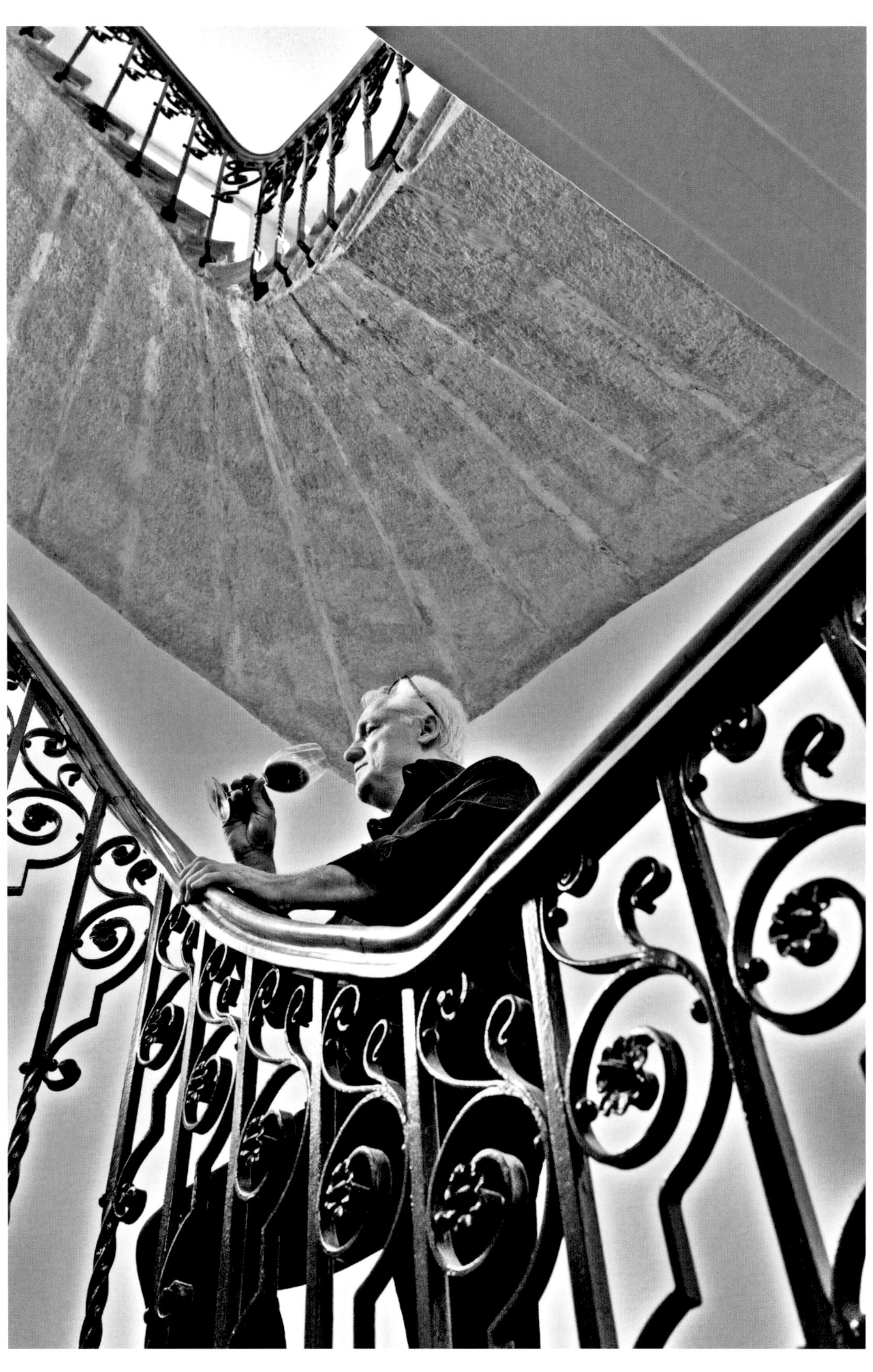

Founder of the Nobilis label | fondateur du label Nobilis – Sierre, Switzerland 2018

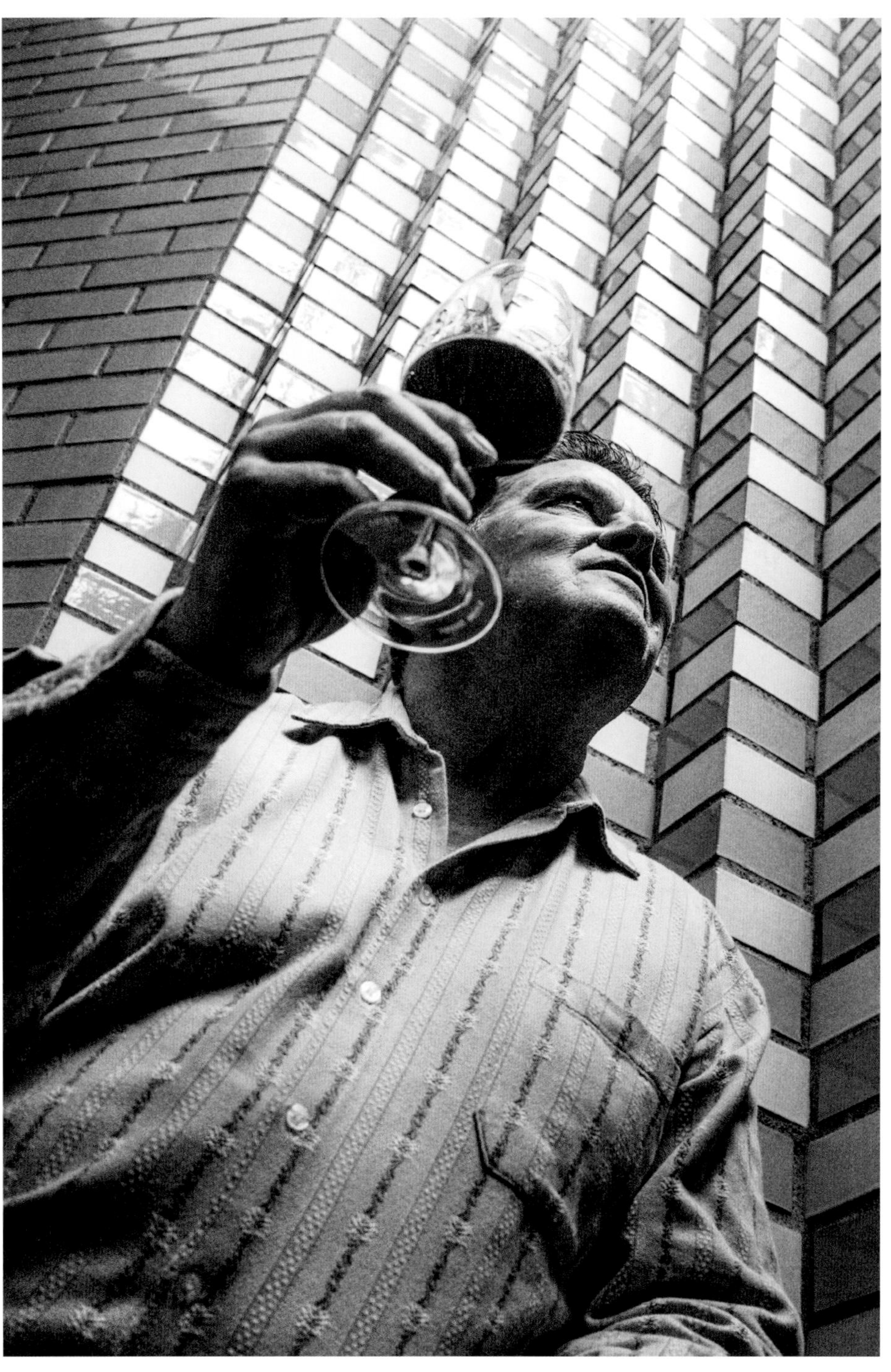

Chef
Pierrot
Ayer

Fribourg, Switzerland 2021

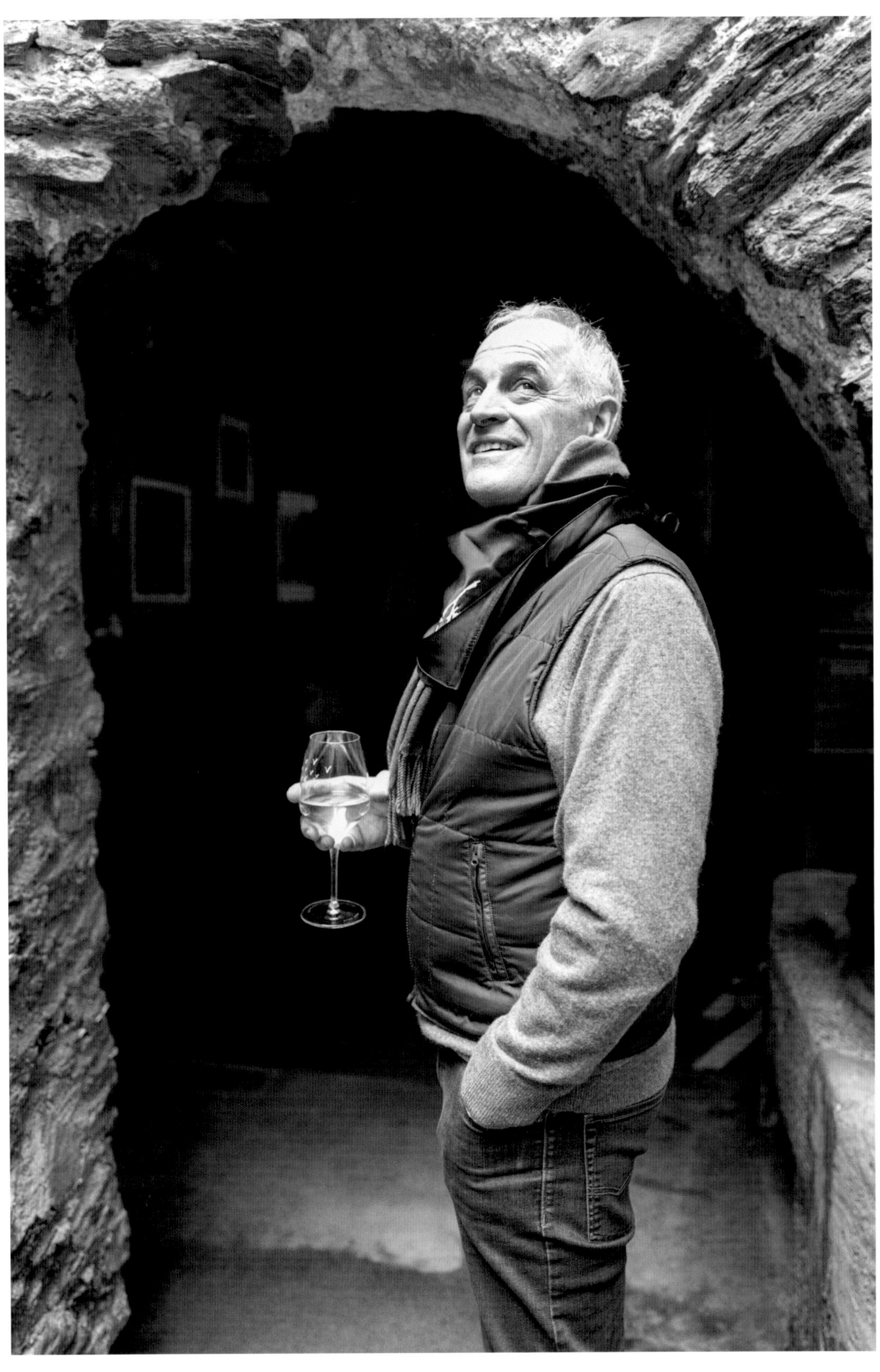

Epidemiologist | épidémiologiste – Saillon, Switzerland 2022

Didier
Pittet

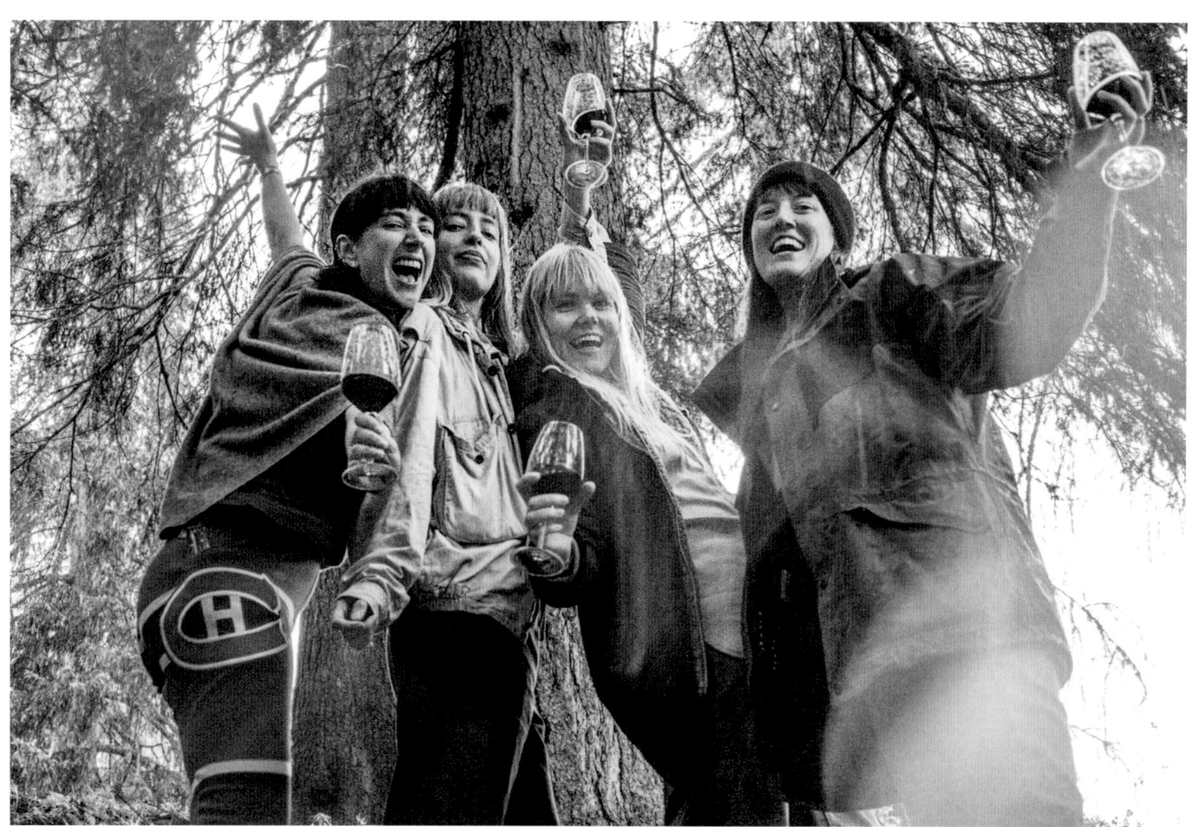

Los
Bitchos

Music group | groupe de musique – Bruson, Switzerland 2021

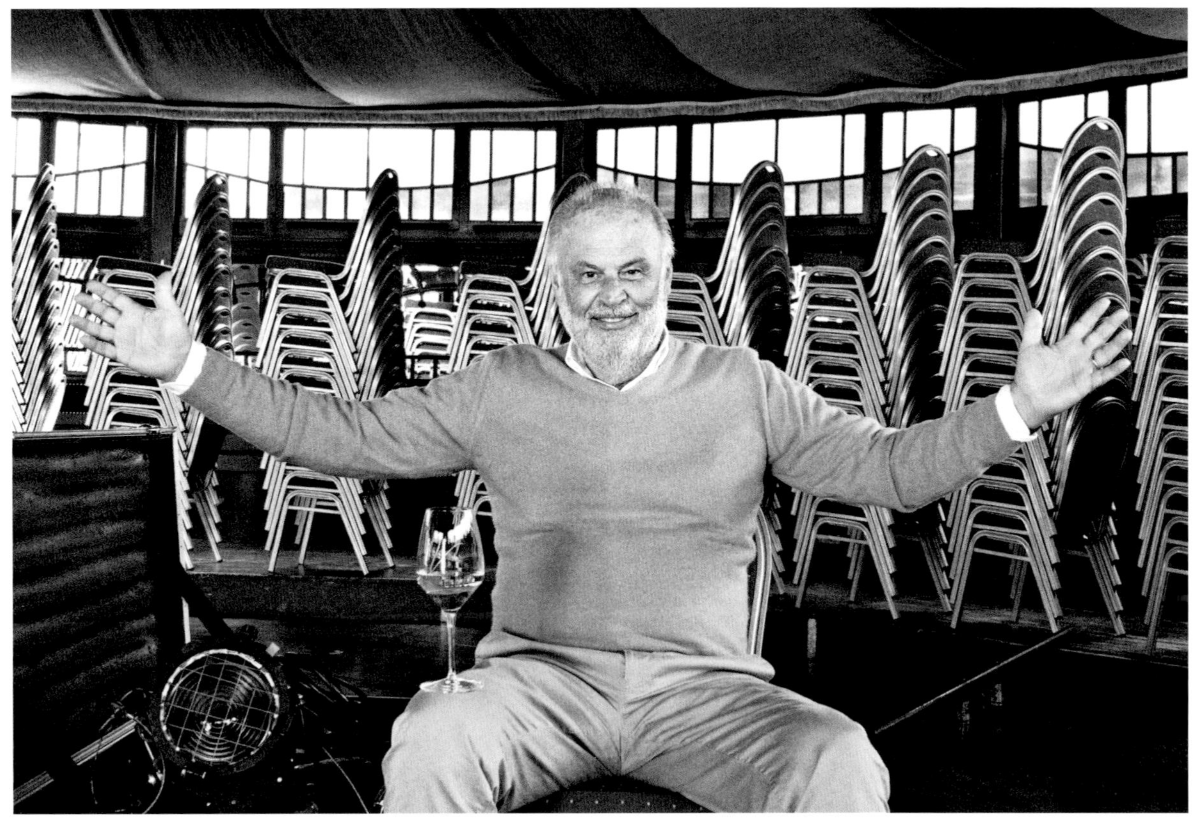

Musician and founder of the Verbier Festival |
musicien et fondateur du Verbier Festival – Verbier, Switzerland 2019

Martin
Engstroem

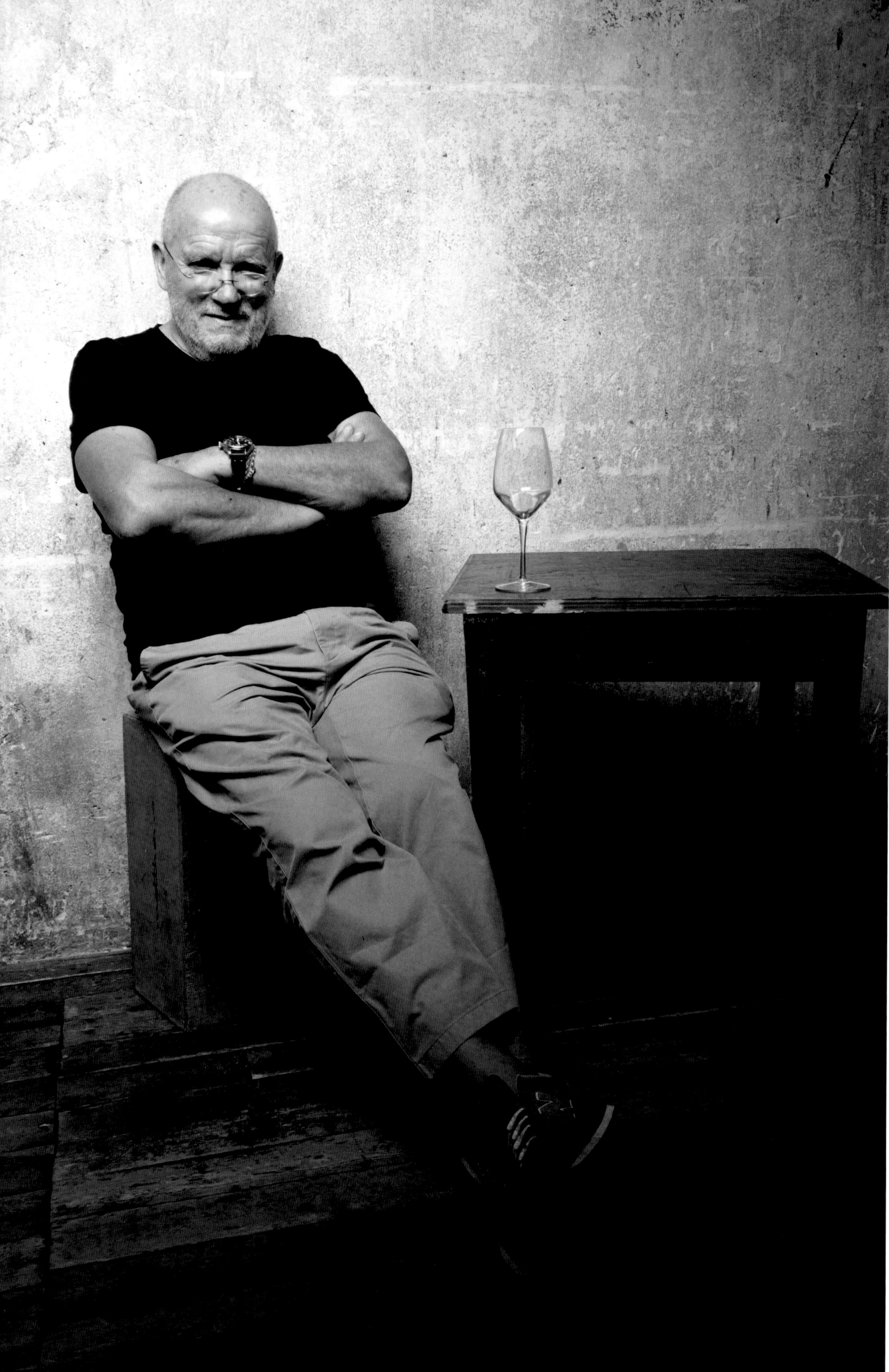

On that day in Paris in November 2018, I entered Sala's Studio 5, a realm of wonder. There was quite a crowd, but I spotted him immediately. Unshaven, with tender eyes and a playful smile – he had an unassuming elegance, even under the spotlights...

Photo shoots are always a flurry of activity. The studio was bustling with assistants, a hair stylist, a make-up artist, a fashion stylist, Stefan Rappo, Babeth Djian, Ethan Hawke and the photographer. Then, sudden flashes crackled like chirruping crickets.

Each time Peter Lindbergh pressed the shutter release, a new story unfurled. He would observe and gently caress the light, feeding it with his loving gaze. His presence on set was a spark; it would set the studio on fire.

A photo shoot with him was nothing but joy. His eye was constantly foraging for the next new idea. He was never afraid to nudge open the doors that might trigger new emotions – and inspirations.

Peter Lindbergh's lens was not satisfied with mere contemplation. It worked in harmony with its model, with an attentive and benevolent gaze. Hence the overwhelming sensation radiating from each one of his photographs. He could capture the very truth of an instant in time. Nothing could extinguish the light he has mastered. It had the power to majestically illuminate life, creation and intimacy.

His photographs exude romance and sensuality. Emotions in black and white. Moments of ethereal grace engraved in our memories and our hearts. Timeless poetry as if from another world and destined for a dream. Visual bliss.

Meeting Peter Lindbergh, I found myself in conversation with an open-minded, respectful and incredibly charismatic man driven by a passion he was only too thrilled to share. An astoundingly humble person, remarkably detached from the pageantry of stardom.

A "painter of modern life," to borrow the words of Charles Baudelaire.

His consideration of others was unwavering – true kindness, never feigned. He had a sincerity that only the purest of souls are entitled to. In this day and age, that is worth all the gold in the world.

Peter Lindbergh will always remain one of my greatest travel companions. He enriched my world and sharpened my imagination, opening it wide. While my feet remain firmly on the ground, my mind drifts far, far away among the stars.

Incandescent with joy, he had the ability to make you happy, to lighten you. On that day in November, once the shoot was over, we parted with a "See you soon!" A little later, daydreaming on a street in the 11th arrondissement, I found myself humming a tune that encapsulated these words: Beauty will save the world.

Gérard-Philippe Mabillard

Paris, en ce jour de novembre 2018, j'ai pénétré dans un territoire merveilleux, le studio Sala, plateau 5. Il y avait du monde, mais je l'ai vu immédiatement. Avec son chaume de barbe, son regard caressant et son sourire enjôleur, il avait l'élégance de ceux qui restent discrets, même en pleine lumière...

Il y a toujours beaucoup de monde sur un plateau de prises de vues. Ce jour-là, des assistants, un coiffeur, une maquilleuse, une styliste, Stefan Rappo, Babeth Djian, Ethan Hawke et le photographe. Puis, quelques flashs qui émettent des bruits de criquets, des crépitements.

Chaque fois que Peter Lindbergh appuyait sur le déclencheur, une histoire commençait. Il observait, caressait la lumière et la nourrissait de son regard amoureux des gens. Sa présence sur le plateau était à coup sûr gage de hautes flammes.

Un shooting avec lui, c'était un grand moment de bonheur. L'œil butinait toujours plus loin une idée nouvelle. Il n'hésitait jamais à pousser les portes susceptibles de donner accès à de nouvelles émotions – et inspirations.

Avec son objectif, Peter Lindbergh ne se contentait pas de témoigner, il était toujours complice de son modèle, avec un regard attentif et bienveillant. D'où l'impression bouleversante qui se dégage de chacune de ses photographies. Il captait l'instant au plus près de sa vérité. Il apprivoisait si bien la lumière que rien ne pouvait l'éteindre – il avait ce pouvoir d'éclairer en majesté la vie, la création et la dimension de l'intime.

Dans ses photographies, il y a du romanesque, de la sensualité. Sensations du noir et blanc. Des images d'une grâce aérienne, imprimées dans nos mémoires et dans nos cœurs. Une poésie hors du temps, comme venue d'ailleurs et en route pour le rêve. Un ravissement pour les pupilles.

Rencontrer Peter Lindbergh, c'était discuter avec un homme ouvert, respectueux, au charisme fou et animé par une passion qu'il avait envie de partager. Un Monsieur épatant de simplicité avec un sacré recul par rapport aux fastes de la notoriété.

« Un peintre de la vie moderne », pour reprendre l'expression de Charles Baudelaire.

L'attention à l'autre était constante ; la gentillesse, la vraie, non feinte. Et une sincérité que seules les belles âmes s'autorisent. Par les temps qui courent, cela vaut tout l'or du monde.

Peter Lindbergh sera pour toujours l'un de mes grands compagnons de voyages. Il nourrit mon univers, participe à mon imaginaire, en repousse les frontières. Tandis que je garde les pieds sur terre, mais la tête loin, très haut parmi les étoiles.

Distillant du bonheur, il avait l'élégance de vous rendre heureux, plus léger. Ce jour de novembre, après la séance photo, on s'était dit à bientôt ! Un peu plus tard, planant dans une rue du 11ème arrondissement, je fredonnais un air porteur de ce message : la beauté sauvera le monde.

Gérard-Philippe Mabillard

Photographer | photographe – Paris, France 2018

Peter Lindbergh

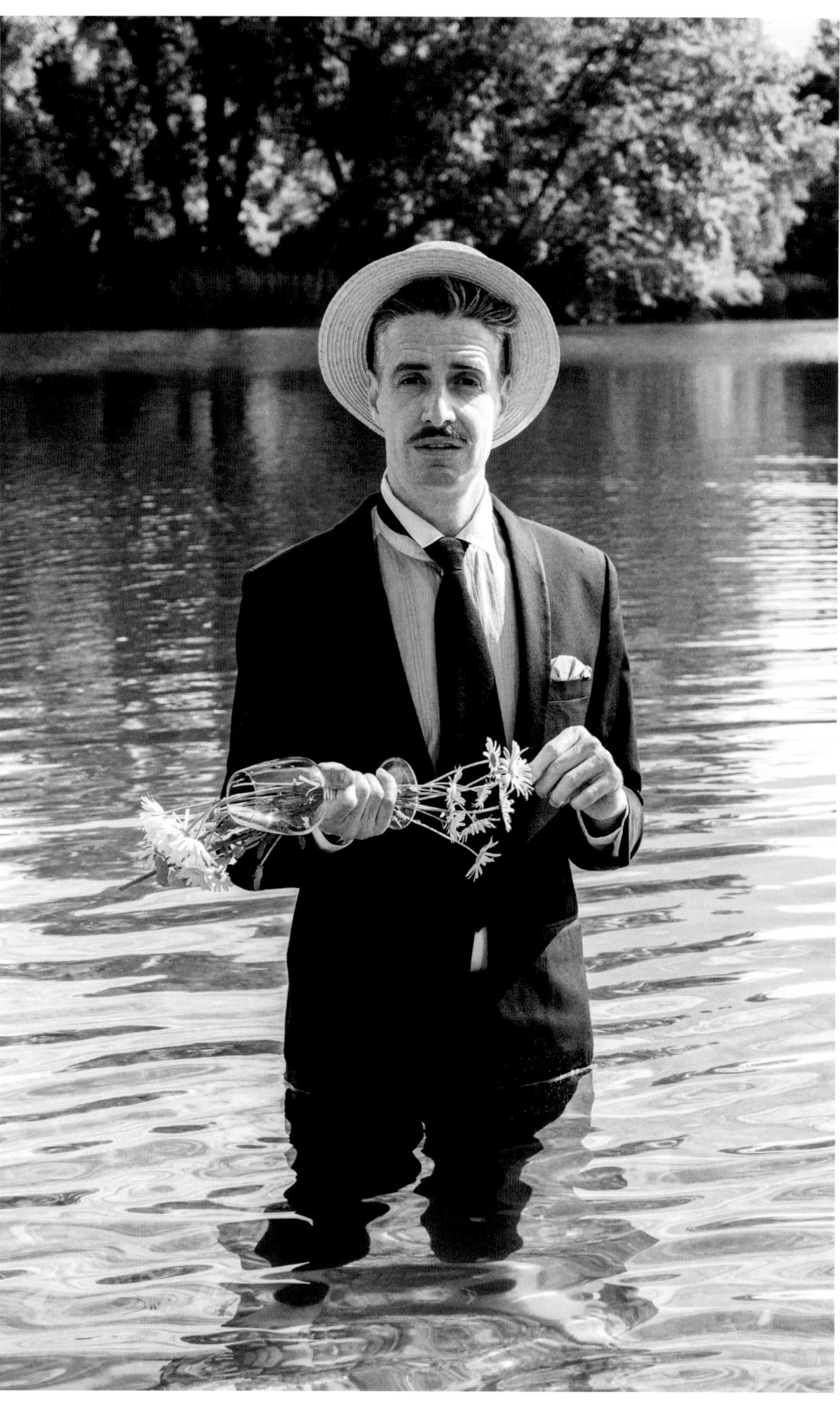

Léonard
Bertholet

Actor | acteur – Les Îles, Sion, Switzerland 2021

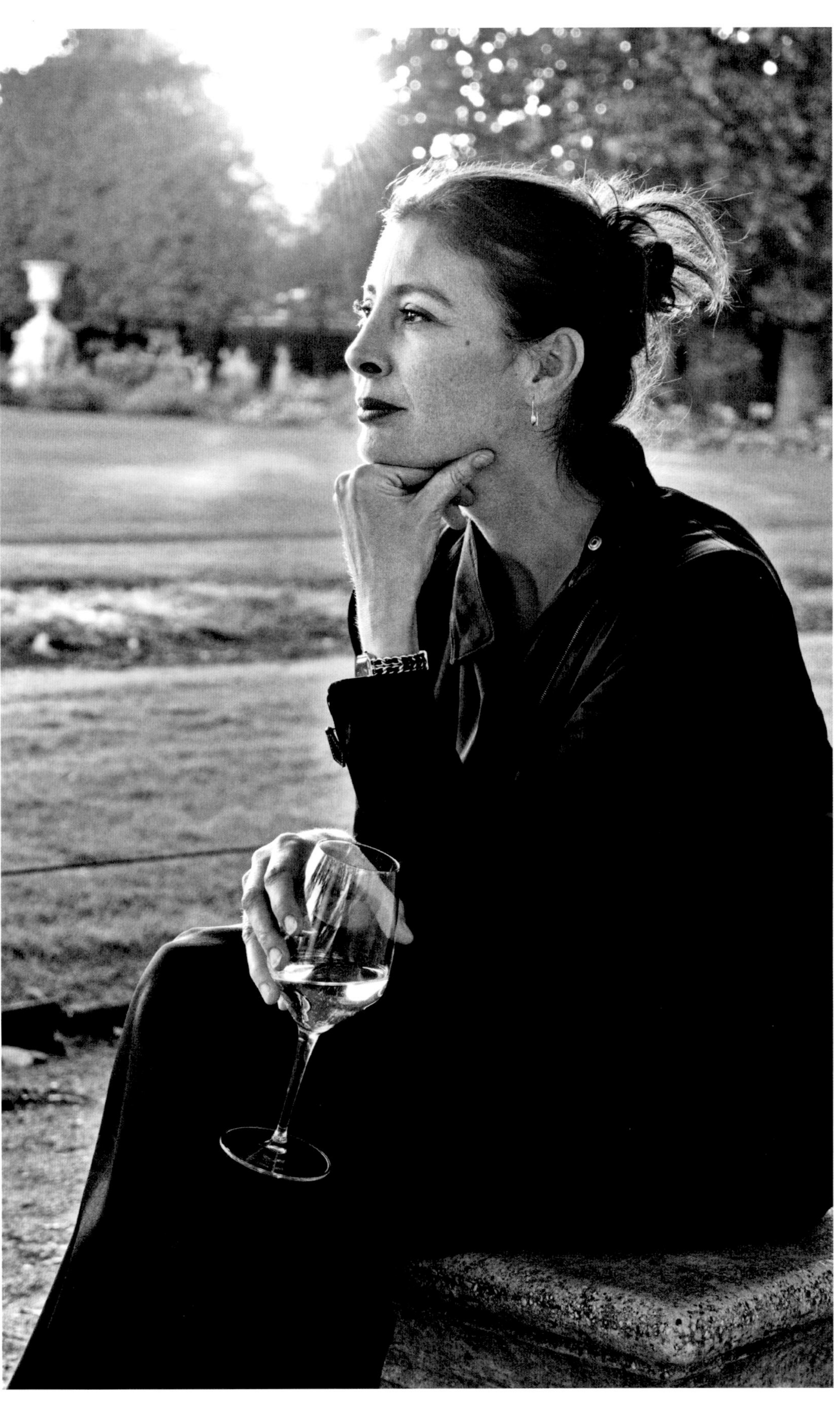

Choreographer and star dancer |
chorégraphe et danseuse étoile – Paris, France 2019

Marie-Agnès Gillot

Franz Klammer

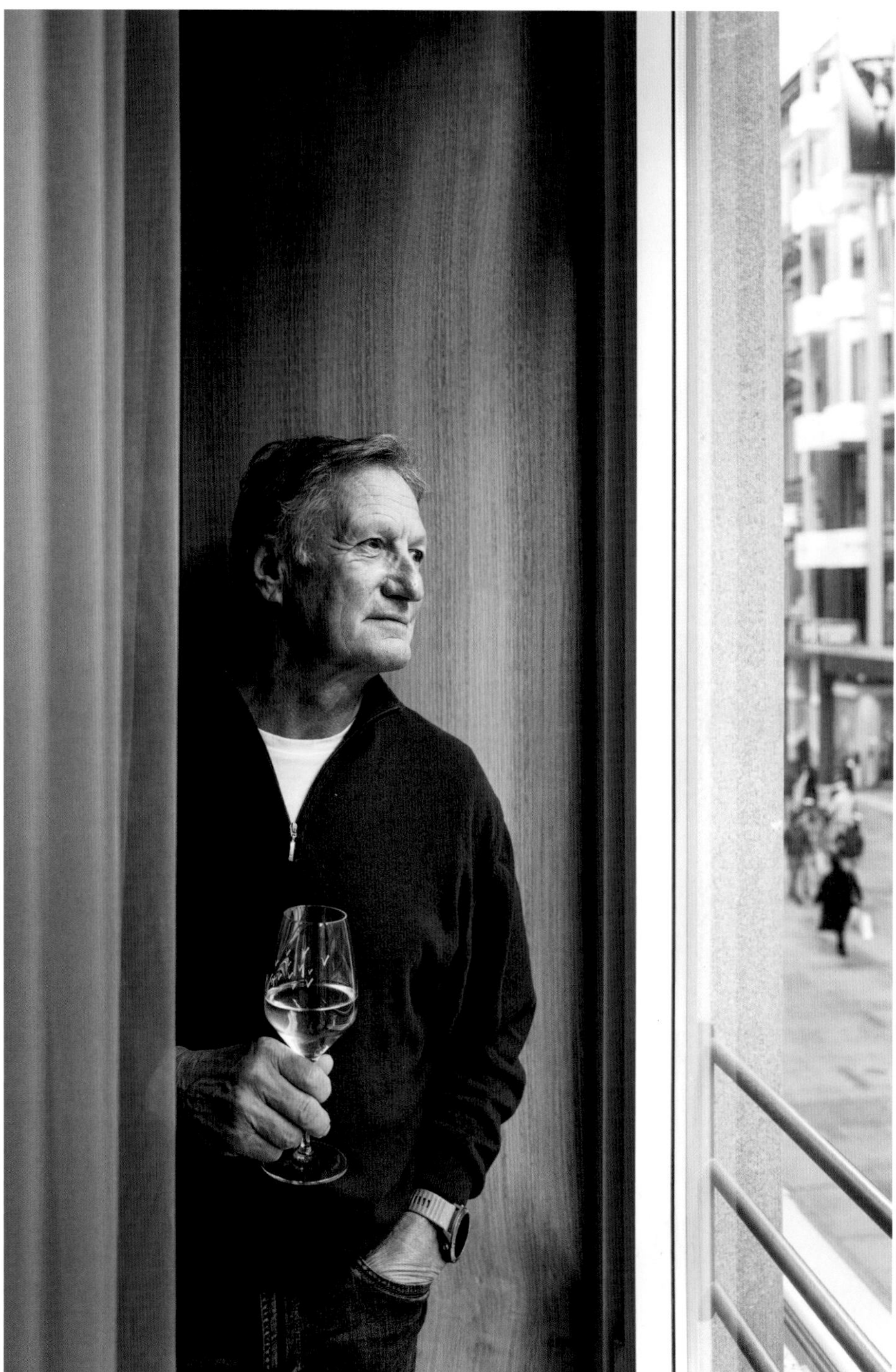

Living legend of skiing | légende vivante du ski – Vienna, Austria 2021

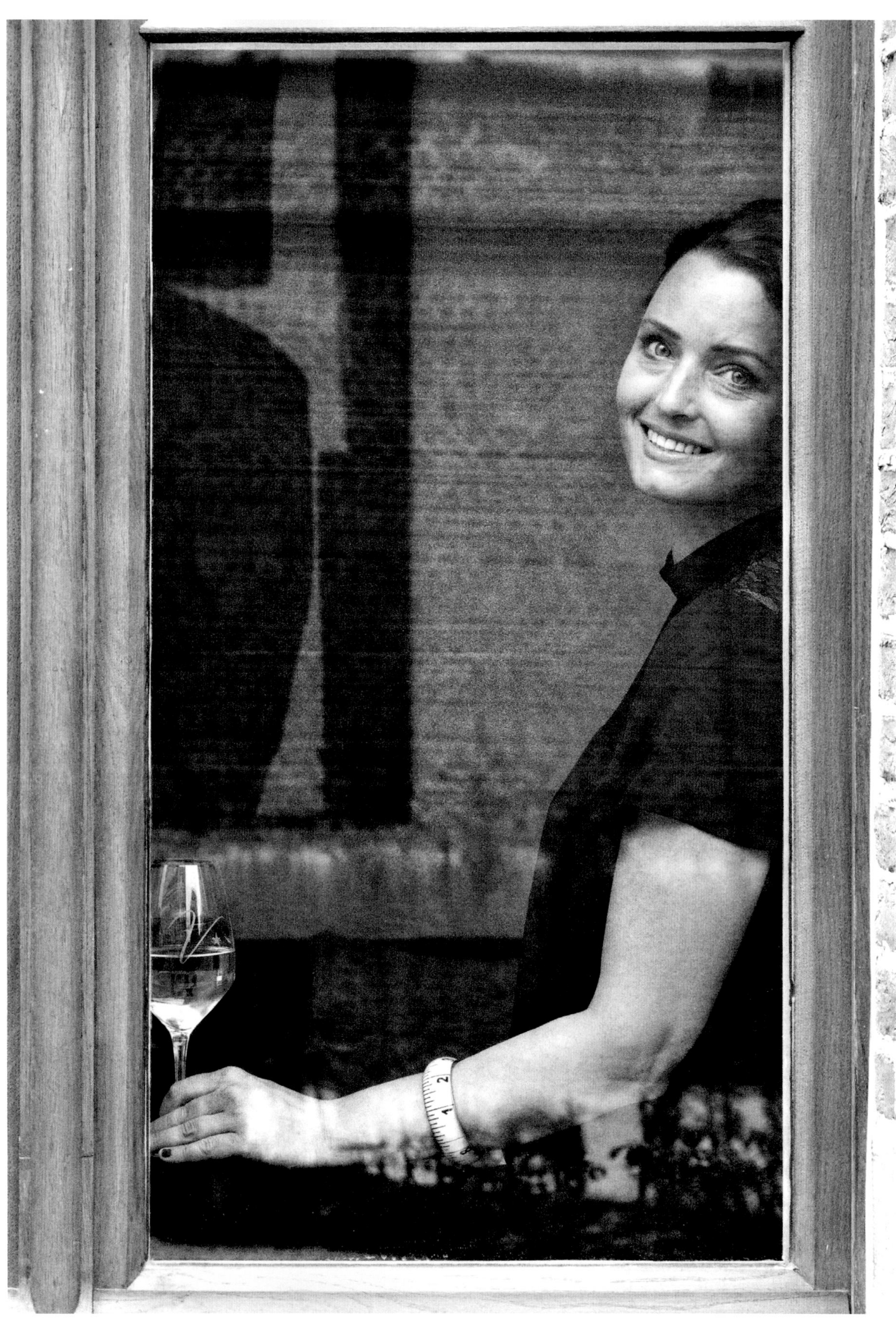

Illustrator and designer | illustratrice et designer – Antwerp, Belgium 2019

Melanie Drent

Stéphane Albelda

Theater director | metteur en scène de théâtre – Sion, Switzerland 2019

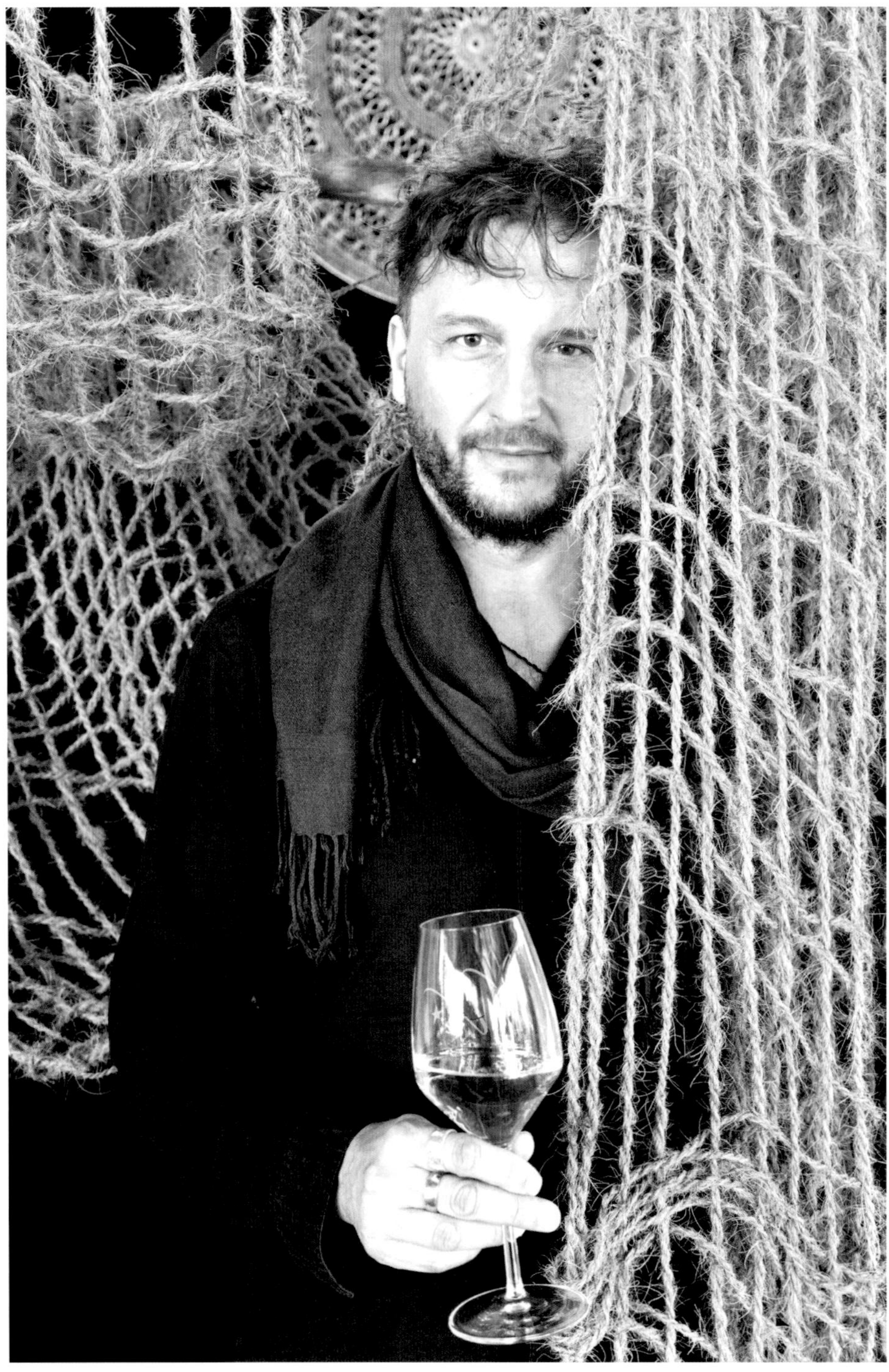

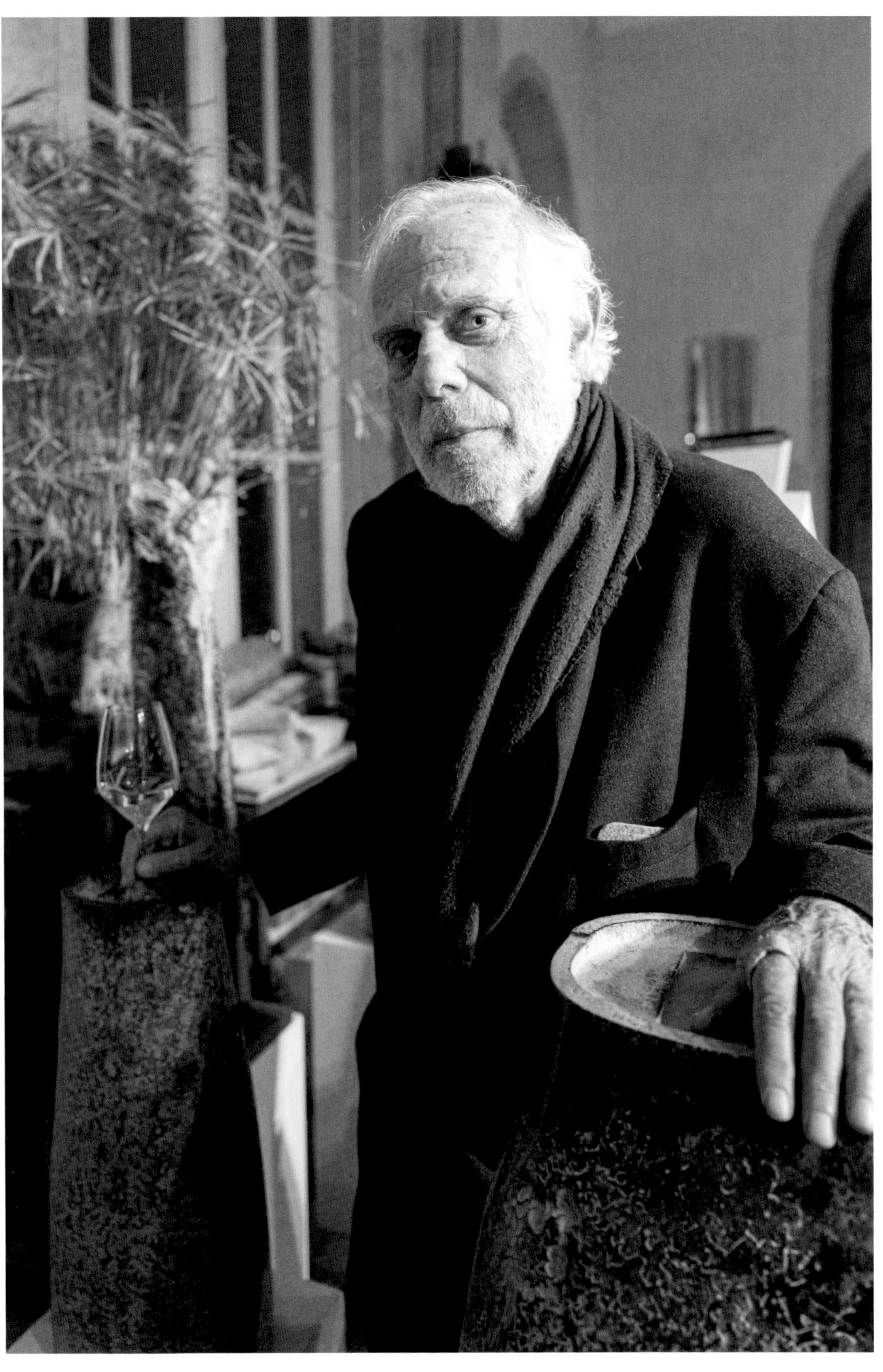

Actor | acteur – Lausanne, Switzerland 2022

Jean-Luc Bideau

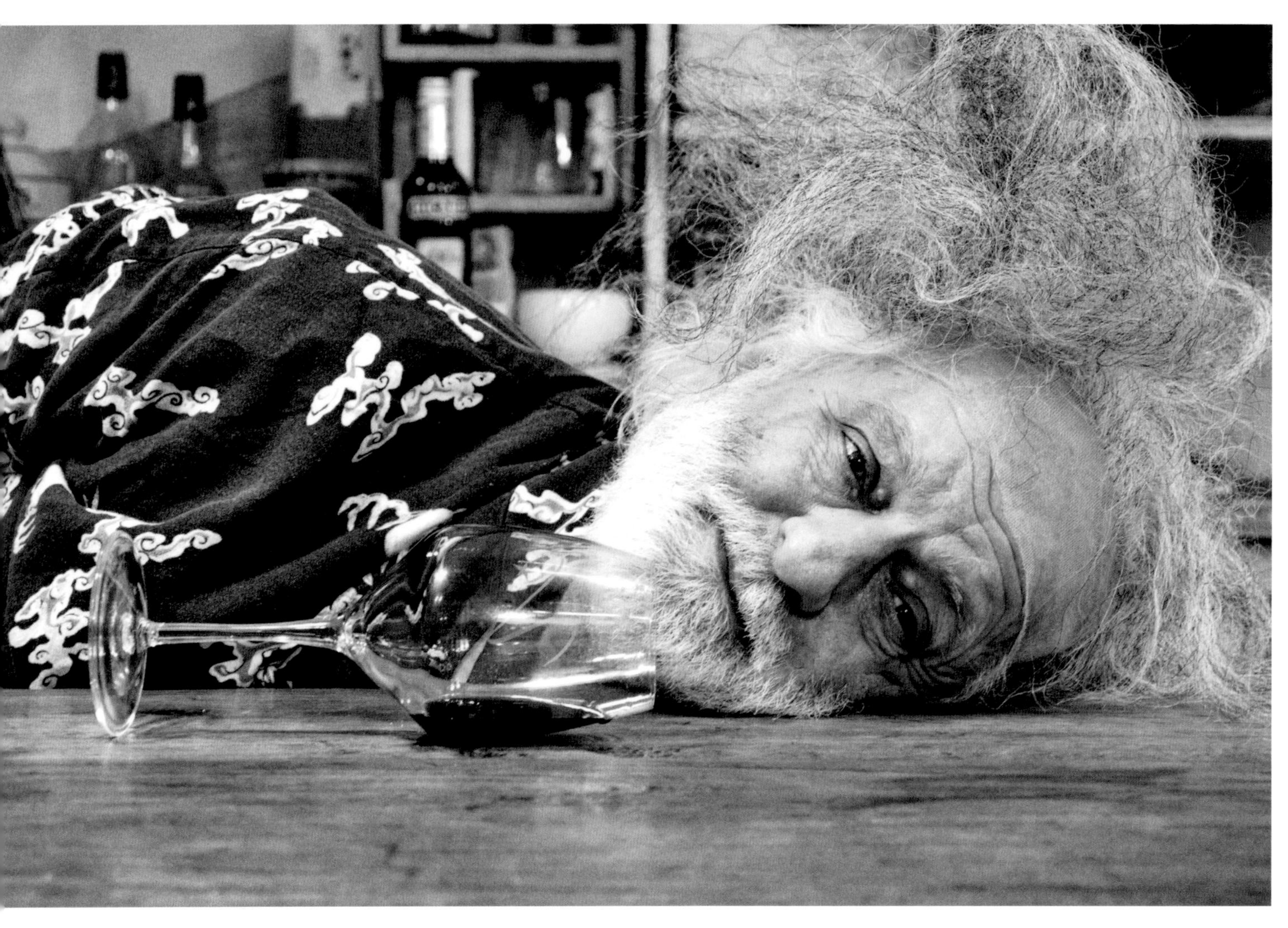

Slava Polunin

Actor, director and clown |
acteur, metteur en scène et clown – Crécy-la-Chapelle, France 2020

Photographer | photographe – Saillon, Switzerland 2022

Claude Dussez

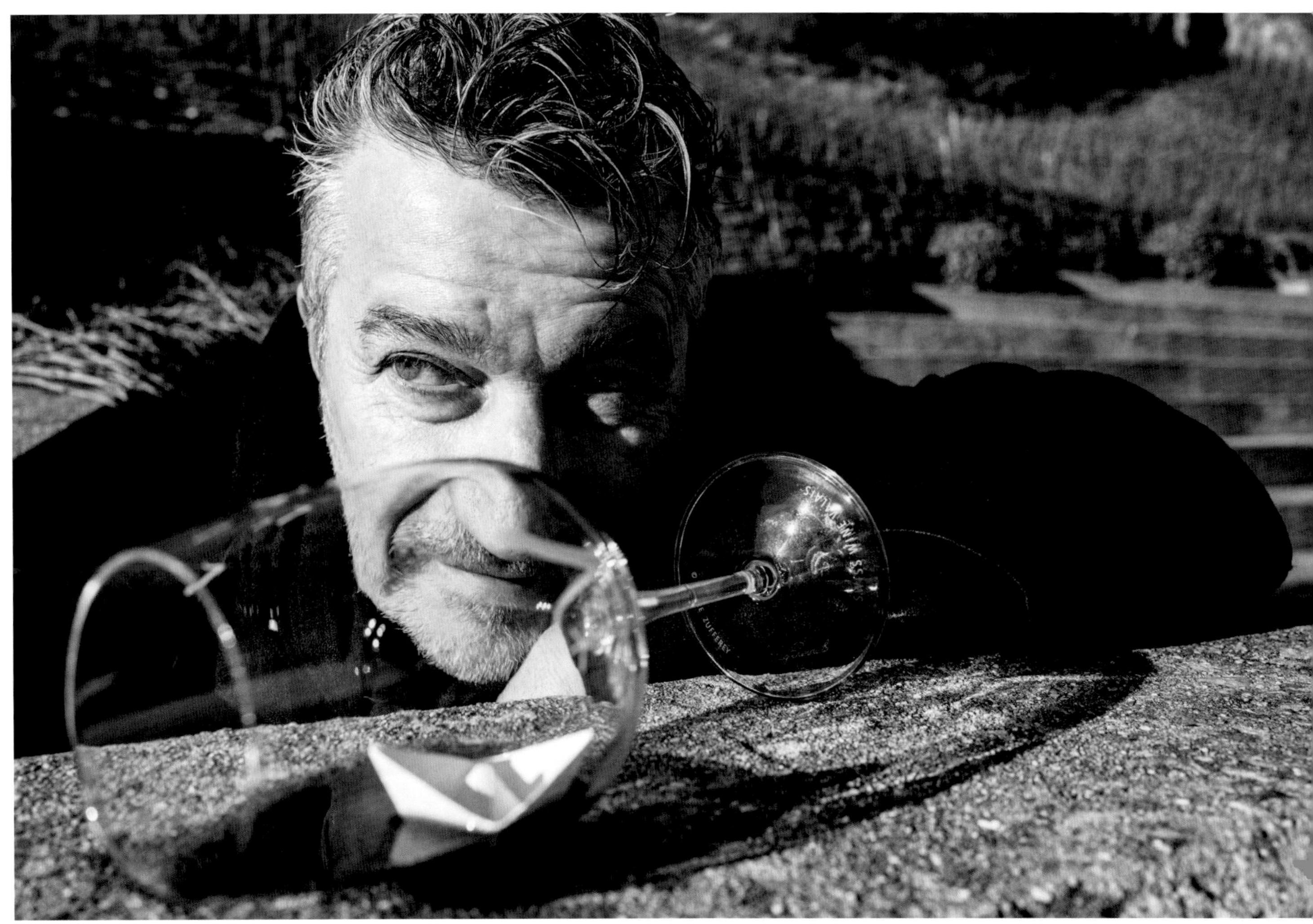

Jorge Perugorría

Actor | acteur – Los Angeles, USA 2016

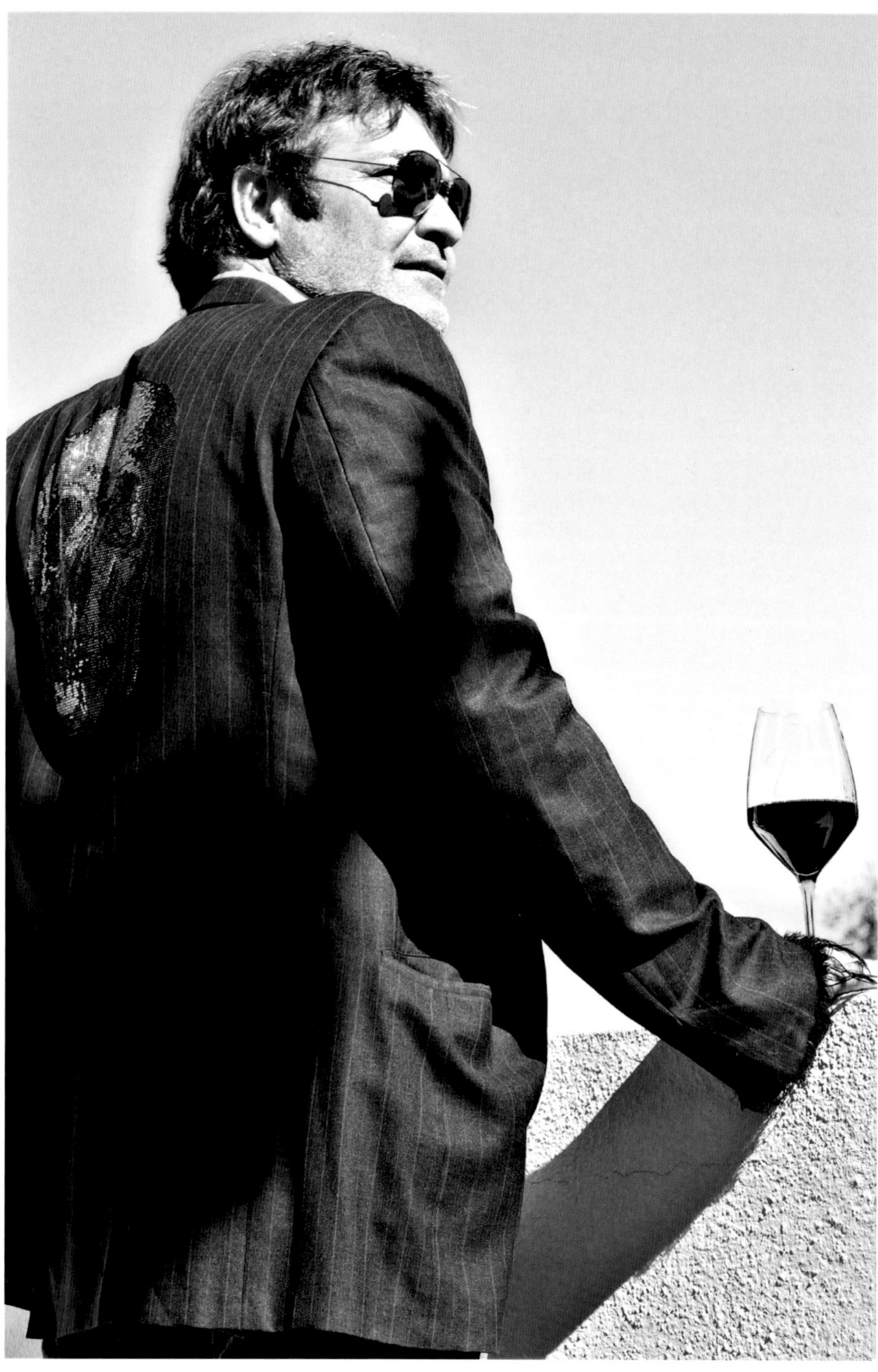

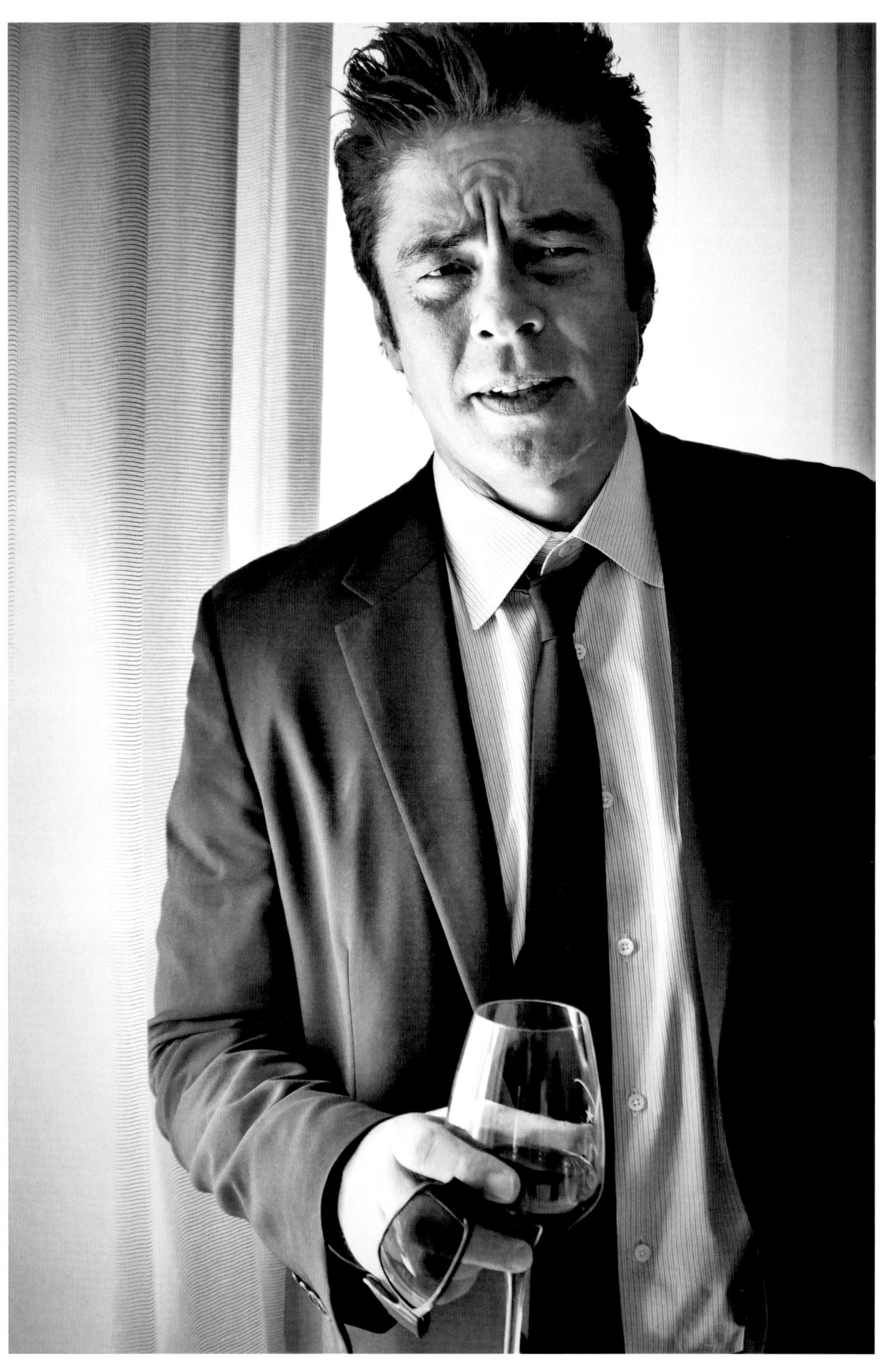

Actor | acteur – Los Angeles, USA 2015

Benicio Del Toro

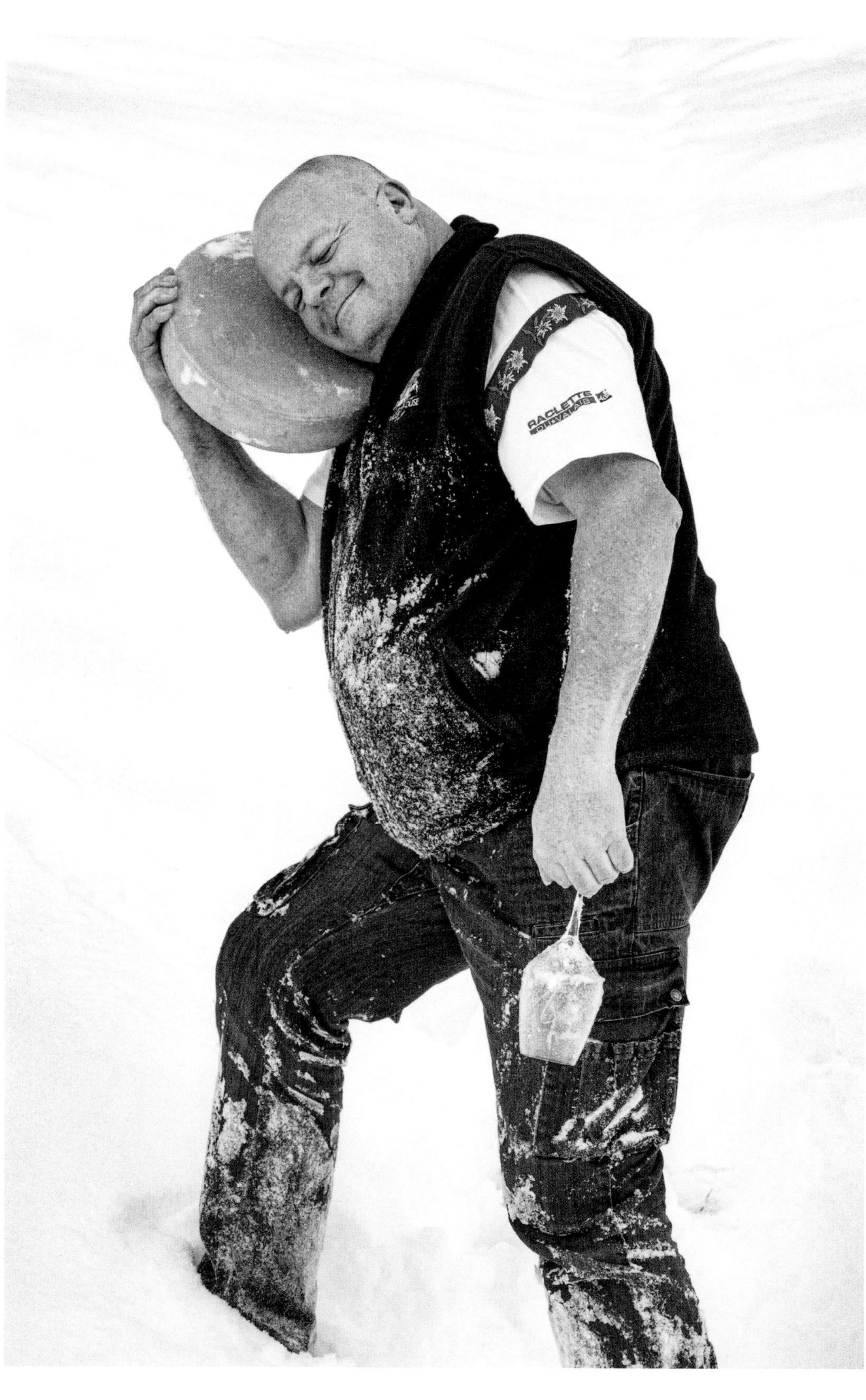

Eddy Baillifard

King of raclette | roi de la raclette – Bruson, Switzerland 2020

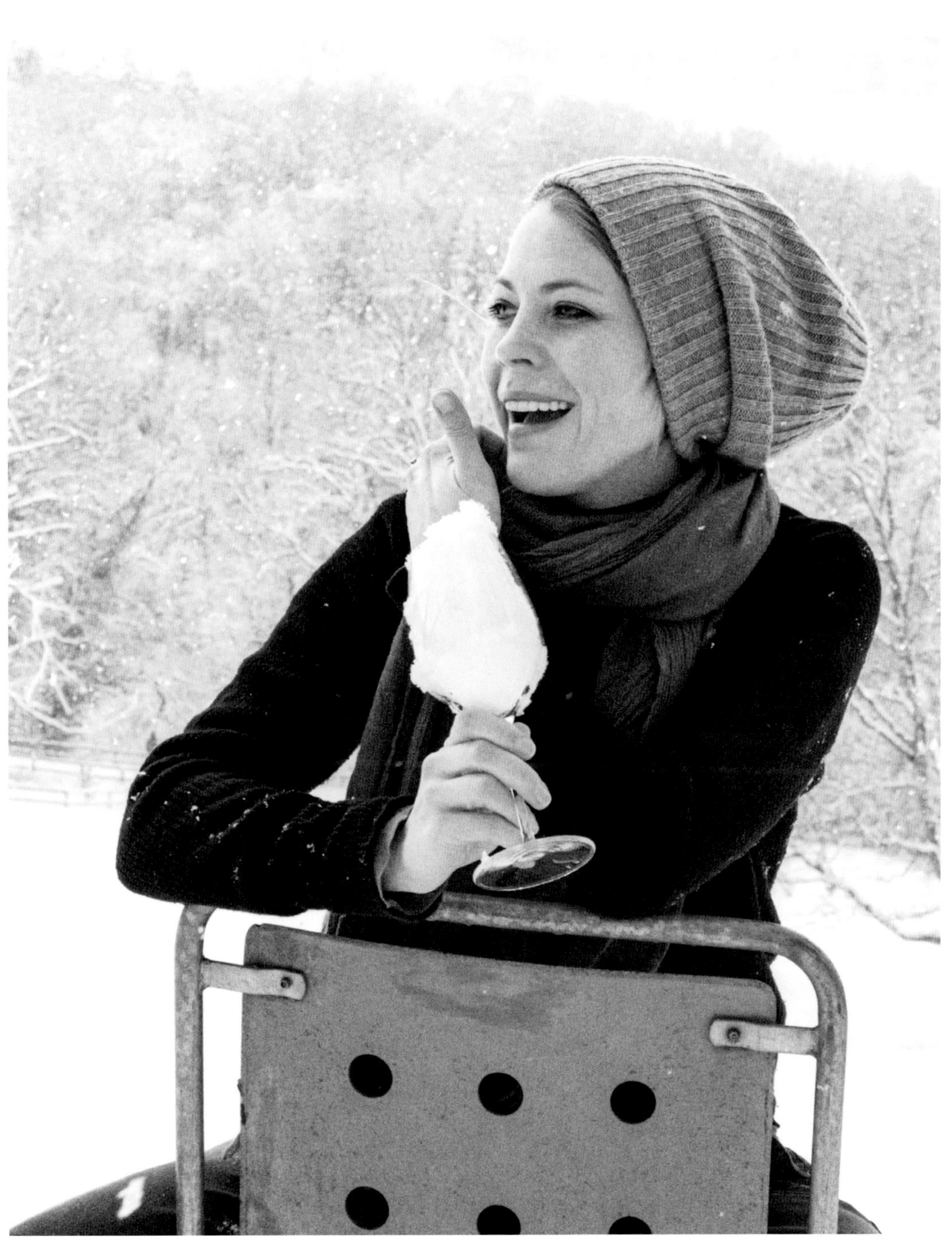

Singer | chanteuse – Berne, Switzerland 2021

Jaël

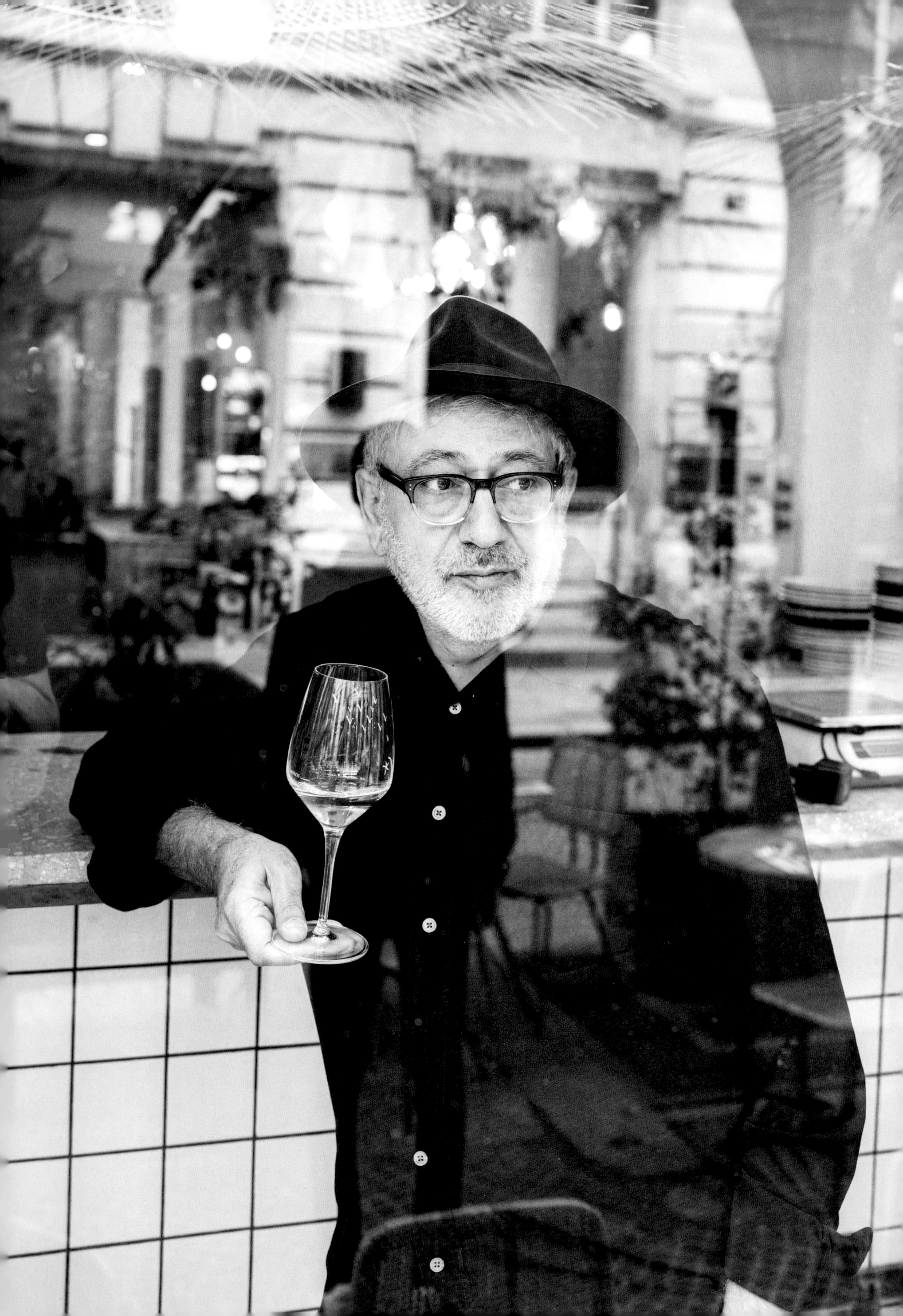

Elia Suleiman

121

Actor, film director and screenwriter | acteur, réalisateur de cinéma et scénariste – Paris, France 2021

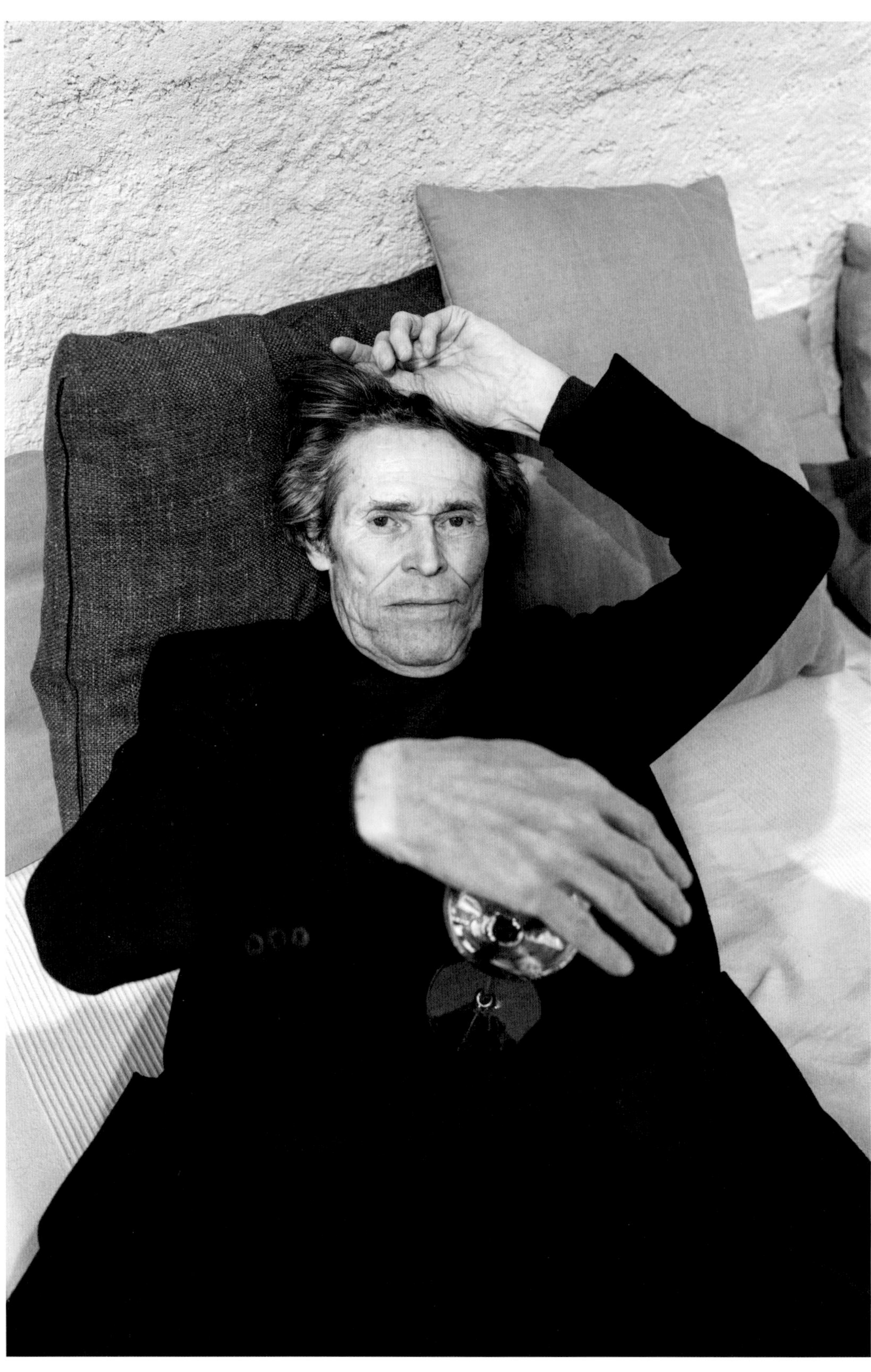

Willem
Dafoe

Actor | acteur – Lausanne, Switzerland 2022

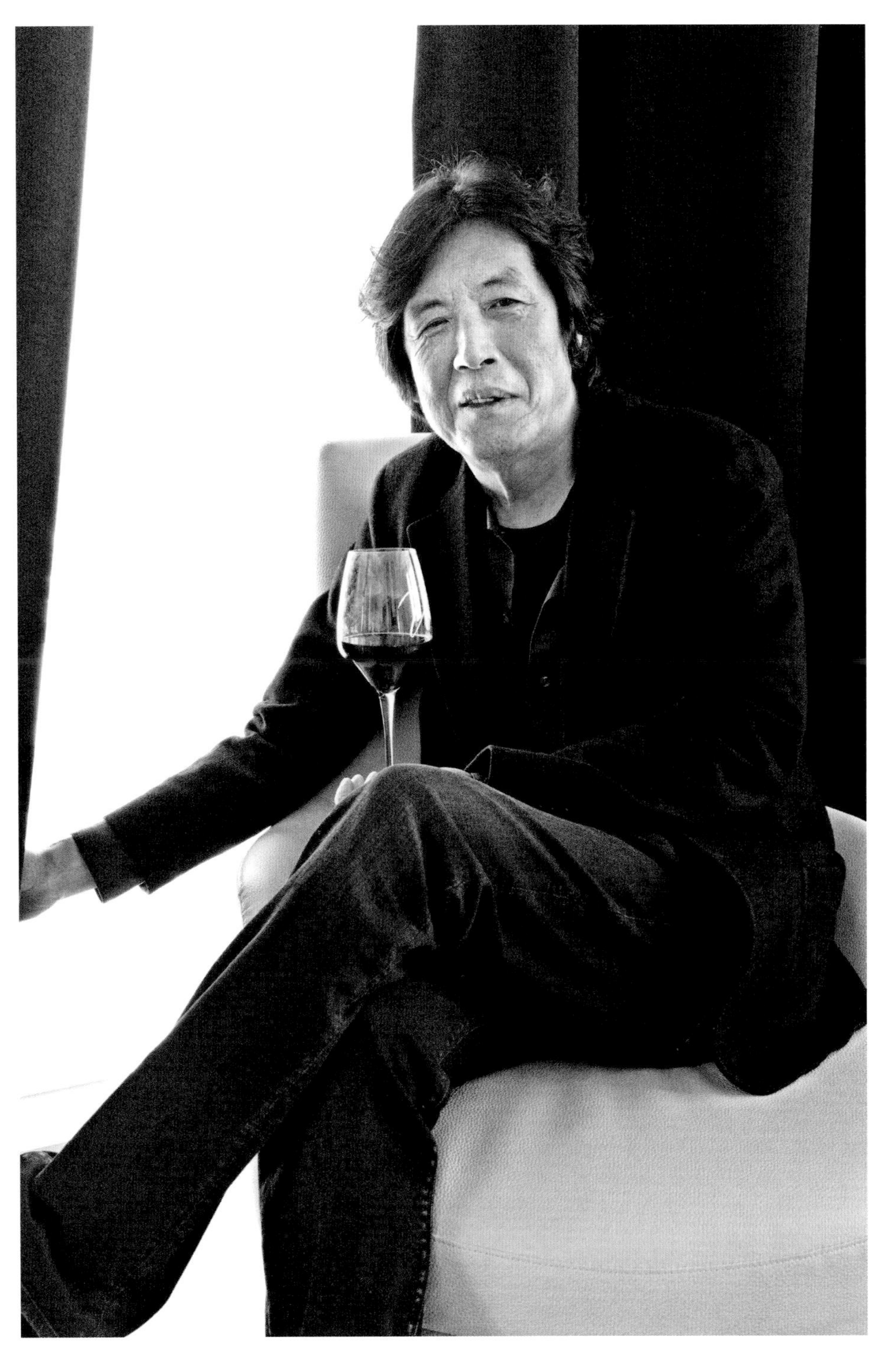

Film director, screenwriter and writer |
réalisateur de cinéma, scénariste et écrivain – Seoul, South Korea 2018

Lee
Chang-dong

Sandra
Torrano

Illustrator and designer | illustratrice et designer – Madrid, Spain 2020

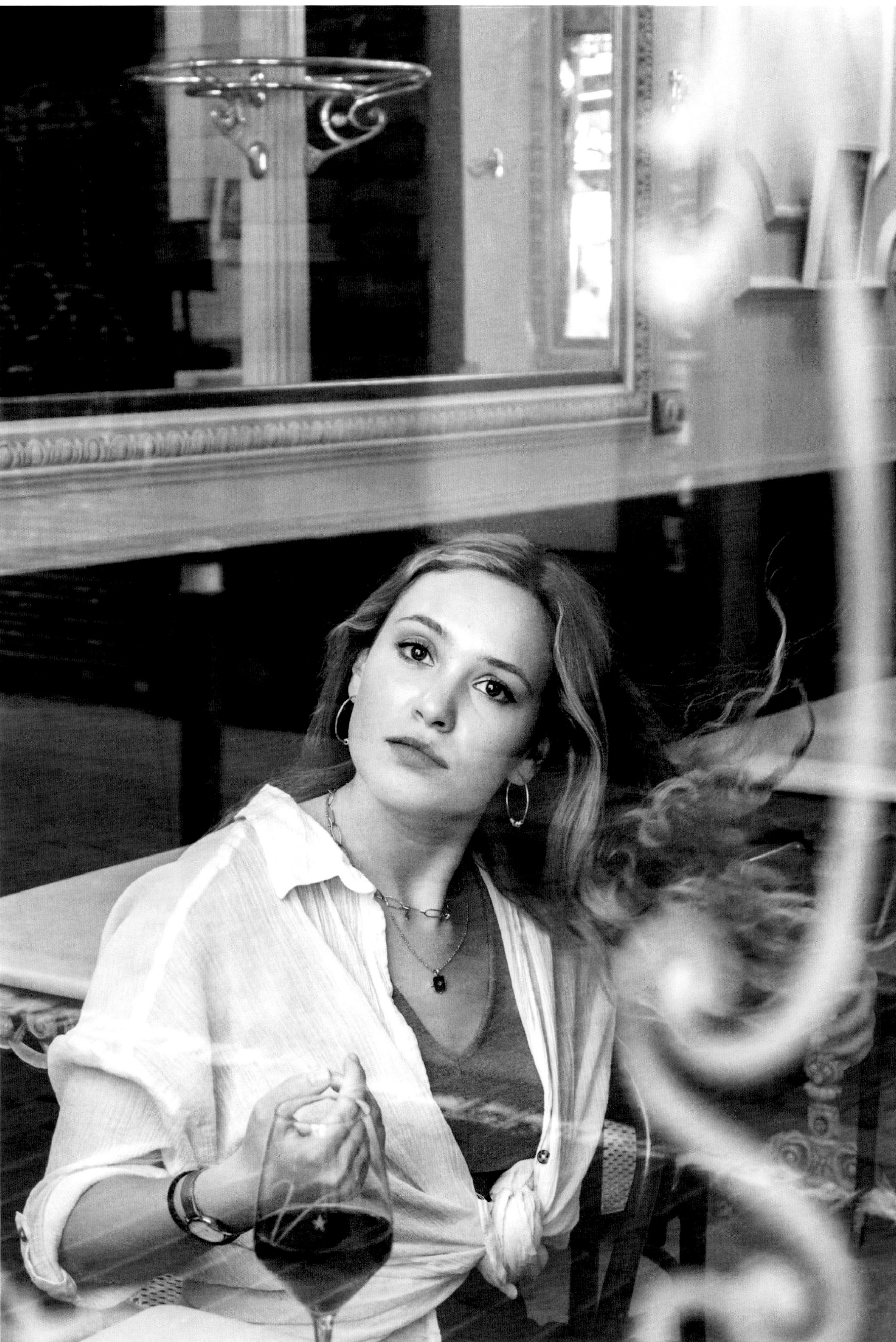

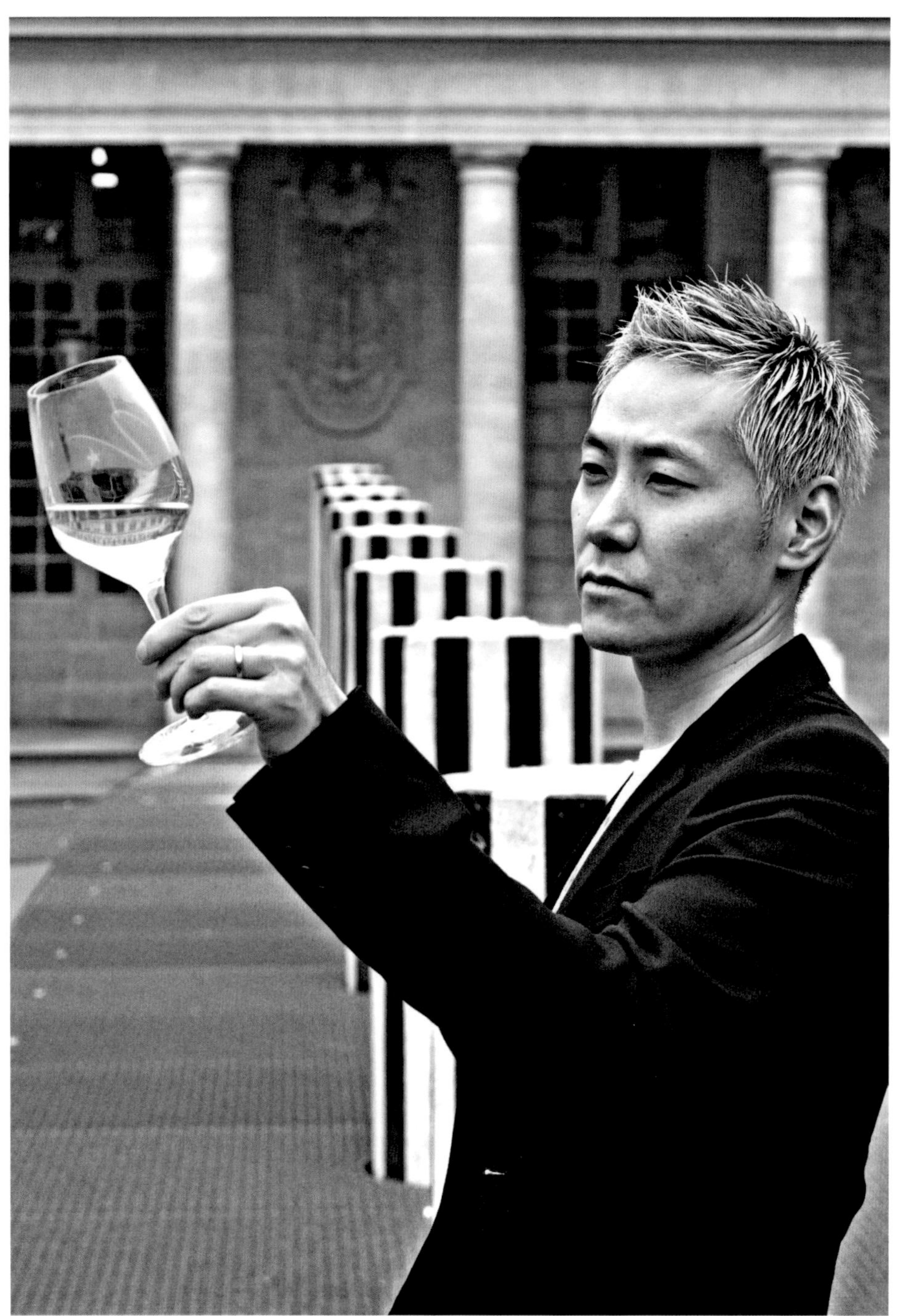

Chef
Kei
Kobayashi

Paris, France 2018

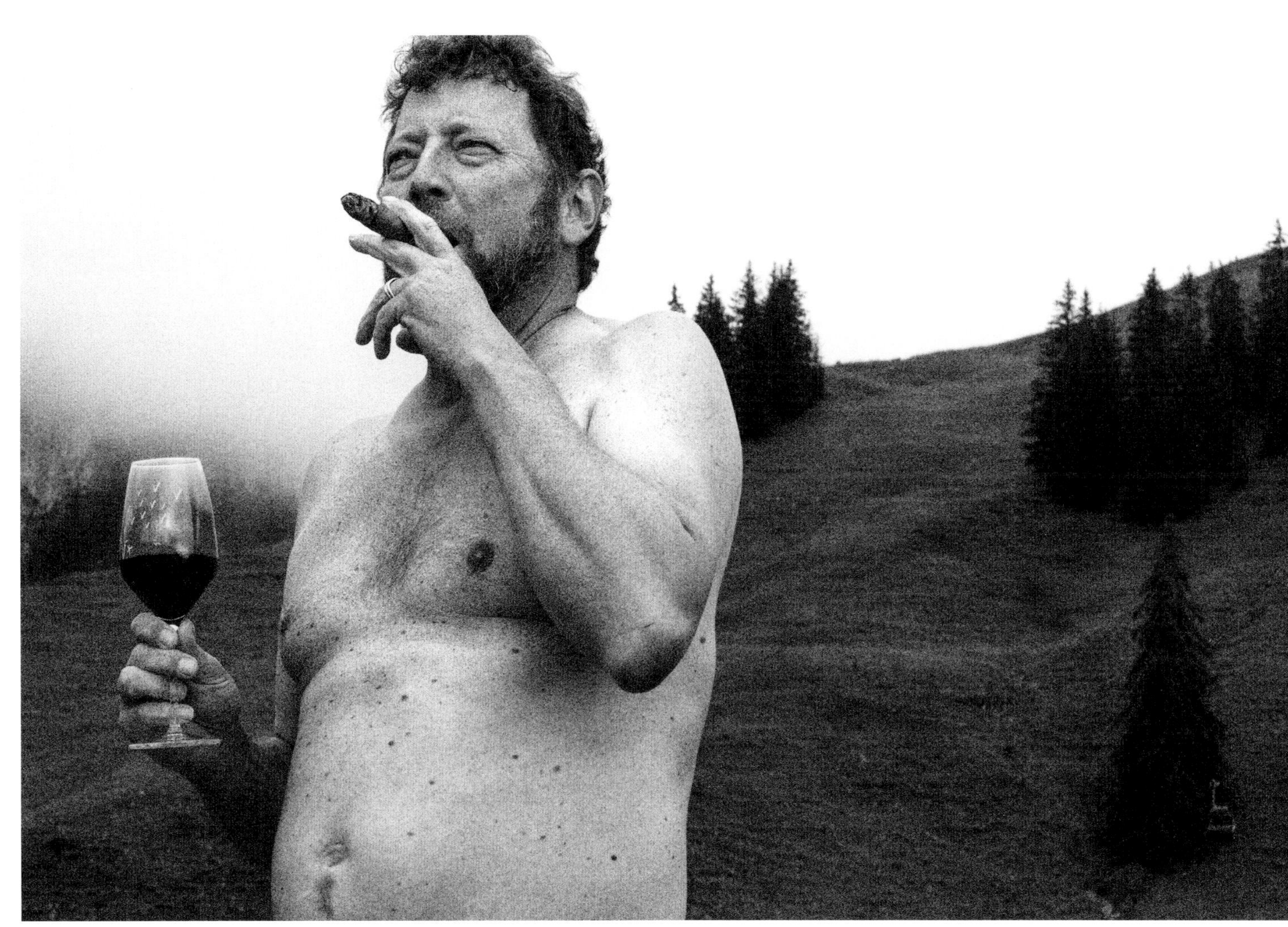

Charmey, Switzerland 2021

Chef
Pierrick
Suter

Alexander Payne

Film director and screenwriter | réalisateur de cinéma et scénariste – Los Angeles, USA 2016

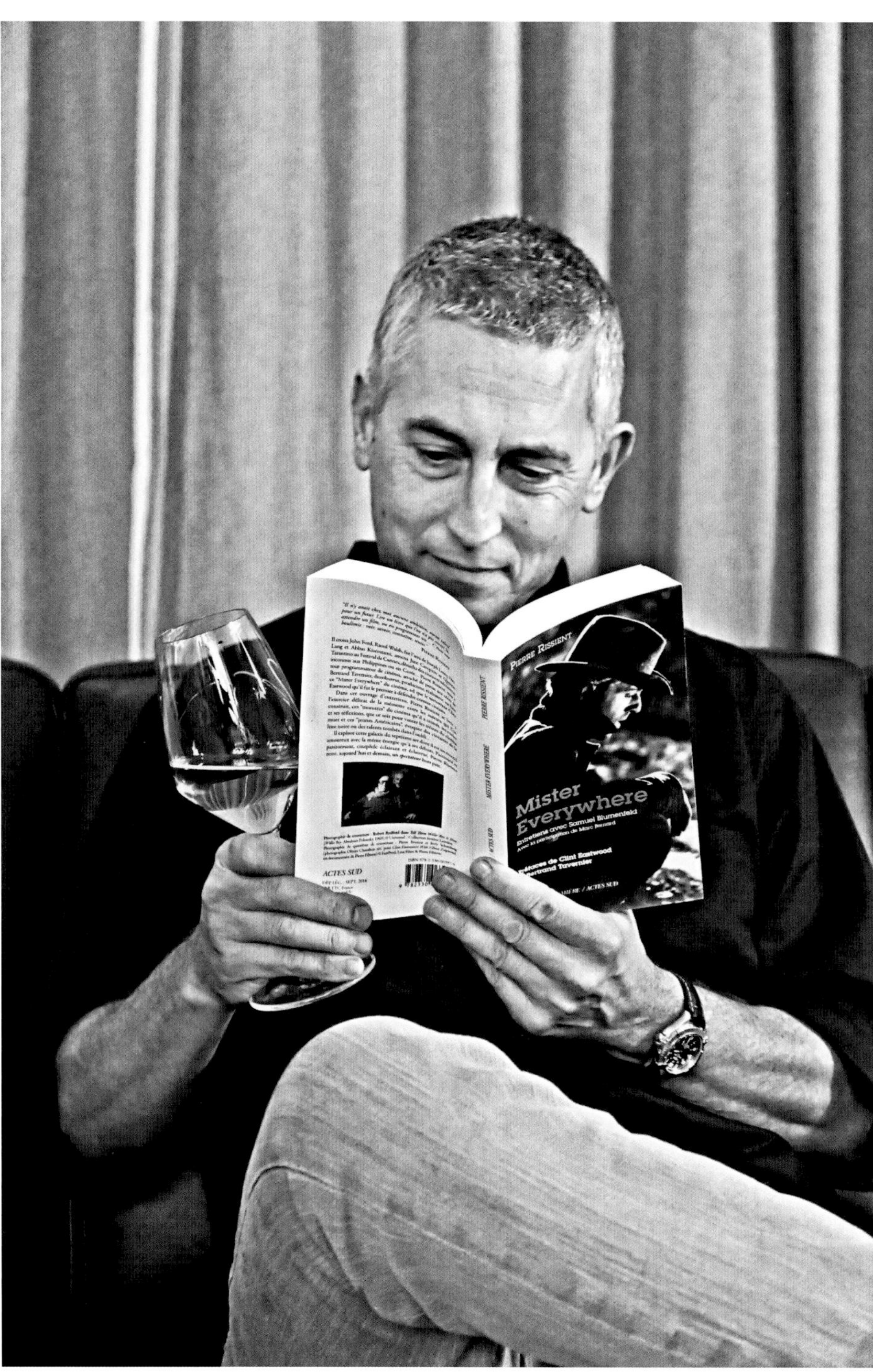

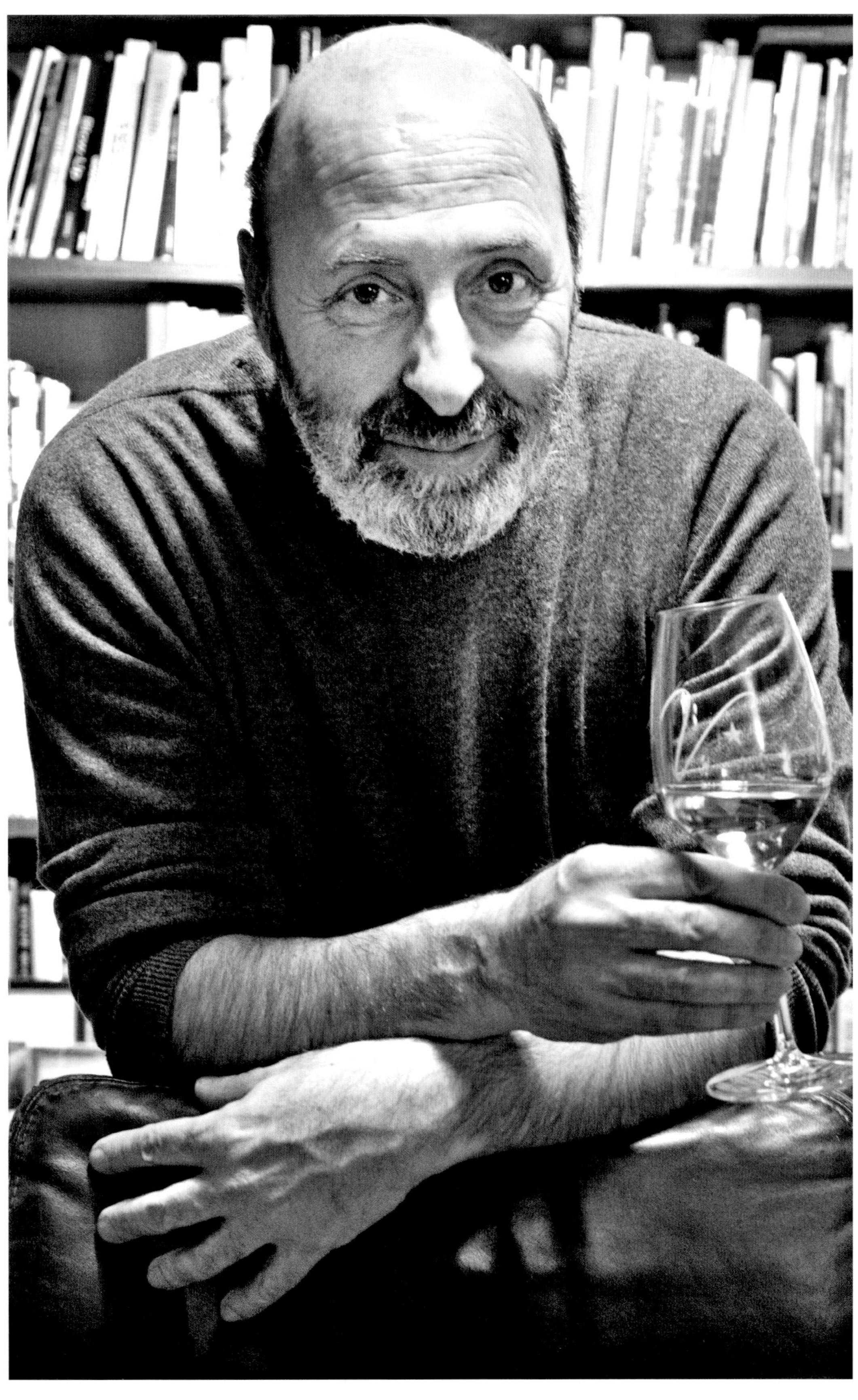

Film director and screenwriter | réalisateur de cinéma et scénariste – Paris, France 2019

Cédric Klapisch

Ultimately, what is it that sets him apart from other directors and actors of his generation? What is it about Mathieu Amalric's vision that makes his films unlike any other's? What expressions dance across his moon-shaped face? A face colored by a childhood spent in Washington, D.C., Moscow and Paris, cities in which he lived with his father, Jacques Amalric (a foreign correspondent for *Le Monde* and later an editorial writer for *Libération*) and his mother, Nicole Zand (a literary critic for Hubert Beuve-Méry's daily newspaper). Years of writing, travel, music, songs – Bob Dylan, Janis Joplin and Joe Cocker, like his mother; Brel, Barbara, Mouloudji and Brassens, like his father – and his amazing discovery of the Bread and Puppet Theater on the streets of the American capital. Mathieu Amalric's story is forever etched on his charismatic features.

Take a moment to admire this handsome face, infused with dreams and haunted by torment – a reminder to always be aware of the light.

Time flies. I remember wonderful moments burned into my very soul: the romantic chaos of my memories as a movie fan, reliving Otar Iosseliani's *Favorites of the Moon*, Benoît Jacquot's *The False Servant*, Nicolas Klotz's *Heartbeat Detector*, Claude Miller's *A Secret*, Alain Resnais's *You Ain't Seen Nothin' Yet*, Julian Schnabel's *The Diving Bell and the Butterfly*, Roman Polanski's *Venus in Fur*, and *The Sentinel*, his first movie, shot by Arnaud Desplechin in 1992, which revealed his acting talent. "It fell into my lap, a happy accident," he once confided in me at Cannes Film Festival.

He is so meticulous and free in his films, which are all so radically different, poetic, inspired and hallucinogenic: *Eat Your Soup, Wimbledon Stage, On Tour, The Blue Room, Barbara*, and more recently, *Hold Me Tight* – a cluster bomb, sensitively exploring the ghostly theme of a person's disappearance and existence accompanied by the backdrop of Beethoven, Rachmaninoff, Ligeti and Rameau.

Chance, friendship, intimacy, sensuality and madness are the stars of his cinematic exploits. *Mise en abyme*, on the brink of a precipice, Mathieu Amalric's movies are the expression of an unstable humanity in a desperate chase of troubling intensity.

So many movies, so many experiences. Each time we met, confronting dreams with reality, it seemed that above all else, Mathieu loved everything that trembles.

As I write these words, a fragment of a Philippe Jaccottet poem comes to mind, turning this ravenous director into a peddler of pure emotion:

Acceptance is impossible
Understanding is impossible
You cannot willingly accept or understand
You move on, step by step
Like a peddler
From one dawn to the next.

Patrick Ferla
Cultural journalist and writer

Au fond, qu'est-ce qui fait qu'il n'est pas comme les autres réalisateurs, acteurs et comédiens de sa génération? Qu'est-ce qui fait que le regard que pose Mathieu Amalric sur le monde dans ses films ne ressemble à aucun autre? Qu'exprime ce visage lunaire aux couleurs de l'automne à Washington, Moscou et Paris où, dans ses jeunes années, il a vécu avec ses parents, Jacques Amalric, correspondant pour *Le Monde* à l'étranger puis éditorialiste à *Libération*, et Nicole Zand, critique littéraire dans les pages du quotidien de Hubert Beuve-Méry? Des années d'écriture et de voyages, de musique et de chansons: Bob Dylan, Janis Joplin, Joe Cocker qu'écoutaient sa mère, et Brel, Barbara, Mouloudji, Brassens, les idoles de son père. Et la découverte stupéfiante, dans les rues de la capitale américaine, du théâtre des Bread and Puppets. Tout est là à jamais fixé dans le visage magnétique de Mathieu Amalric.

Contemplez-le longuement ce beau visage: habité de rêves et de tourments, il rappelle qu'il faut toujours veiller sur la lumière.

La lumière, le temps. La vie qui va vite. La vie qui passe. Encore un tour de manège. Au théâtre, au cinéma. Se souvenir des belles choses. De celles qui brûlent jusqu'à l'âme: dans mes souvenirs de cinéphile, désordre amoureux, revoir *Les Favoris de la lune* (Otar Iosseliani), *La Fausse Suivante* (Benoît Jacquot), *La Question humaine* (Xavier Giannoli), *Un Secret* (Claude Miller), *Vous n'avez encore rien vu* (Alain Resnais), *Le Scaphandre et le Papillon* (Julian Schnabel), *La Vénus à la fourrure* (Roman Polanski), *La Sentinelle*, premier film tourné en 1992 avec Arnaud Desplechin, qui l'a consacré comédien. «Ça m'est tombé dessus, un magnifique accident», m'a-t-il confié un jour au Festival de Cannes.

Quelle rigueur, quelle liberté dans ses propres films. Tous radicalement différents, poétiques, inspirés, hallucinogènes: *Mange ta soupe, Le Stade de Wimbledon, Tournée, La Chambre bleue, Barbara*. Et, récemment, *Serre-moi fort*, une bombe à fragmentations. Épure délicate et fantomatique sur le thème de la disparition et de la présence d'un être. Qu'accompagnent, dans la structure du film, comme un paysage en arrière-plan, Beethoven, Rachmaninov, Ligeti et Rameau.

Le hasard, l'amitié, l'intime, la sensualité, la folie sont les personnages emblématiques de ses chevauchées filmiques. Mises en abyme, d'un gouffre à l'autre, le cinéma de Mathieu Amalric est l'expression d'une humanité en déséquilibre, d'une course éperdue à la troublante intensité.

Tant de films, de rencontres! À chaque fois que nous nous sommes retrouvés, confrontant le rêve à la réalité, j'ai éprouvé le sentiment que Mathieu aimait par-dessus tout ce *qui tremble*.

En écrivant ces lignes, je songe à ce fragment d'un poème de Philippe Jaccottet, dans lequel ce réalisateur affamé pourrait incarner le colporteur, un colporteur d'émotions diaphanes:

Accepter ne se peut
Comprendre ne se peut
On ne peut pas vouloir accepter ni comprendre
On avance peu à peu
Comme un colporteur
D'une aube à l'autre.

Patrick Ferla
Passeur de culture et écrivain

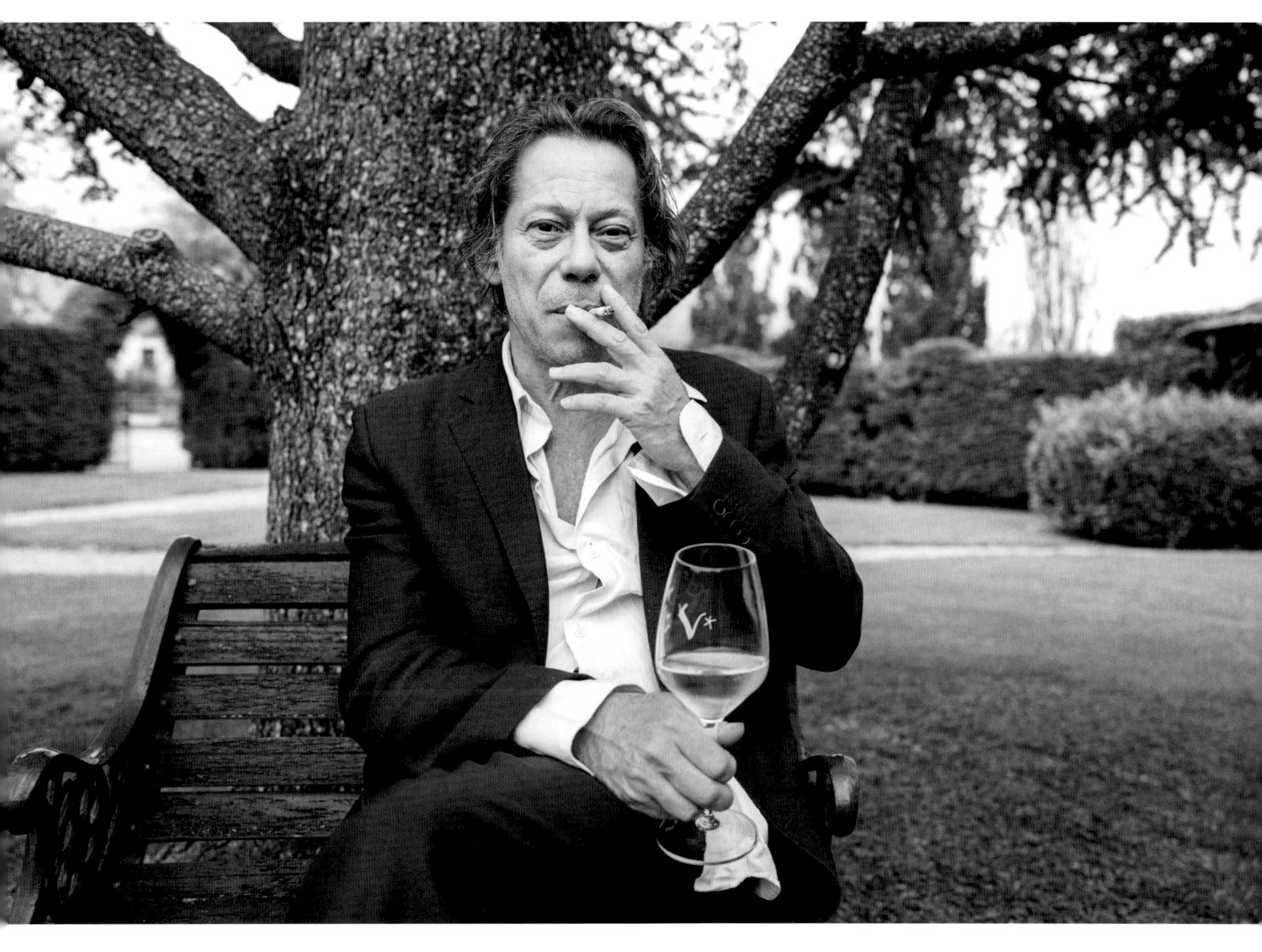

Actor, film director and screenwriter | acteur, réalisateur de cinéma et scénariste – Uvrier, Switzerland 2021

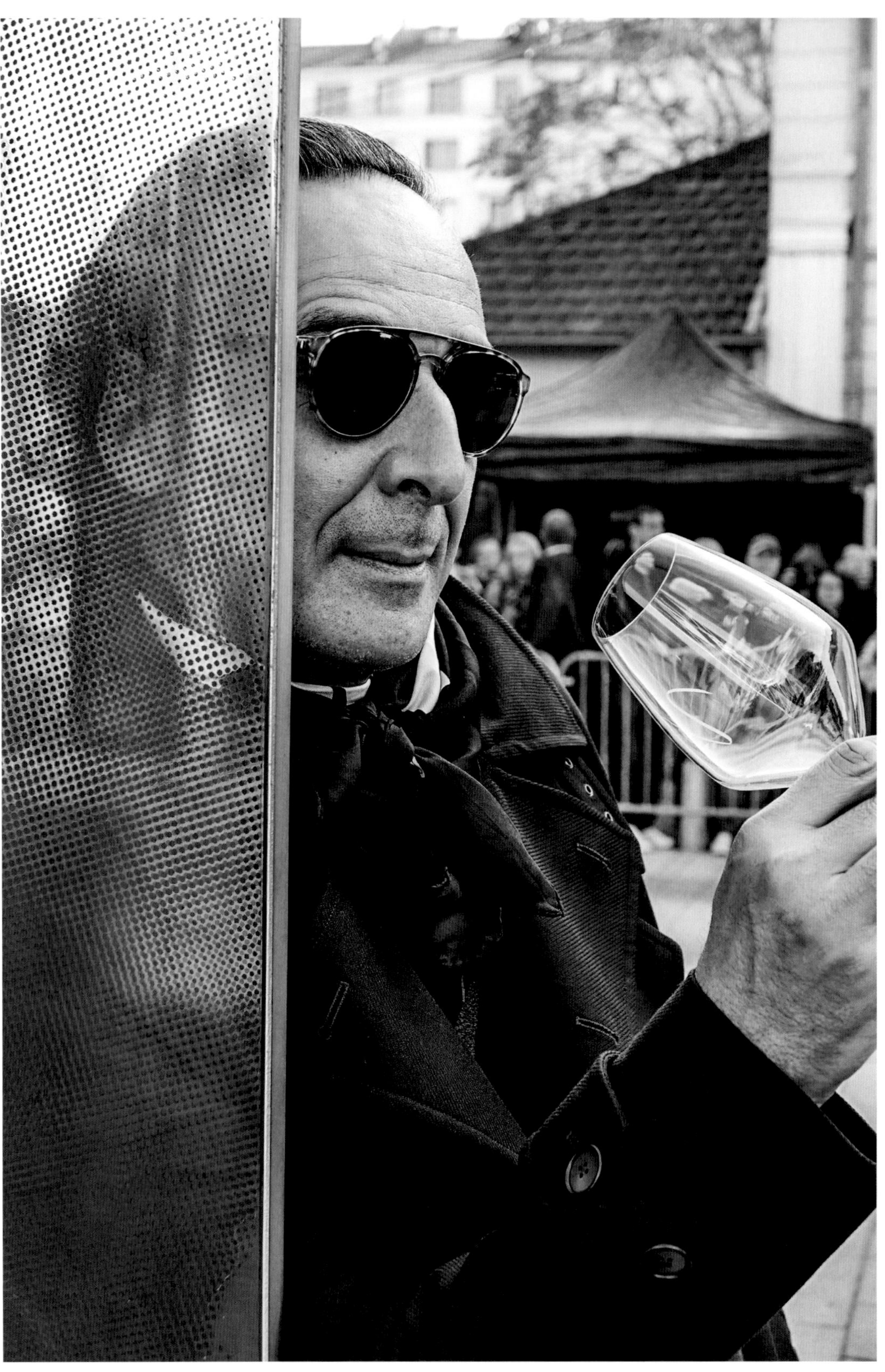

Alexandre Desplat

Film music composer | compositeur de musique de film – Lyon, France 2015

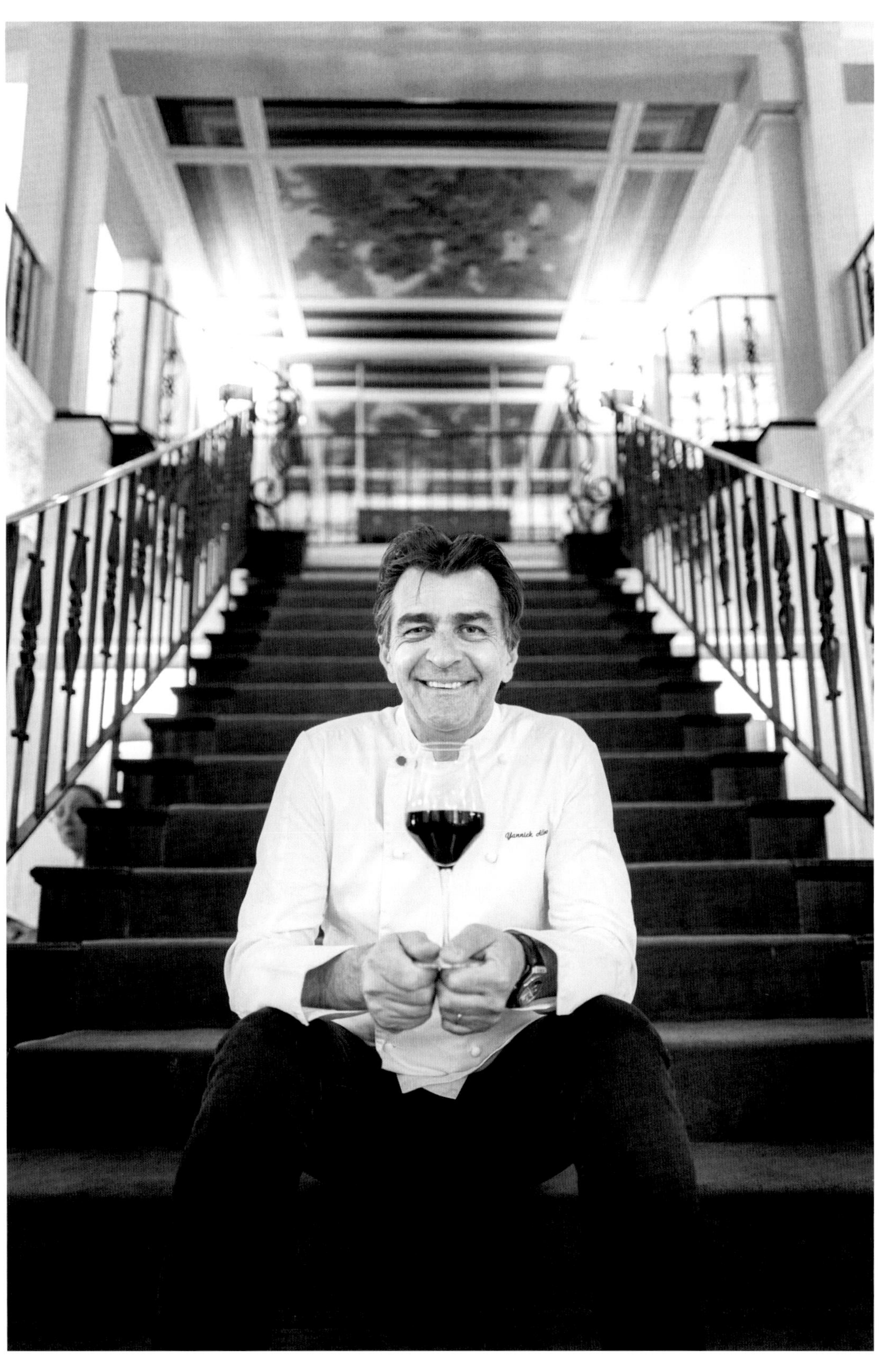

Paris, France 2022

133

Chef
Yannick
Alléno

Simón Vélez

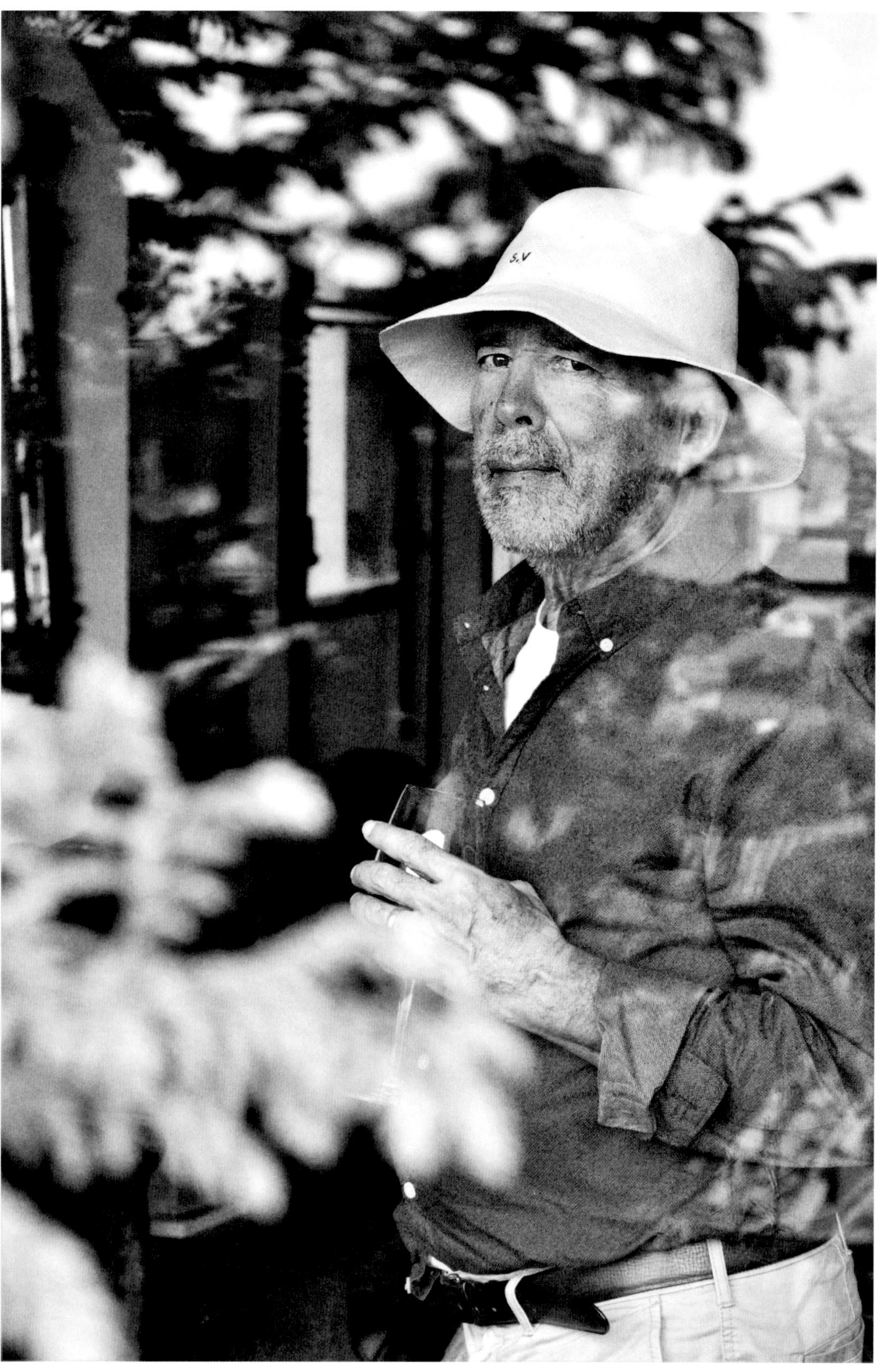

Architect | architecte – Bogotá, Colombia 2020

Antoine Jaccoud

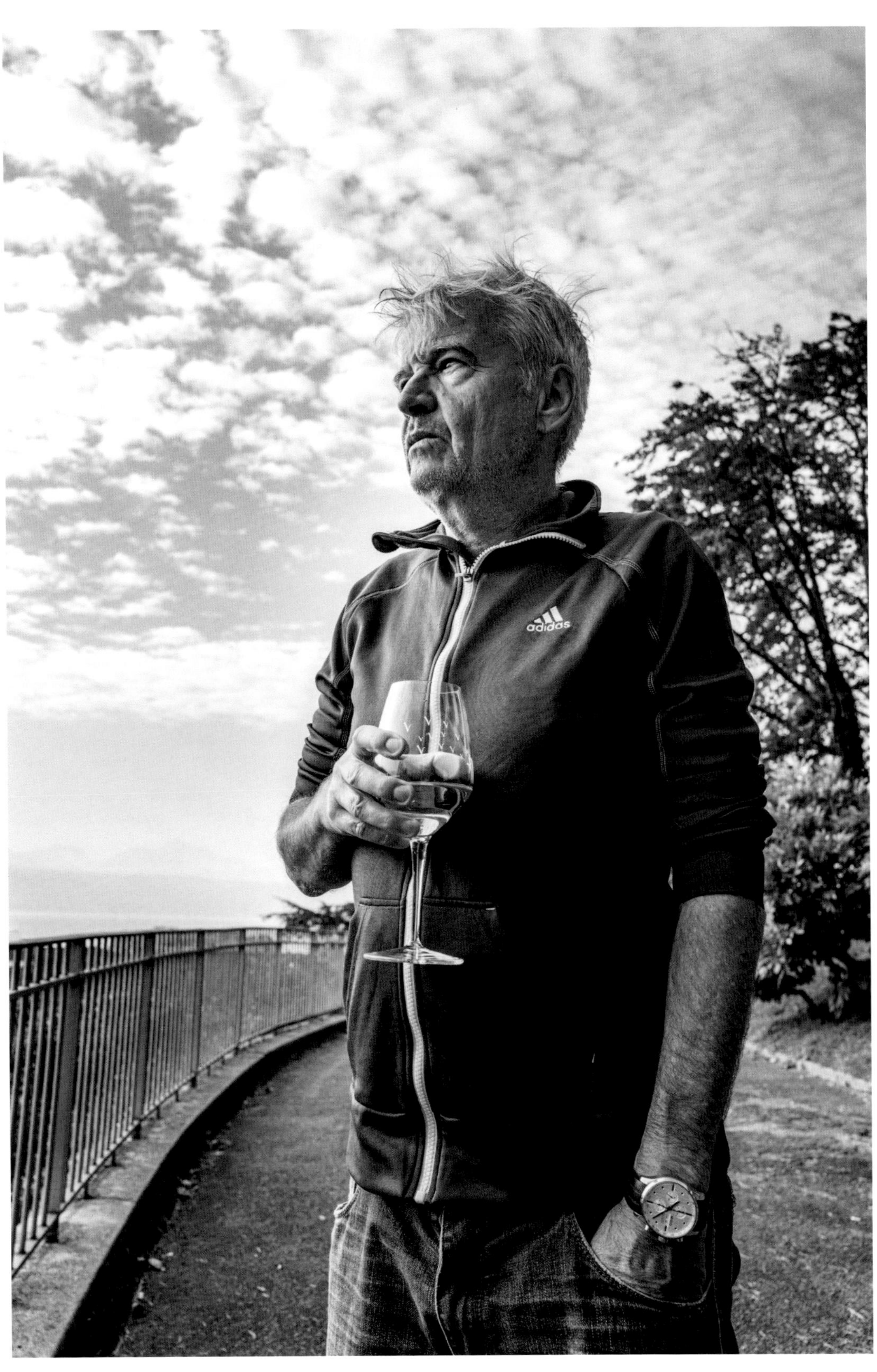

Writer | écrivain – Lausanne, Switzerland 2021

Chef
Jean-Pierre
Saunier

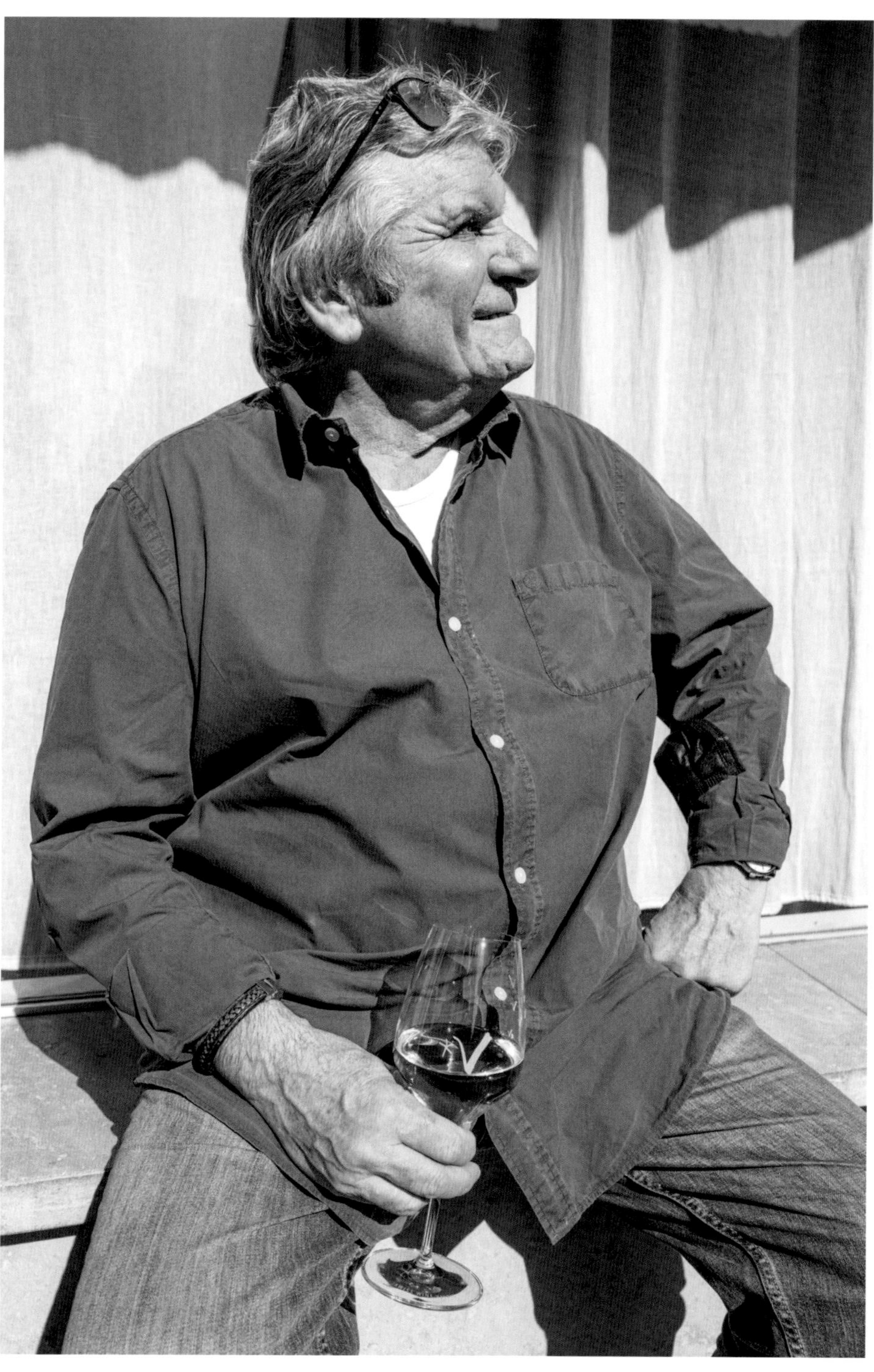

Auxerre, France 2022

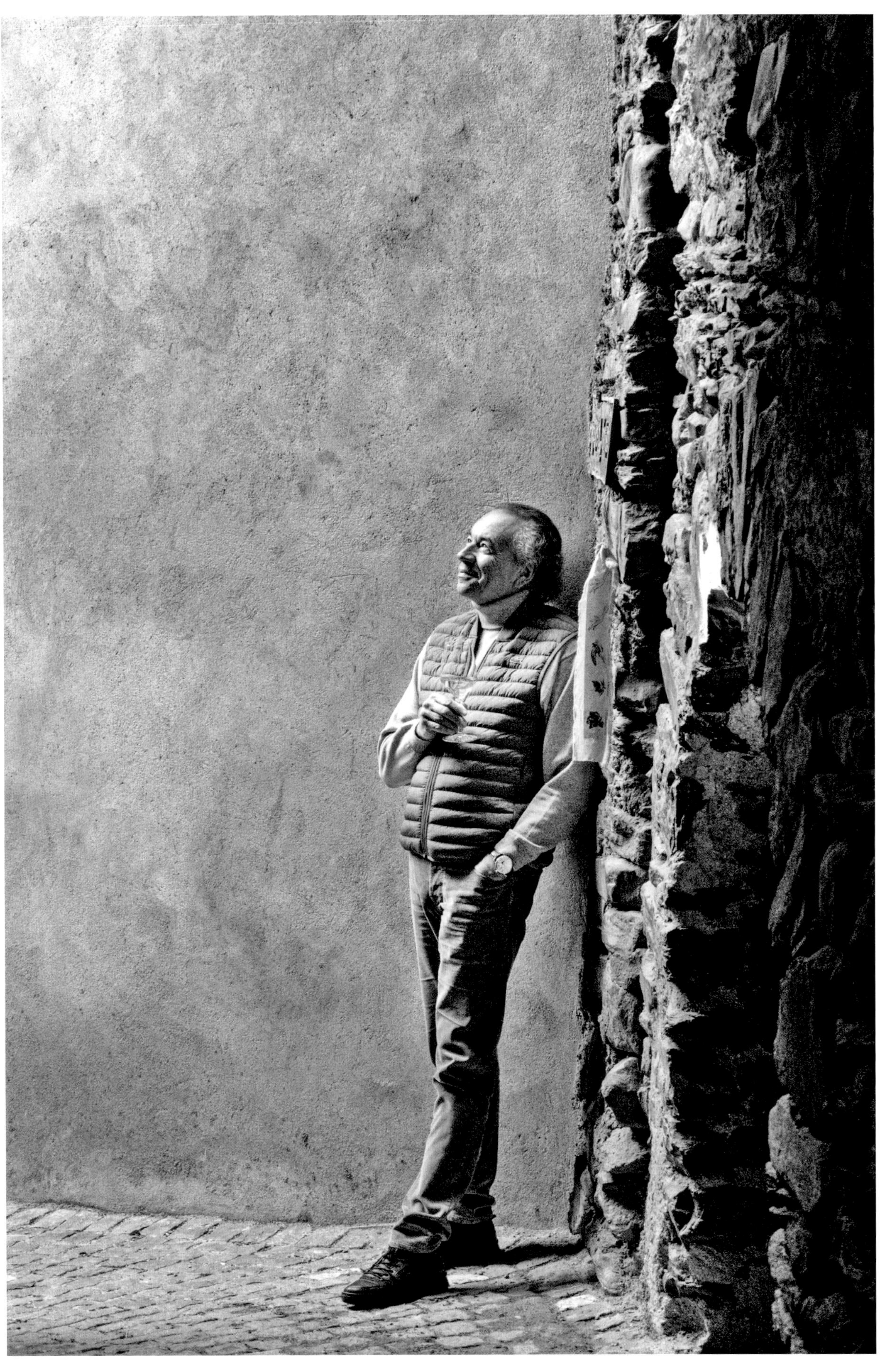

Show jumping olympic champion |
champion olympique de saut d'obstacles – Saillon, Switzerland 2019

Pierre
Durand

Cheffe
Cristina
Bowerman

Rome, Italy 2019

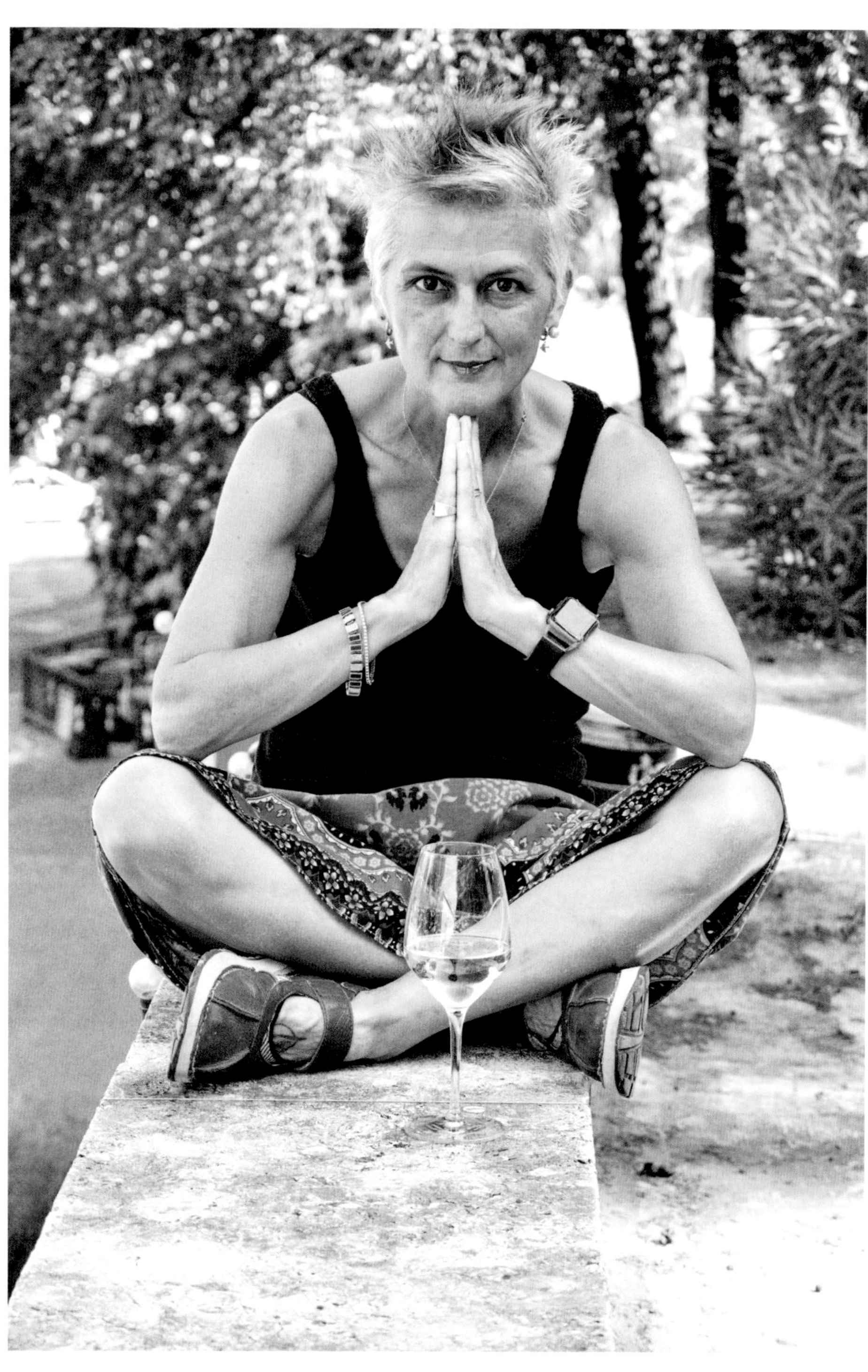

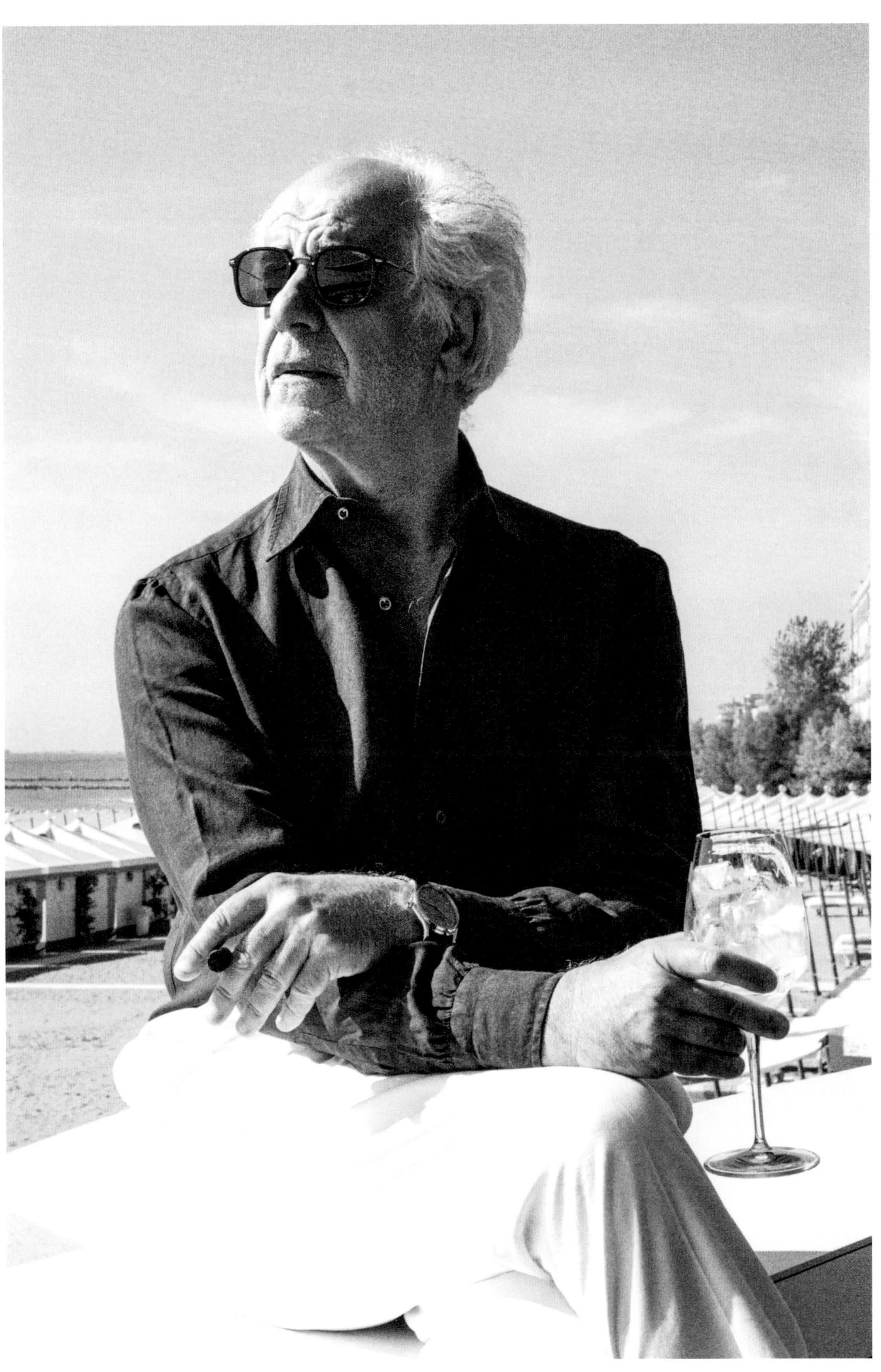

Actor and theater director | acteur et metteur en scène de théâtre – Lido of Venice, Italy 2021

Toni
Servillo

Valentina
Andrei

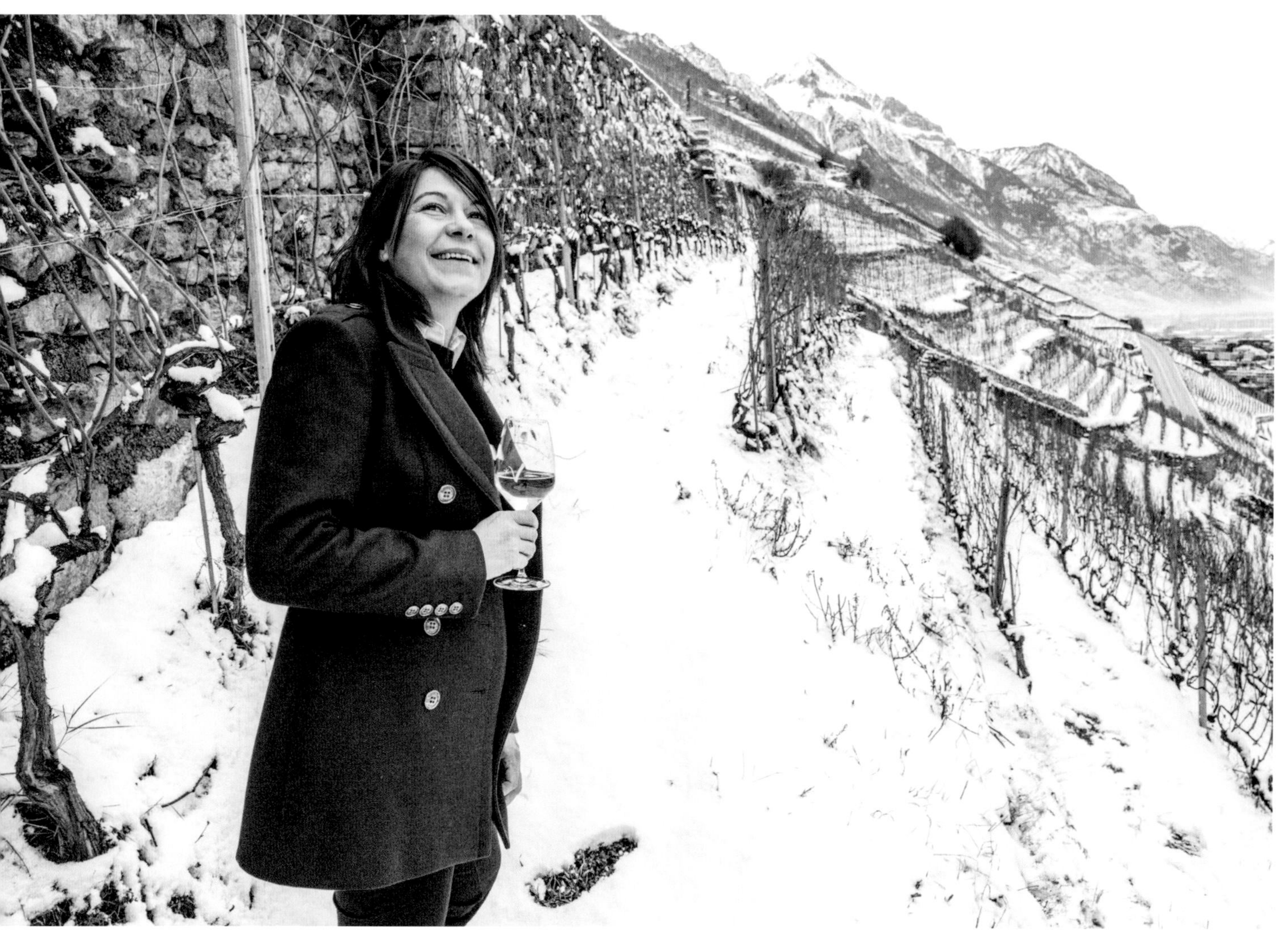

Winemaker | vigneronne
Plan-Cerisier, Switzerland 2022

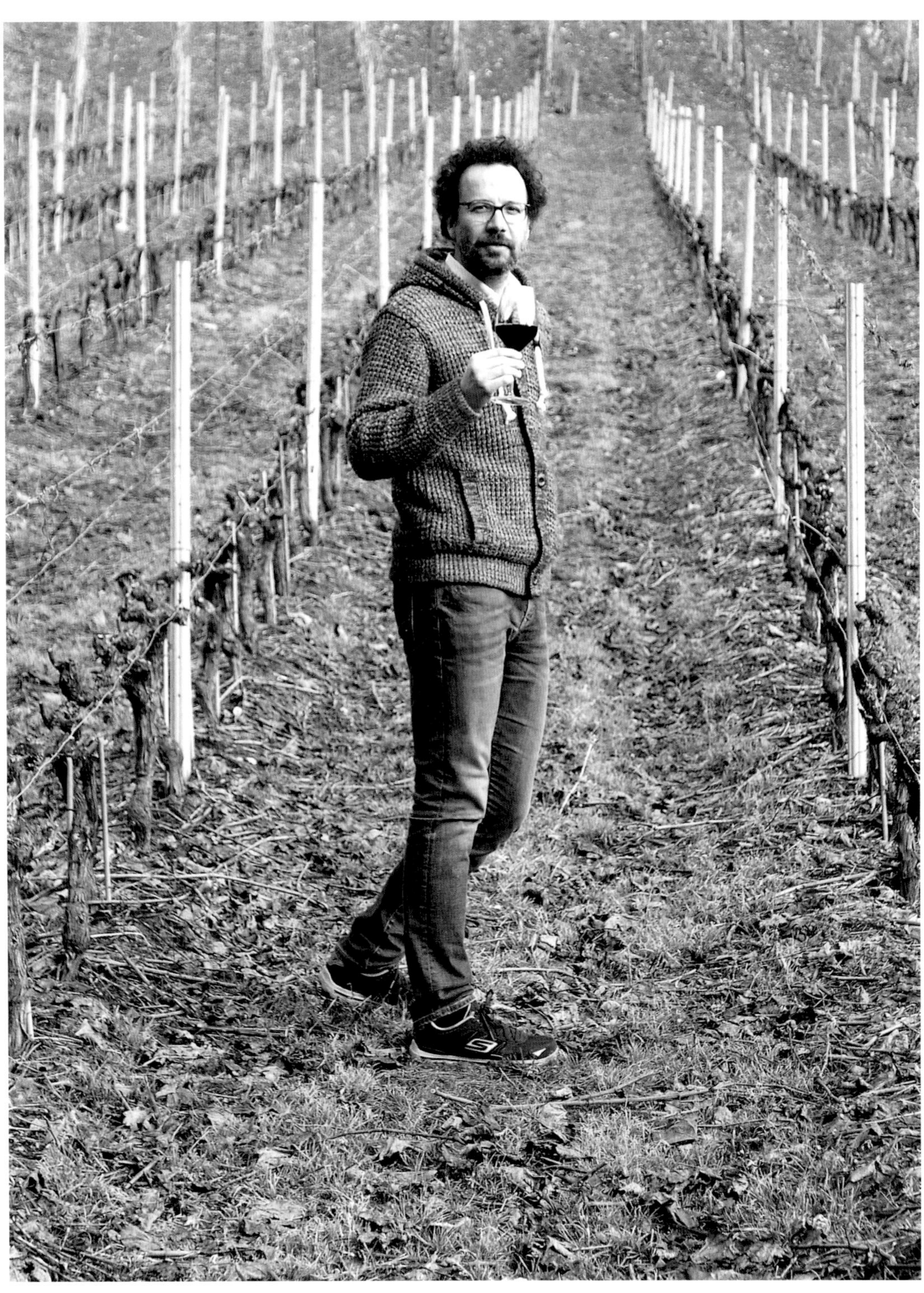

Artistic director of the Berlinale |
directeur artistique de la Berlinale – Saillon, Switzerland 2017

Roland Collombin

Living legend of skiing | légende vivante du ski – Martigny-Bourg, Switzerland 2022

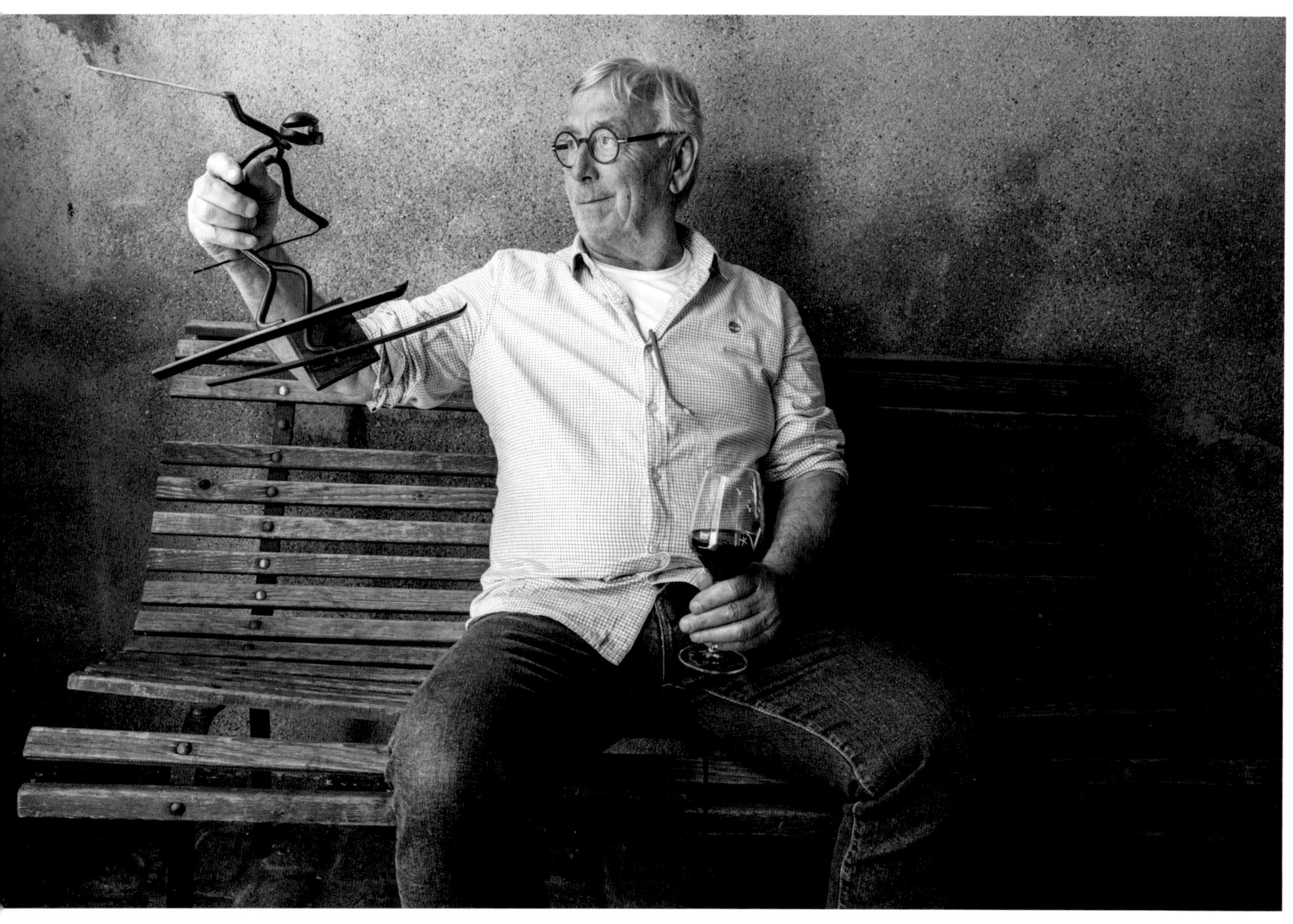

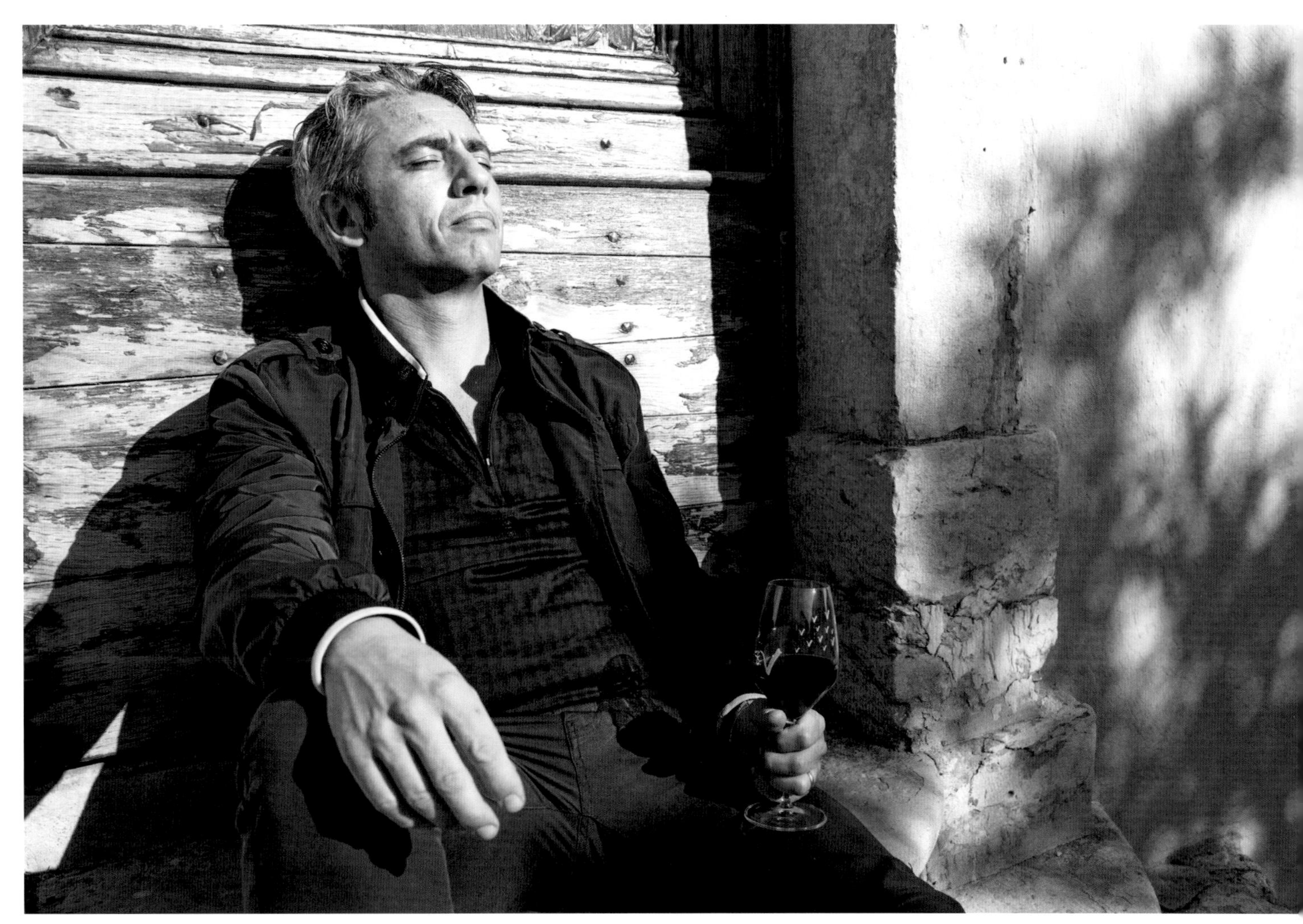

Mougins, France 2021

Chef
Denis
Fétisson

Sir Christopher Hampton

Film director, theater director and screenwriter |
réalisateur de cinéma, metteur en scène de théâtre et scénariste – Sierre, Switzerland 2018

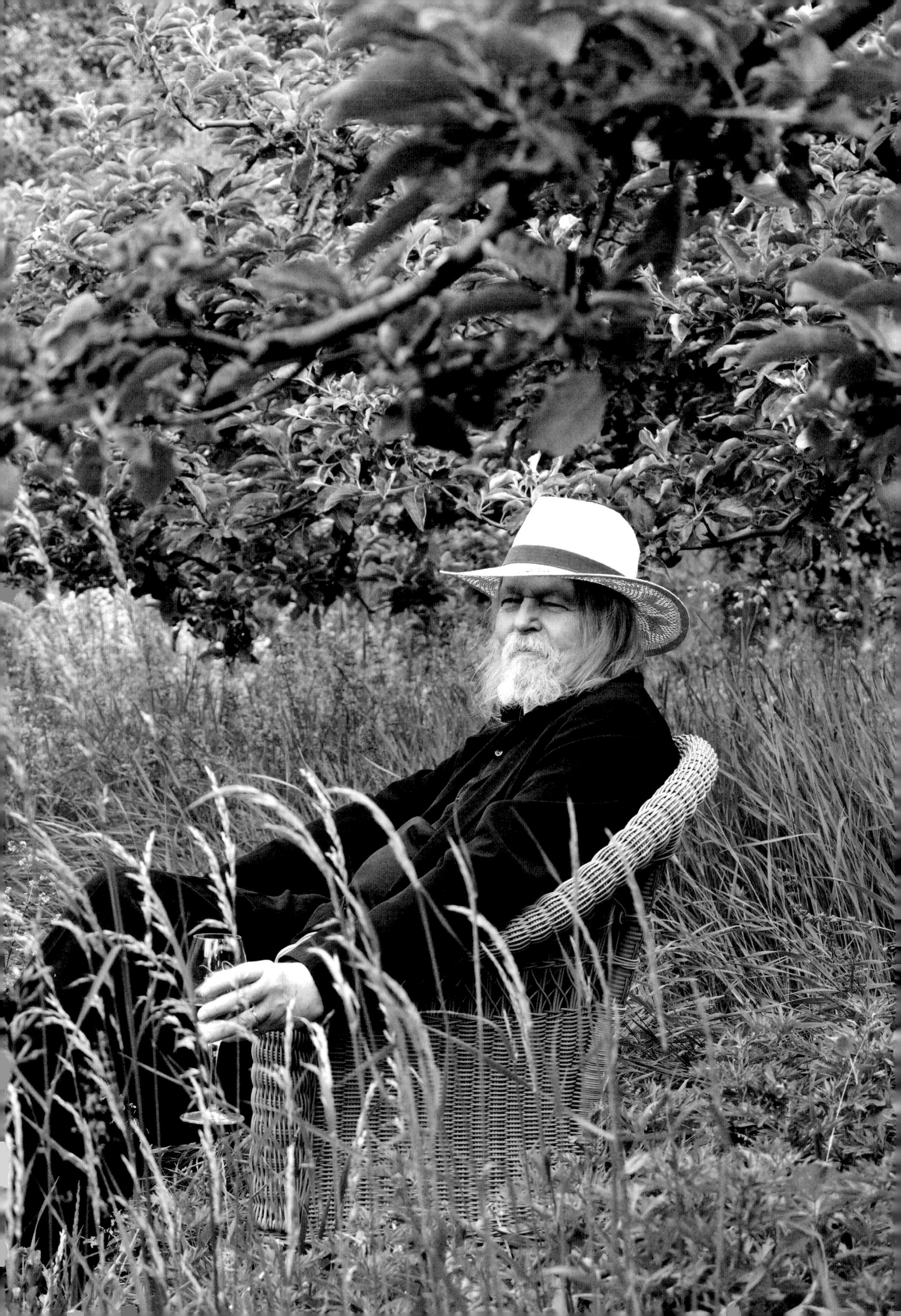

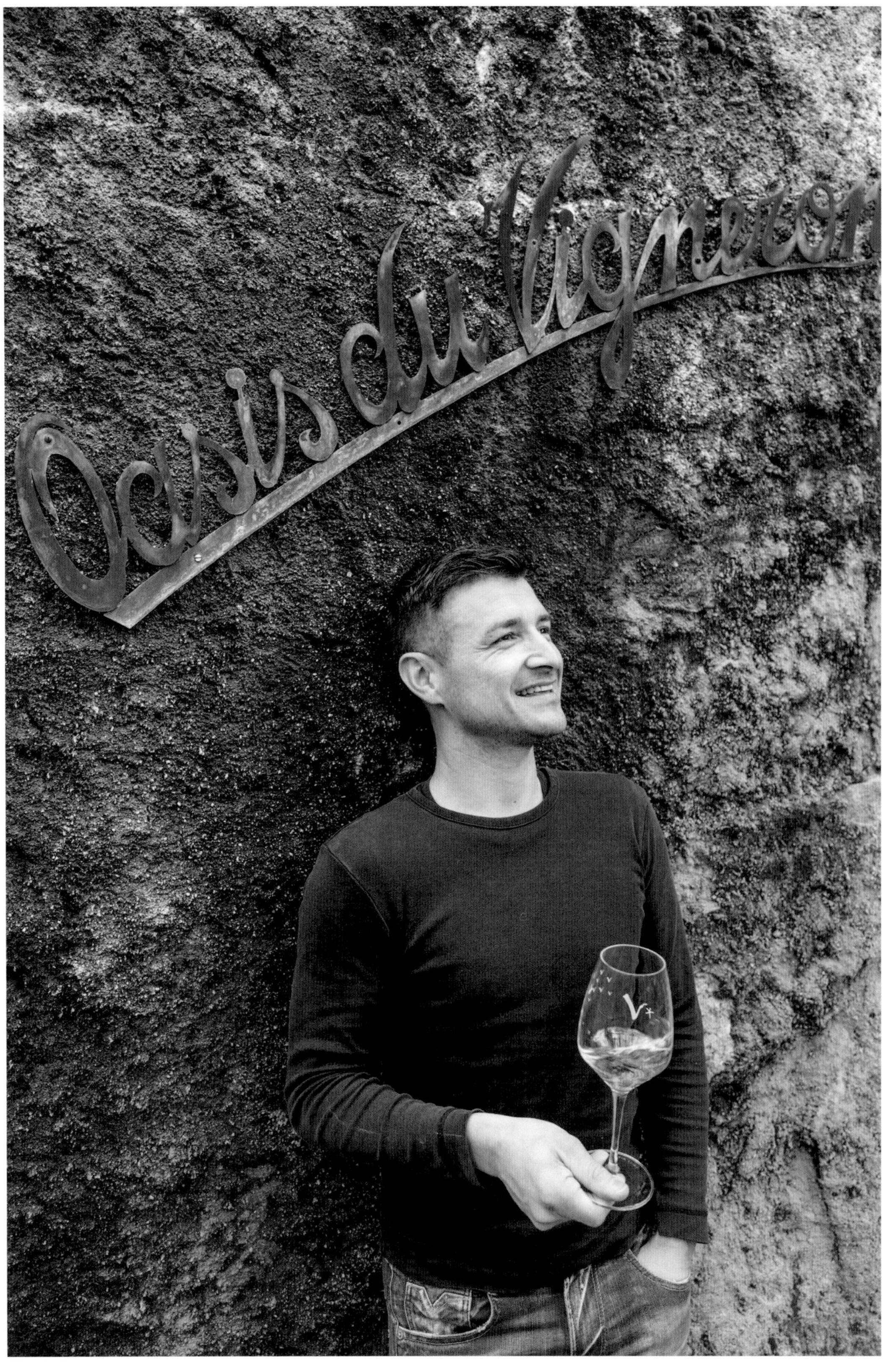

Jhonatan Raymond

Winemaker | vigneron – Saillon, Switzerland 2022

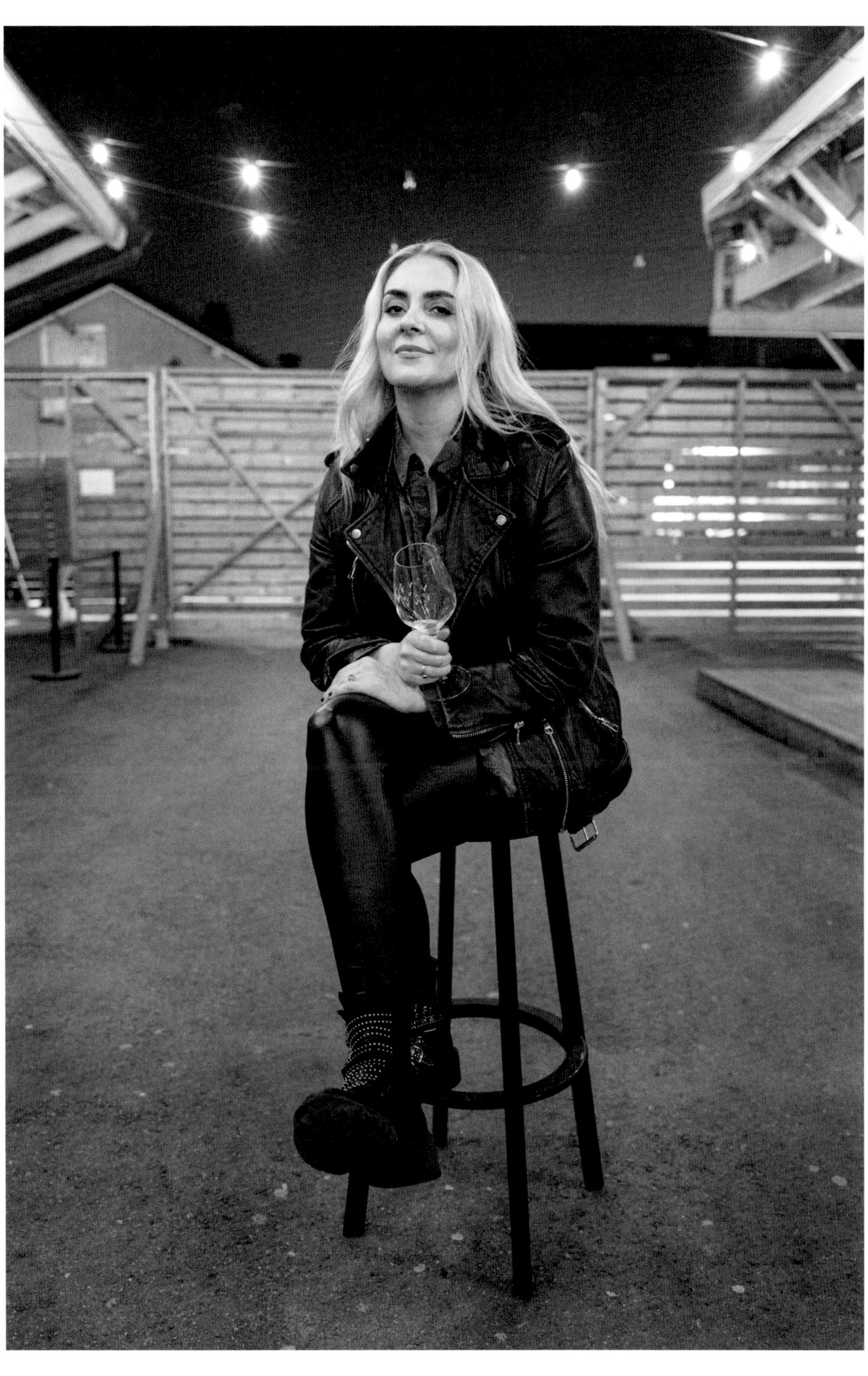

Singer and songwriter | auteure, compositrice et interprète – Stockholm, Sweden 2022

EIVØR

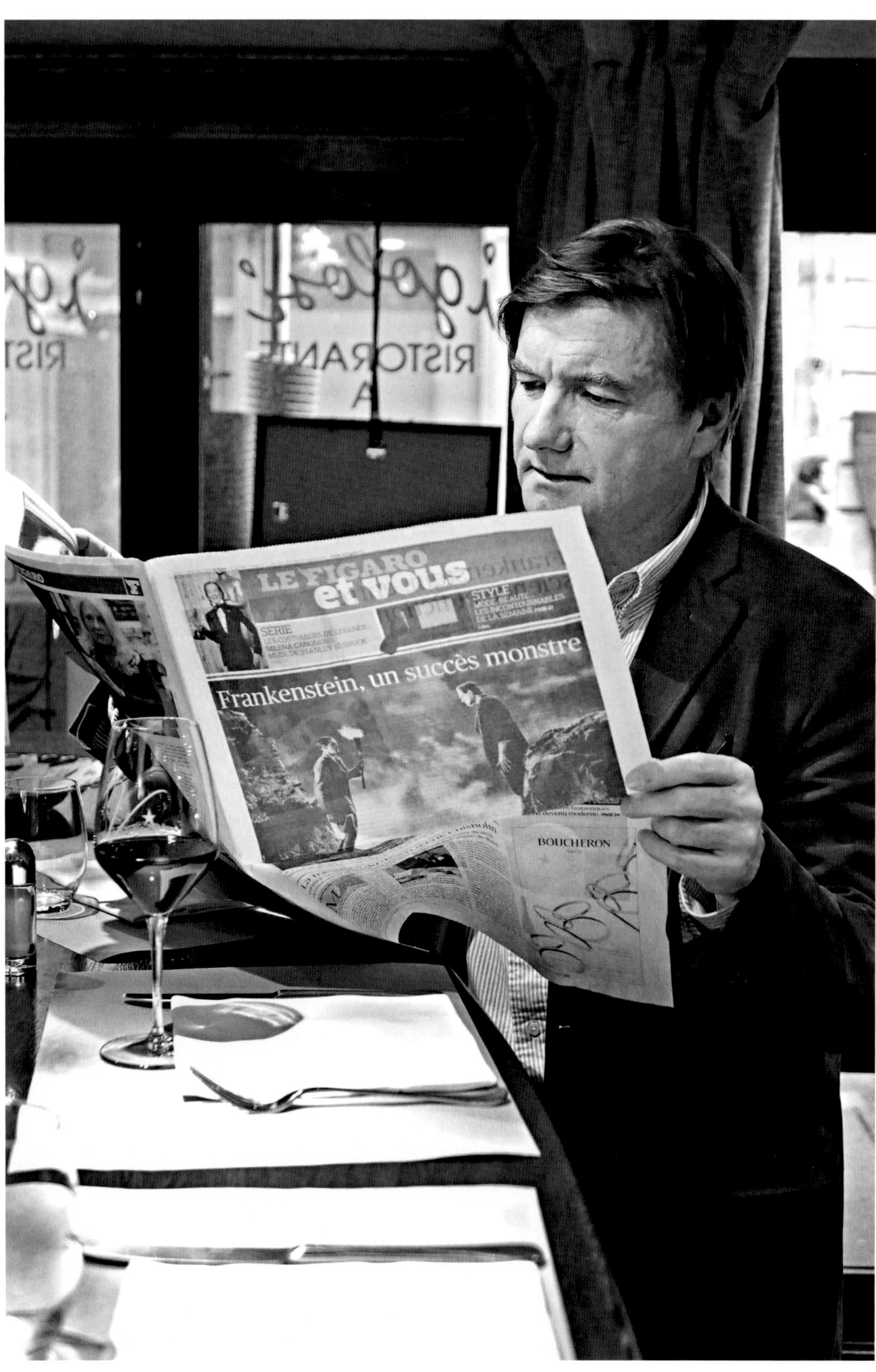

Éric Neuhoff

Writer | écrivain – Paris, France 2016

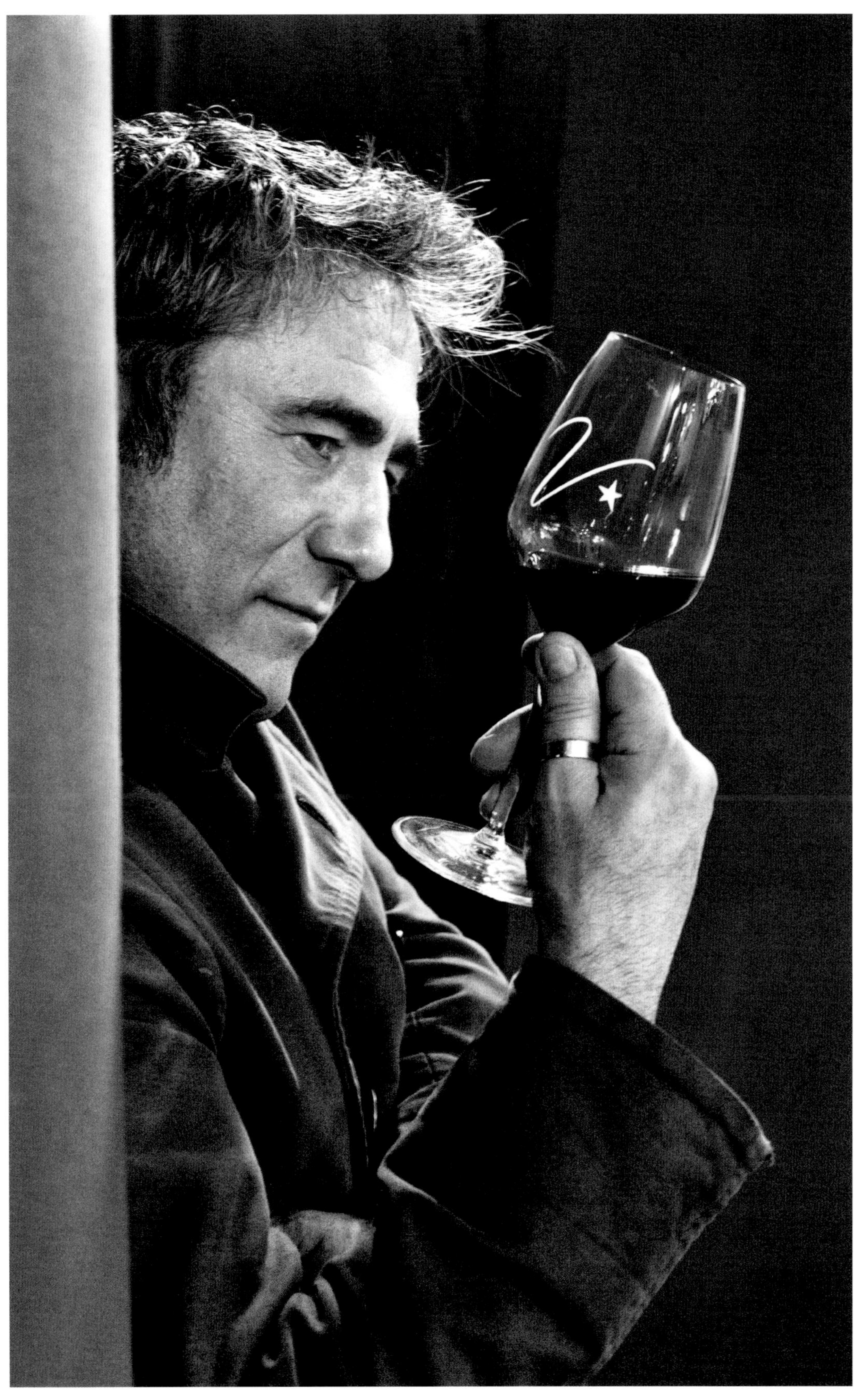

Actor | acteur – Barcelona, Spain 2019

Sergi
López

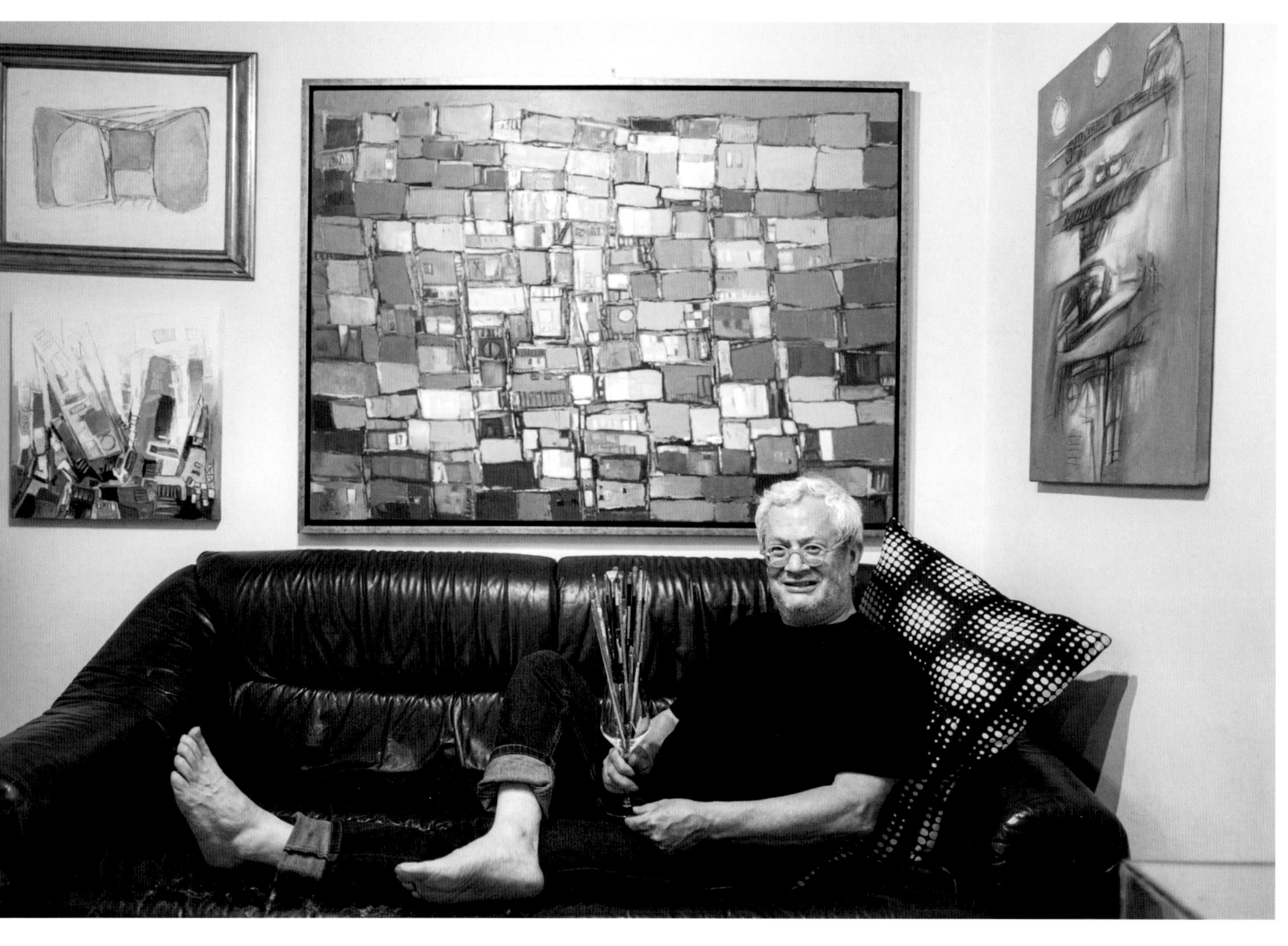

Jesús Calle

Artist and godfather of the Moi pour Toit Foundation |
artiste et parrain de la Fondation Moi pour Toit – Pereira, Colombia 2021

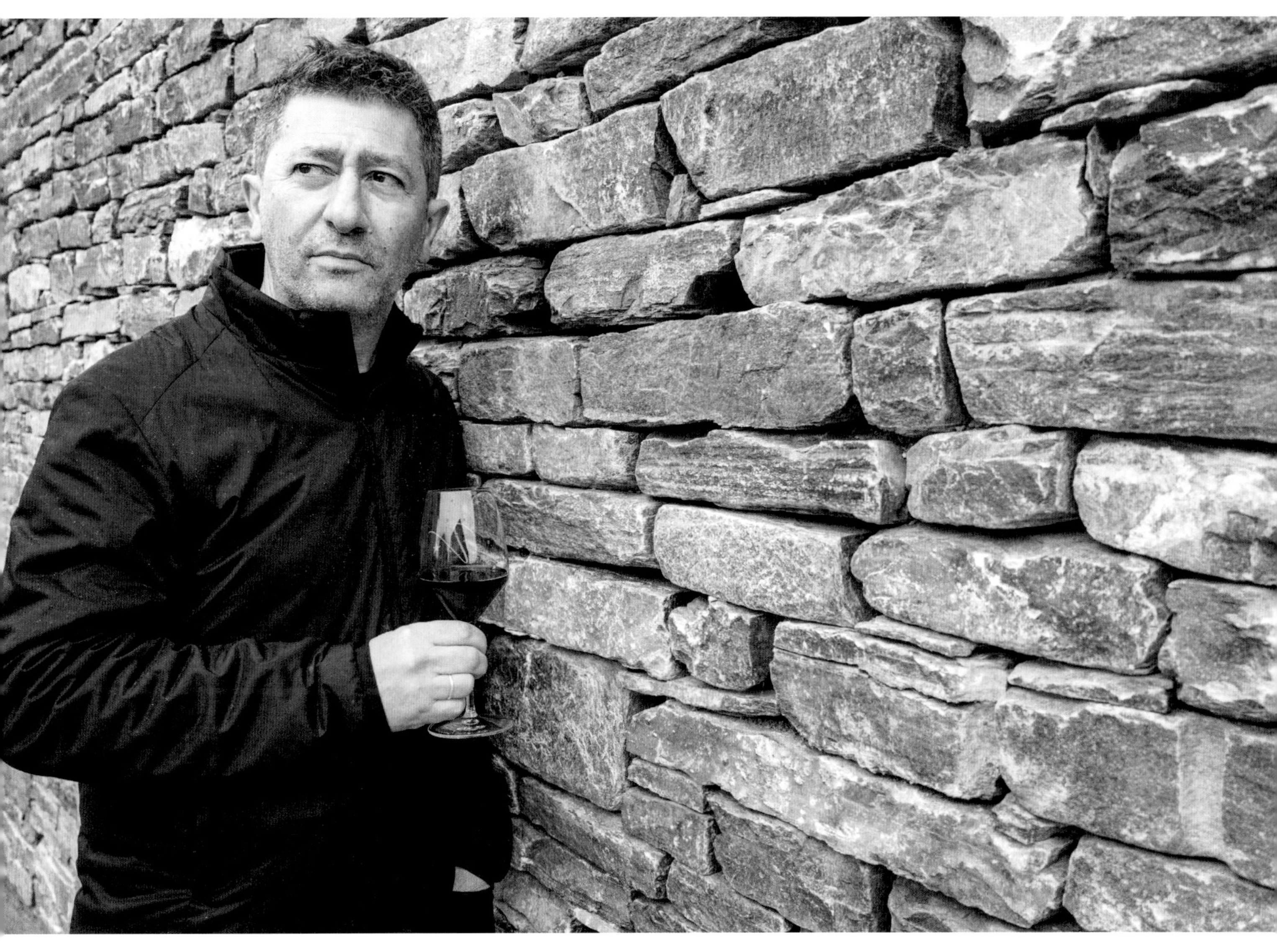

Photographer | photographe – Saxon, Switzerland 2021

Yann
Zitouni

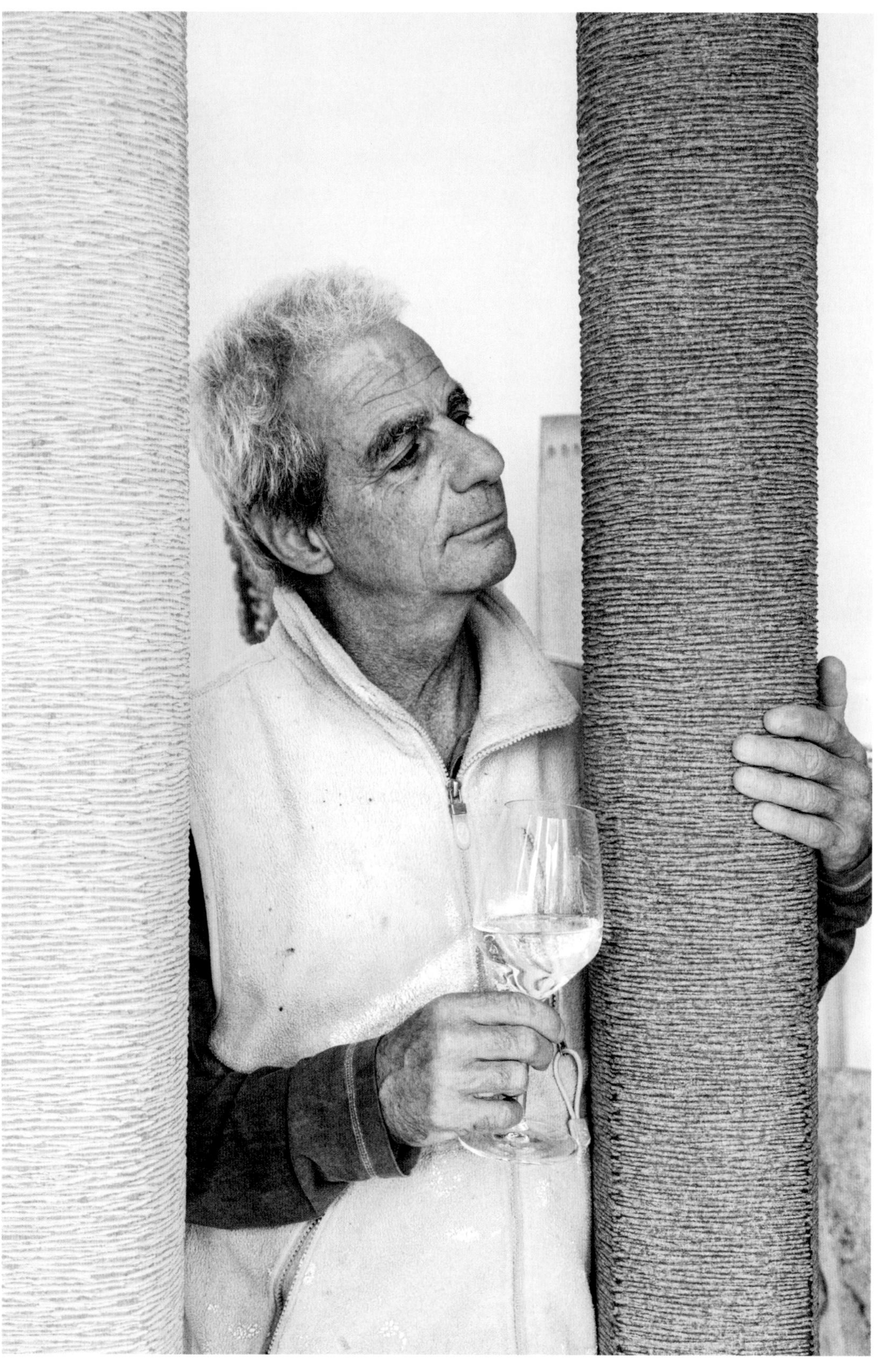

Yves
Dana

Sculptor | sculpteur – Lausanne, Switzerland 2021

Bex, Switzerland 2020

Chelle Marie Robert

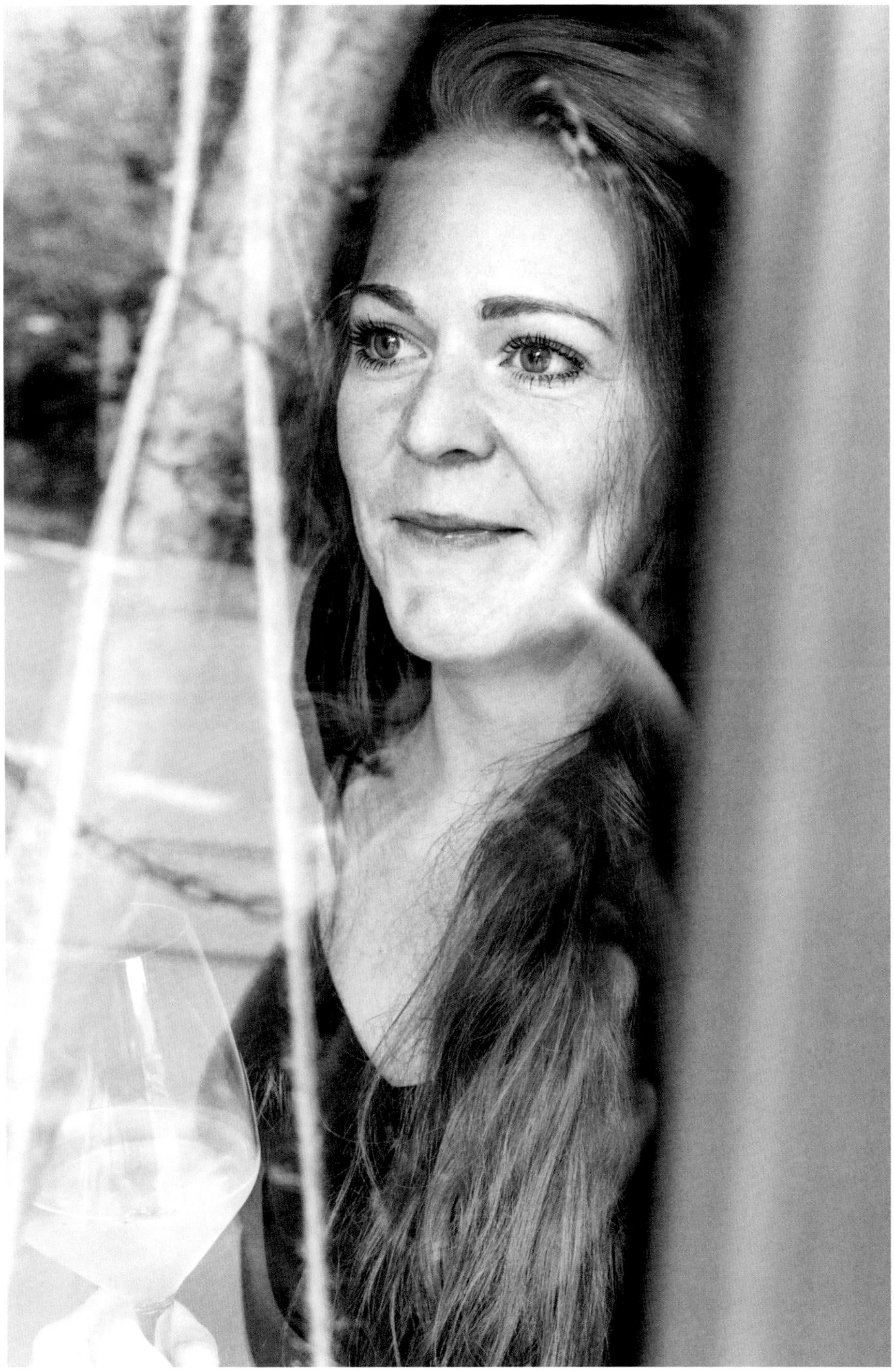

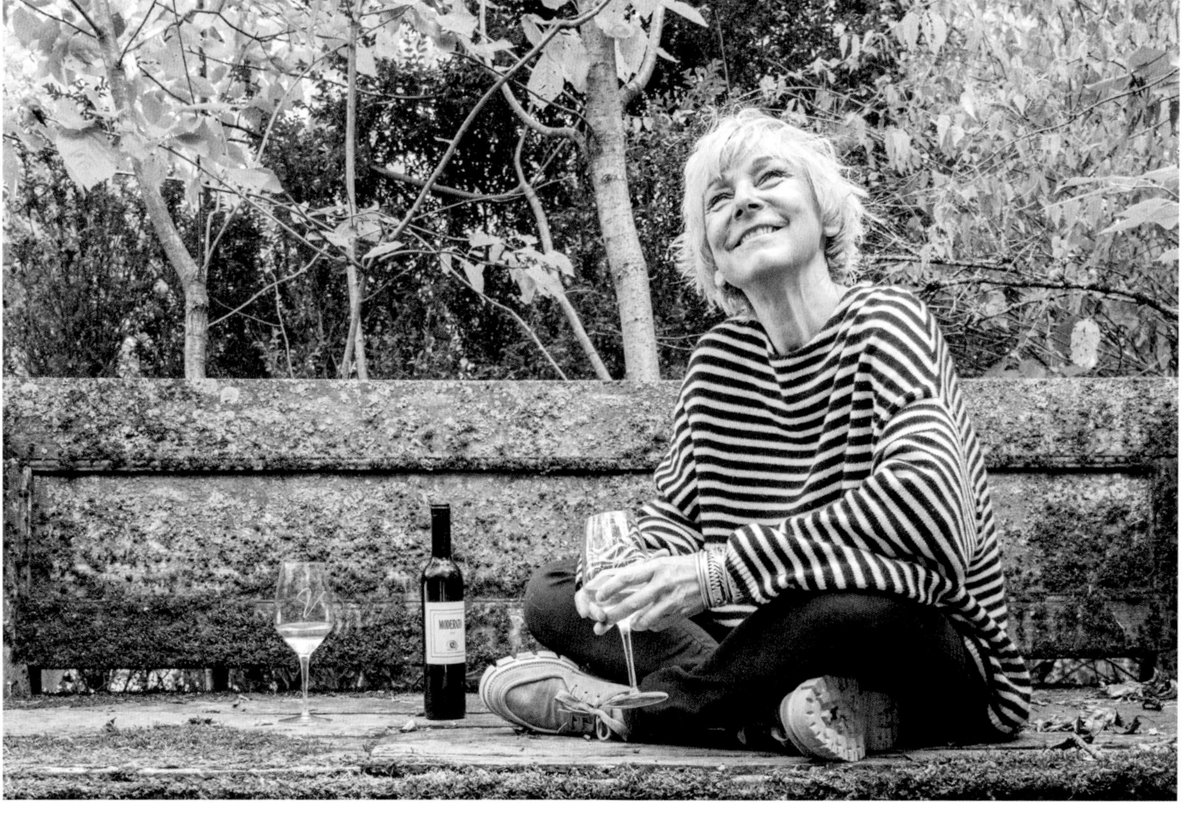

Marie-
Antoinette
Gorret

Multidisciplinary artist | artiste multiple – Martigny, Switzerland 2021

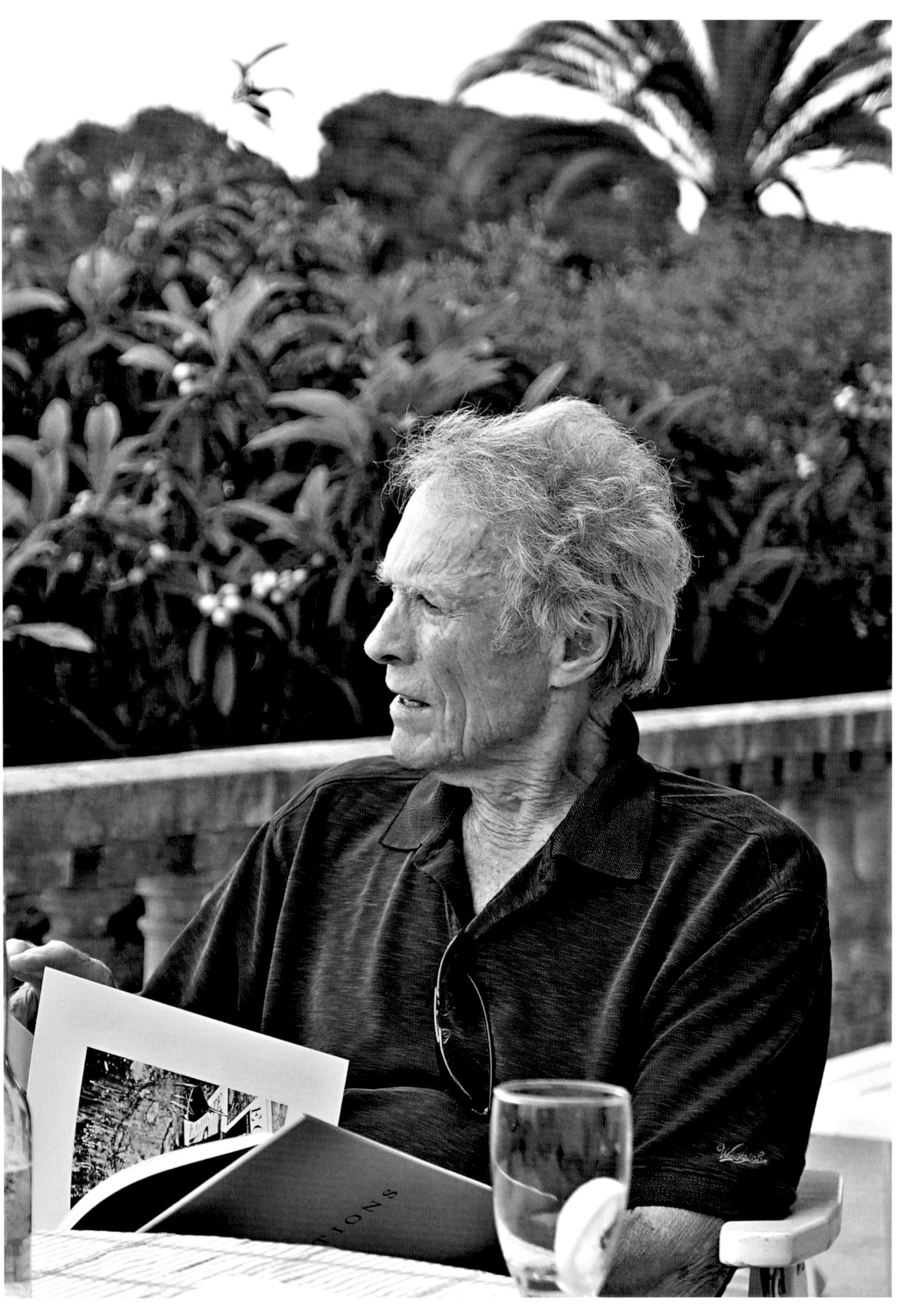

155

Actor, film director, producer, and film music composer |
acteur, réalisateur de cinéma, producteur et compositeur de musique de film – Cap d'Antibes, France 2017

Clint
Eastwood

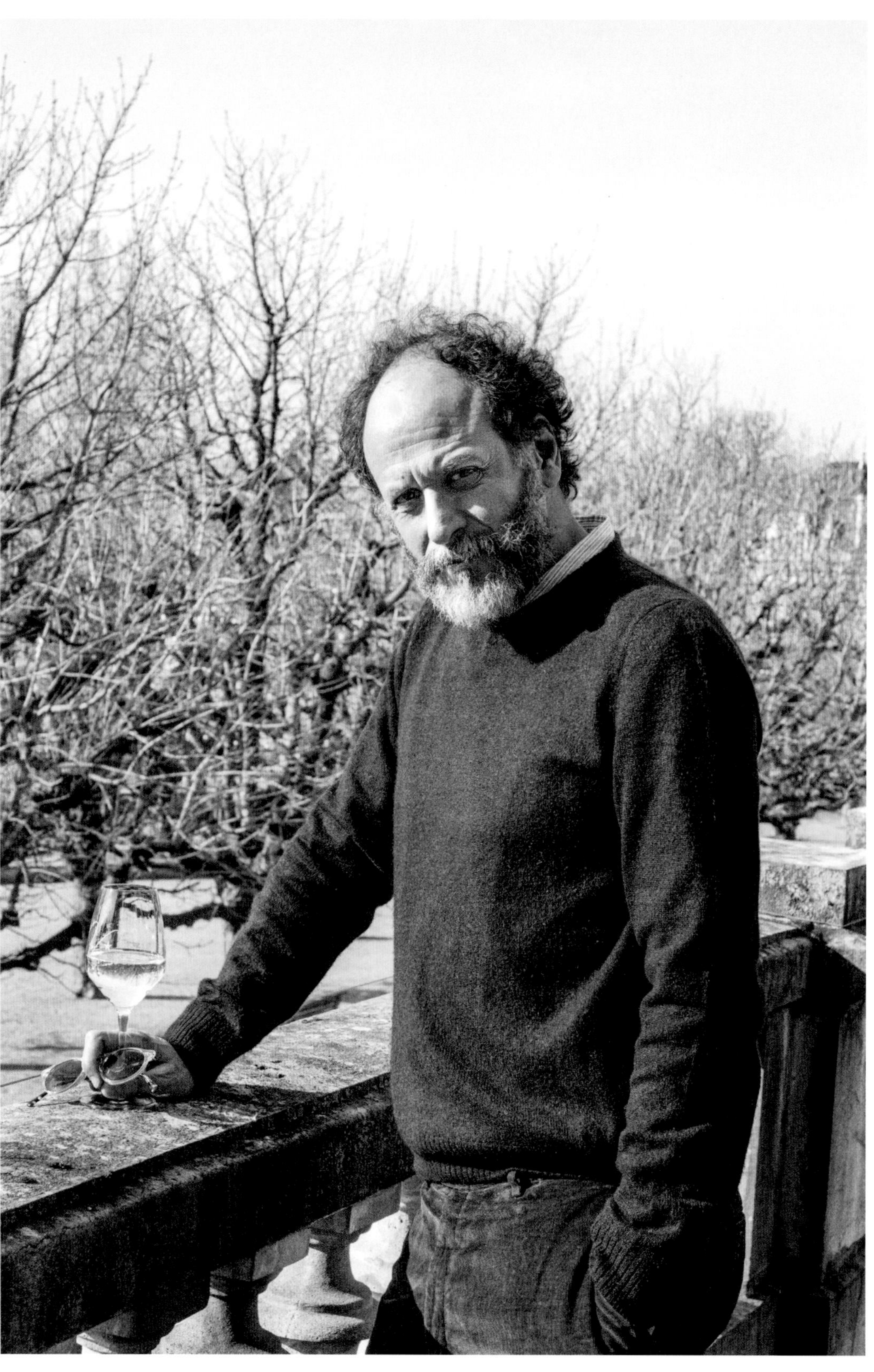

Luca Guadagnino

Film director and screenwriter | réalisateur de cinéma et scénariste – Lausanne, Switzerland 2020

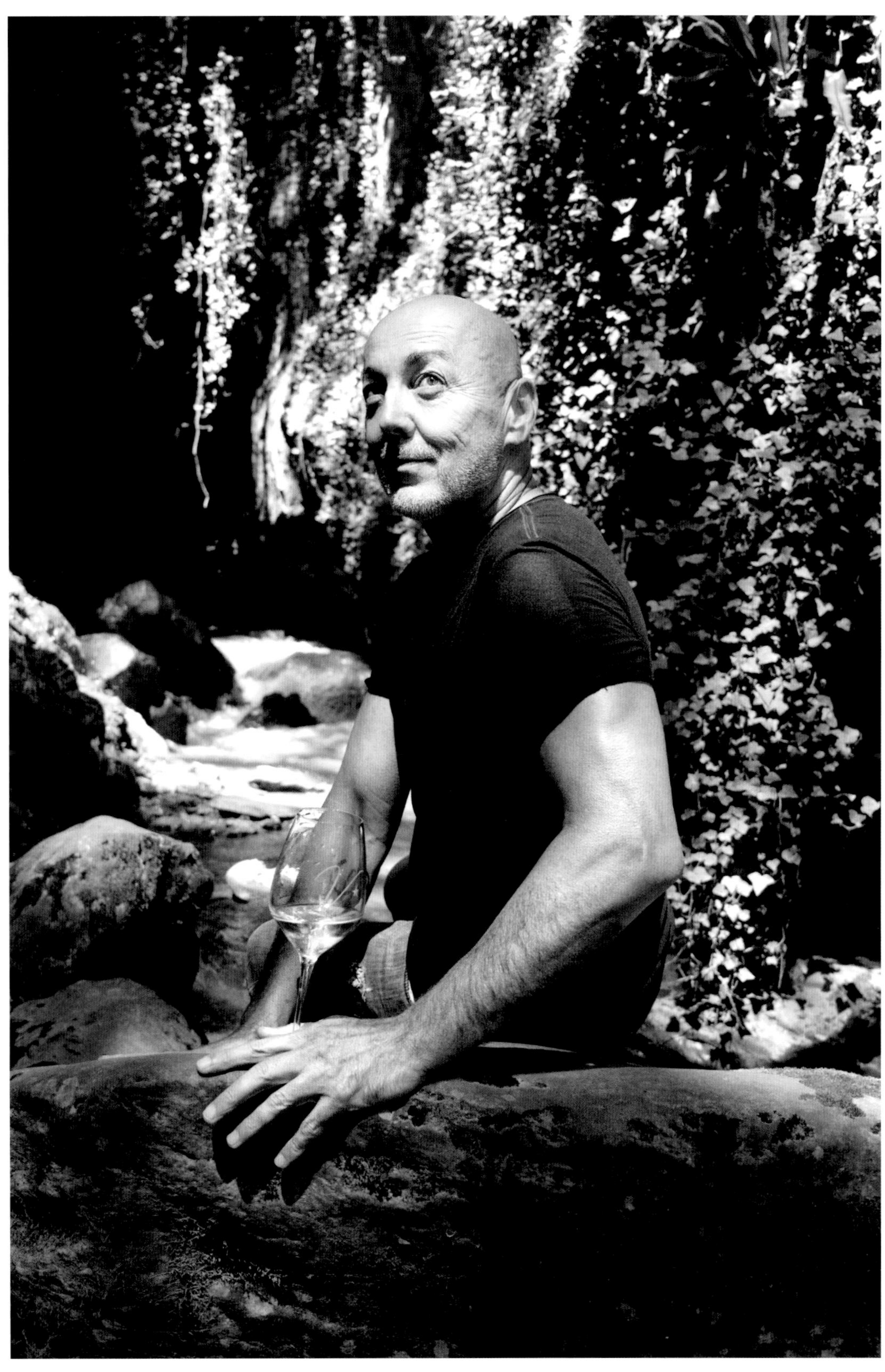

Photographer | photographe – Saillon, Switzerland 2020

Benny Tâche

His expression is serious. His eyes, two slits able to expertly penetrate whatever confronts them. His posture is that of a skilled actor, unperturbed by the camera's gaze. Pierre plays his role, knowing the lens is there, there for him. The image highlights the names of famous figures (Auteuil, Tarantino etc.) but masks the ones in Pierre's sights – just like in life. Alongside his great friends Clint Eastwood, Jane Campion, Quentin Tarantino and Lee Chang-dong, there was always a budding filmmaker to follow whose name was known only to him.
Whether faced with an established artist or a beginner, Pierre was forthright and decidedly frank. In the movie industry, where camouflage, periphrasis and irony dominate, he always told it like it was – at least from his point of view. Preminger is much better than Hitchcock. *Laura* is a thousand times more powerful than *Psycho*. Take it or leave it.
I had the pleasure of meeting Pierre Rissient when he was already a legend. He would chat about Fritz Lang in the same way I'd talk about my neighbor. For me and many of our generation, he was the bridge between the cinema we watch from afar, which makes us dream, and today's cinema, which is made day by day, and for which we have to fight. Pierre wasn't a critic. He was more like a travel companion.
Our paths crossed all over the globe: at the café he lived above in Paris; in Locarno's Sopracenerina courtyard; at a restaurant in Alba, Italy; out and about in Cannes; at a hotel in Busan, South Korea; in a Los Angeles villa. He was always bursting with questions and gave advice that often proved extremely valuable. Pierre was a great and generous man – short-tempered, but kind. His knowledge was prodigious and his memory formidable, but I was always fascinated by his insatiable curiosity. He never tired of the joy of discovering something new.
In this photo, with a circle of light above his head as he sits beside a wine glass and a fork – a reminder that Pierre loved good food as much as cinema – I can't stop myself from detecting a smile hidden behind his pursed lips. At eighty years of age, Pierre never stopped having fun and making others laugh. Acting was an essential part of his life, and that's why we loved him, even when his passion pushed the limits.
His overwhelming love for cinema and the people who bring it to life; his unconditional support for filmmakers, producers and festivals; the way he lived cinema with all his heart, intelligence and soul – you might even say, "breathlessly:" his legacy shines on as an eternal beacon for those who knew Pierre and who, now that he is gone, feel a little lonelier in the vast ocean that has become today's world of motion pictures.

Carlo Chatrian
Artistic Director of the Berlinale

L'expression du visage est sérieuse. Les yeux, deux fentes qui lui permettent de percer à jour mieux que nul autre son interlocuteur. La posture est celle d'un comédien aguerri au métier, qui ne souffre pas du regard de la caméra. Pierre joue son jeu, en sachant que l'objectif est là, pour lui. La photographie offre à la vue des noms et des visages connus (Auteuil, Tarantino…) mais ne donne pas à voir ceux sur lesquels le regard de Pierre se pose. Comme dans la vie. À côté de ses grands amis – Clint Eastwood, et puis Jane Campion, Quentin Tarantino, Lee Chang-dong –, il y avait toujours un jeune cinéaste à suivre, dont lui seul connaissait le nom.
Que ce soit avec un artiste confirmé ou avec un débutant, Pierre était dans la frontalité, dans un échange qui se voulait direct. Dans le monde du cinéma où le camouflage, la périphrase, l'ironie dominent, il a toujours dit les choses telles qu'elles étaient – du moins pour lui. Preminger est beaucoup mieux que Hitchcock. Et *Laura* mille fois plus fort que *Psychose*. C'était à prendre ou à laisser.
J'ai eu le plaisir de rencontrer Pierre Rissient alors qu'il était déjà une légende. Il me parlait de Fritz Lang comme moi je parlais de mon voisin. Il était pour moi – et pour beaucoup de notre génération – le pont entre ce Cinéma que l'on regarde de loin et qui nous fait rêver, et le cinéma d'aujourd'hui, qui se fait au jour le jour, et pour lequel il faut se battre. Pierre n'était pas un critique, plutôt un compagnon de voyage.
On s'est croisés aux quatre coins du monde : à Paris dans le café en bas de chez lui, à Locarno dans la cour de la Sopracenerina, dans un restaurant à Alba en Italie, à Cannes un peu partout, dans un hôtel à Pusan en Corée du Sud, ou dans une villa à Los Angeles. Il avait toujours beaucoup de questions et il dispensait des conseils qui se sont souvent révélés précieux. Pierre était grand et généreux. Colérique mais aimable. Il avait un savoir et une mémoire prodigieuse, mais ce qui m'a toujours fasciné c'était sa curiosité inépuisable. Le plaisir de la découverte ne l'a jamais quitté.
Sur cette photo, avec la lumière qui dessine une auréole au-dessus de sa tête, avec le verre de vin et une fourchette, qui nous rappelle que Pierre aimait le cinéma autant que la bonne cuisine, je ne peux pas m'empêcher de déceler un sourire caché derrière ses lèvres bien serrées. À 80 ans, Pierre n'avait pas perdu le plaisir de s'amuser et de faire rire les autres. Le jeu a marqué une partie essentielle dans sa vie, c'est pour cela qu'on l'aimait, même quand sa passion dépassait les bornes.
Cet amour fou pour le cinéma et pour les personnes qui le font naître et vivre… Ce soutien inconditionnel aux cinéastes, aux producteurs, aux festivals… Cette façon de vivre le cinéma, avec tout son cœur, toute son intelligence et tout son esprit, « à bout de souffle » – on pourrait dire – reste comme un phare pour ceux qui ont connu Pierre. Et qui, sans lui, se sentent un peu plus seuls dans le vaste océan qu'est devenu le monde de l'image en mouvement aujourd'hui.

Carlo Chatrian
Directeur artistique de La Berlinale

Man of cinema – Lyon, France 2013

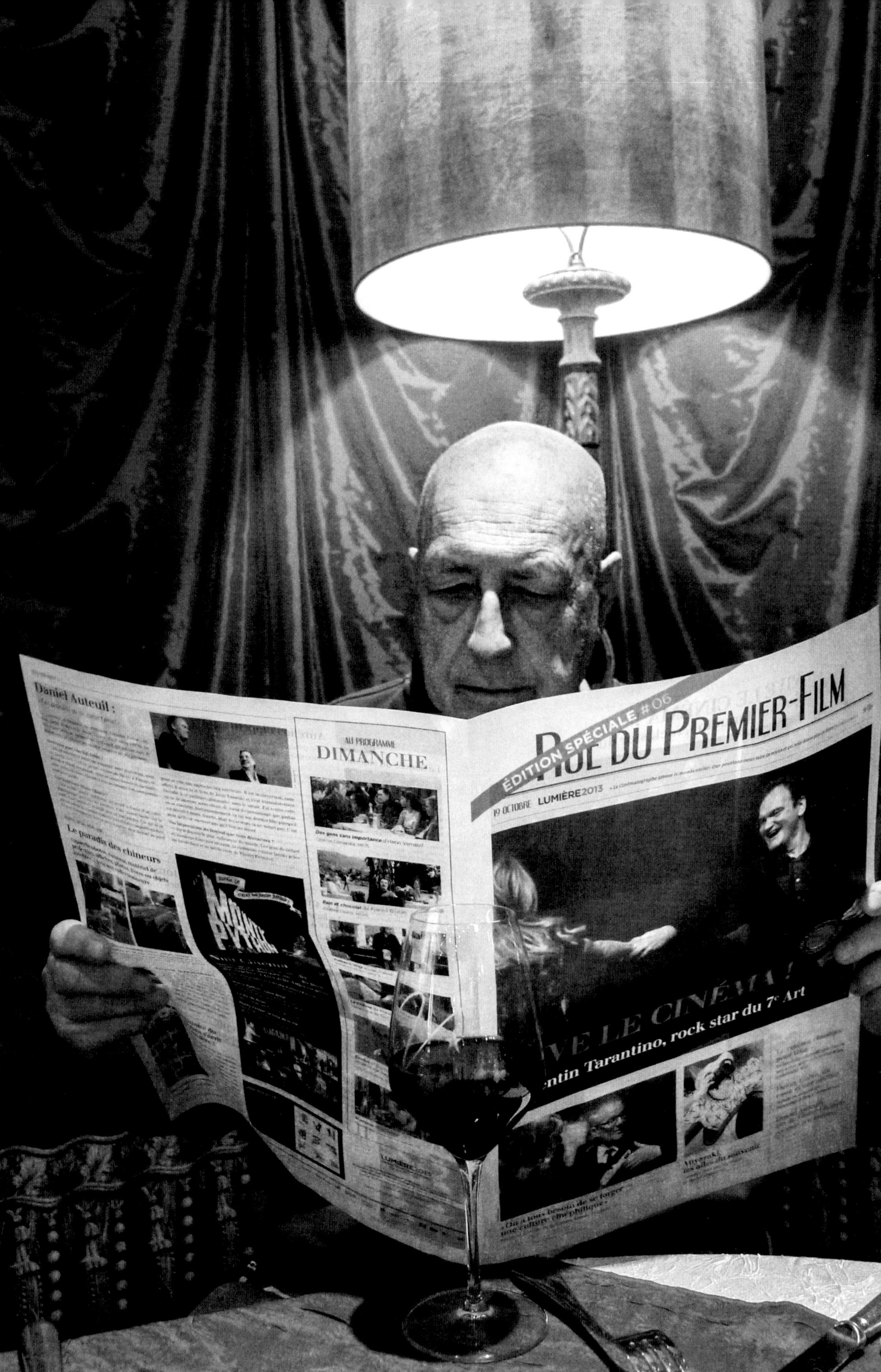

Daniel Auteuil :
AU PROGRAMME
DIMANCHE
Le paradis des chineurs
ÉDITION SPÉCIALE # 06
DU PREMIER-FILM
19 OCTOBRE LUMIÈRE2013
LE CINÉMA !
Tarantino, rock star du 7e Art

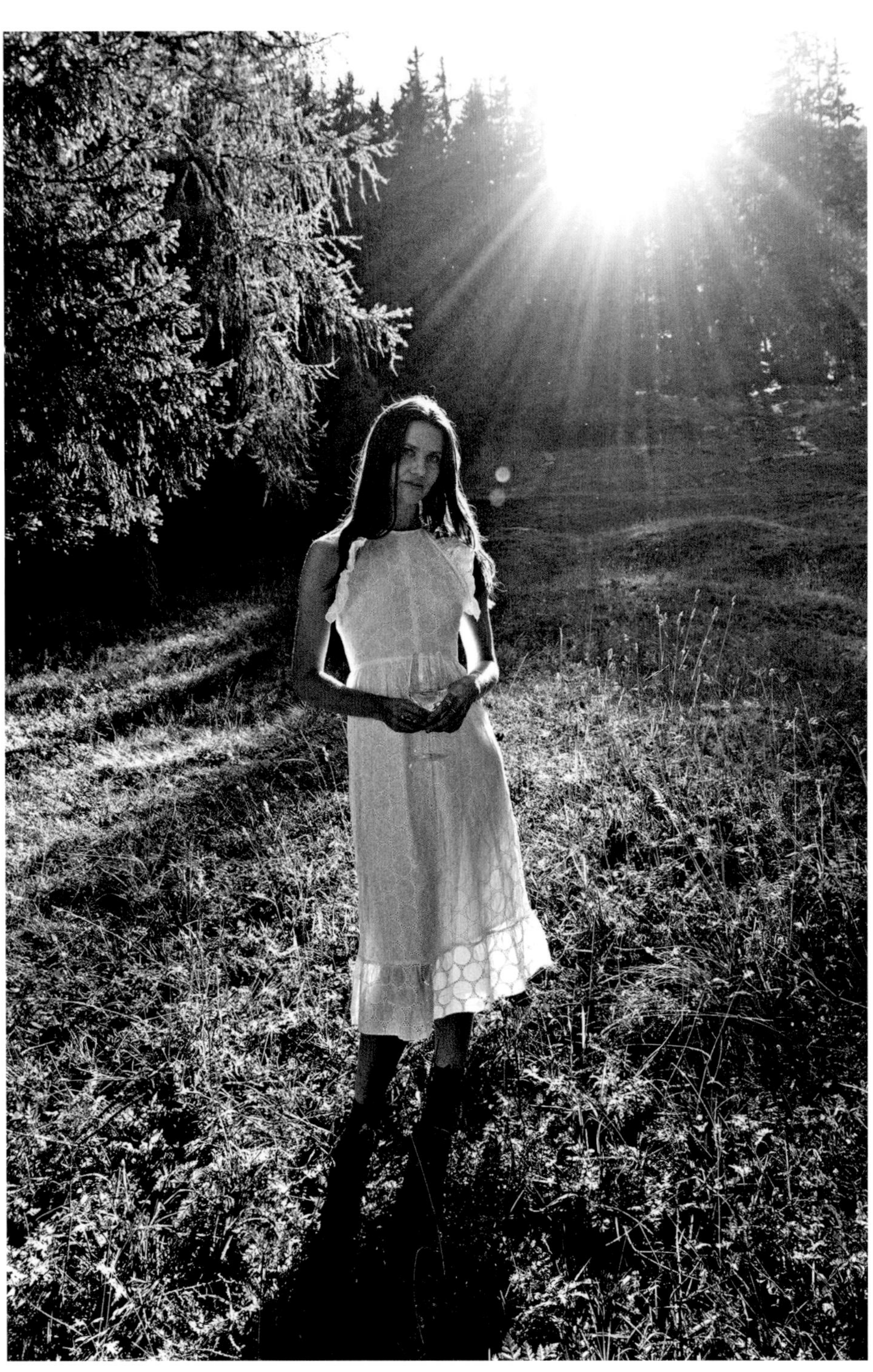

Josefin Öhrn

Singer | chanteuse – Bruson, Switzerland 2018

Karl
Odermatt

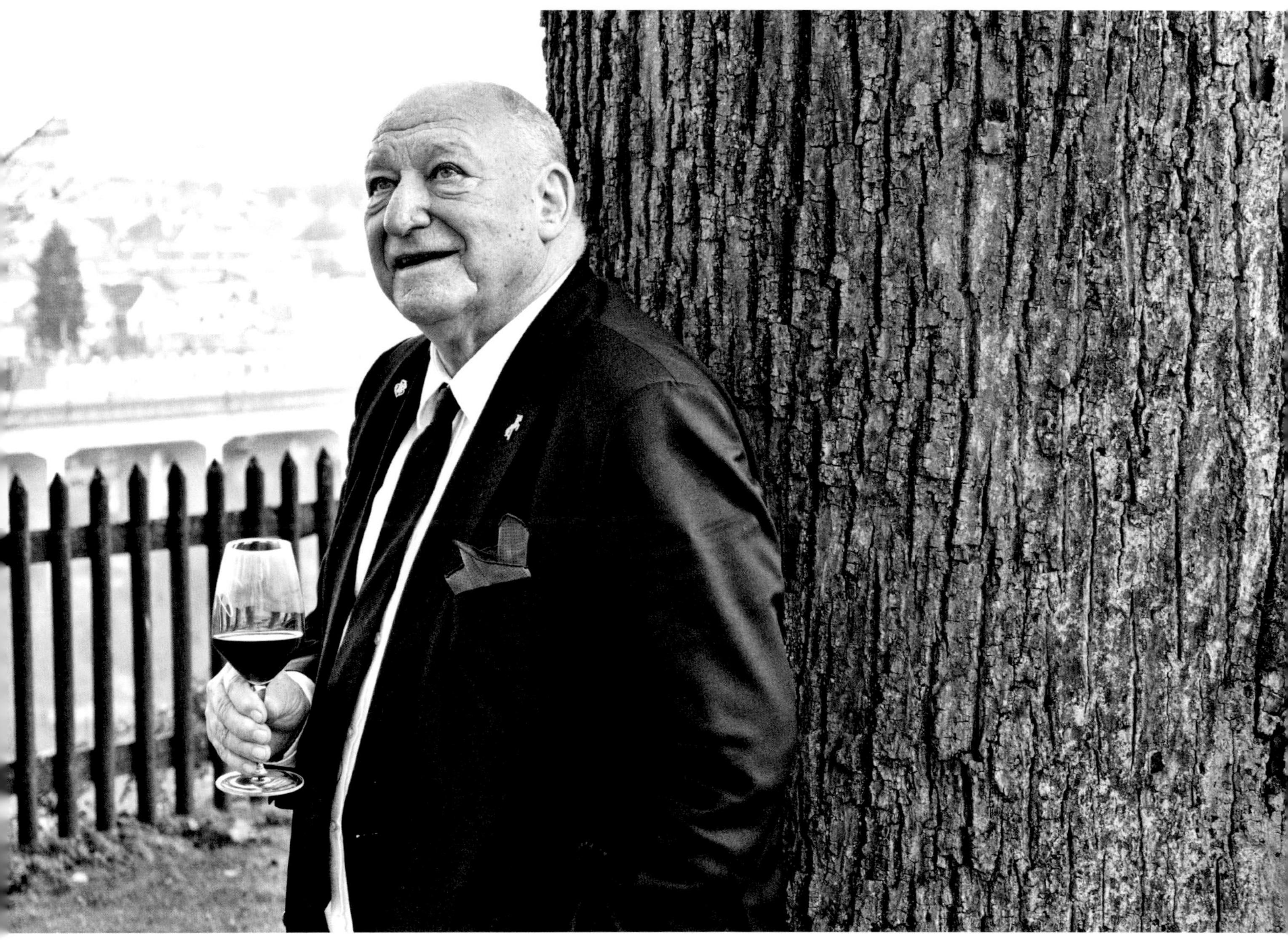

Soccer player living legend | légende vivante du football – Berne, Switzerland 2019

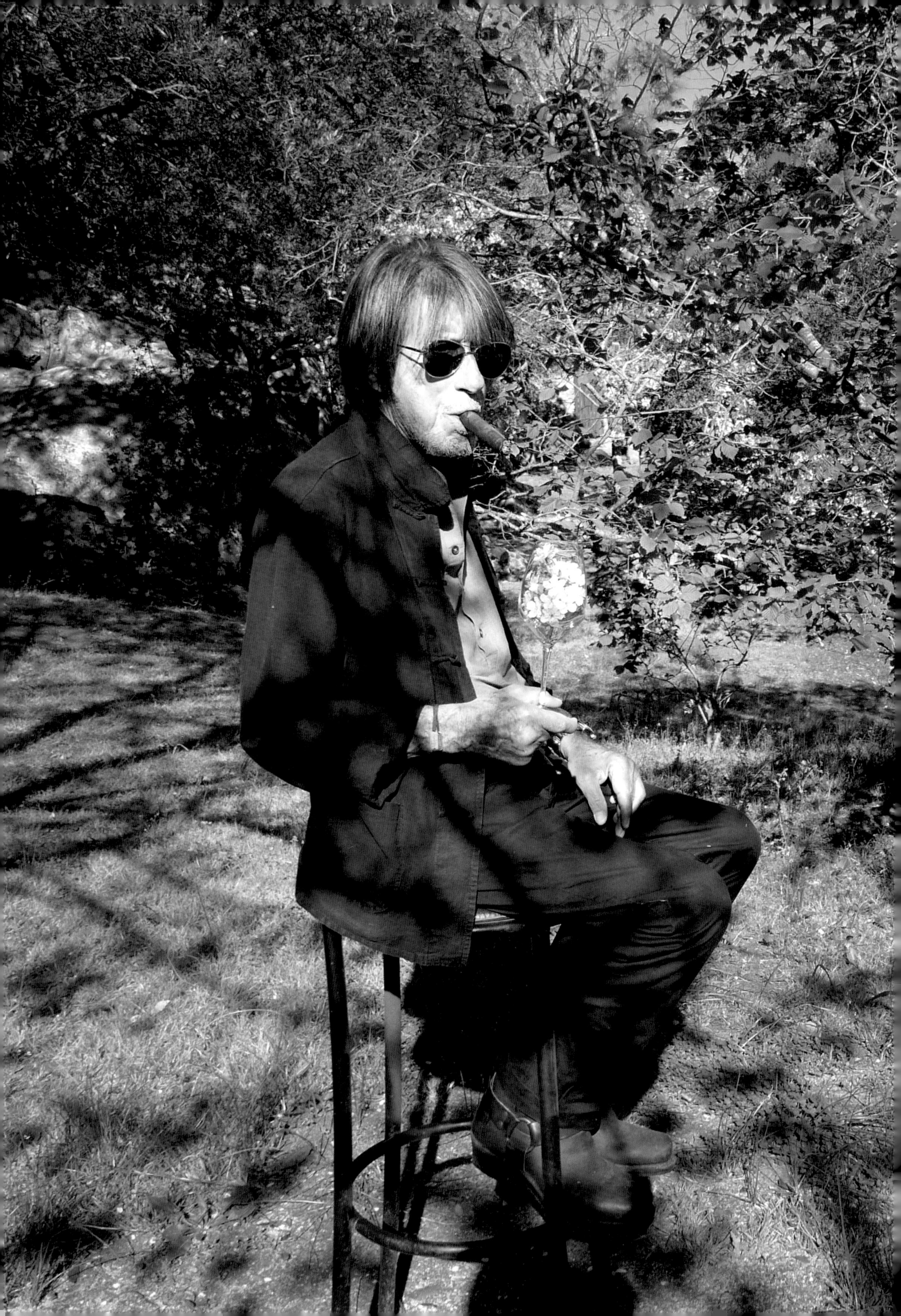

Jacques Dutronc

Actor, singer and songwriter | acteur, chanteur et compositeur – Monticello, Corsica 2017

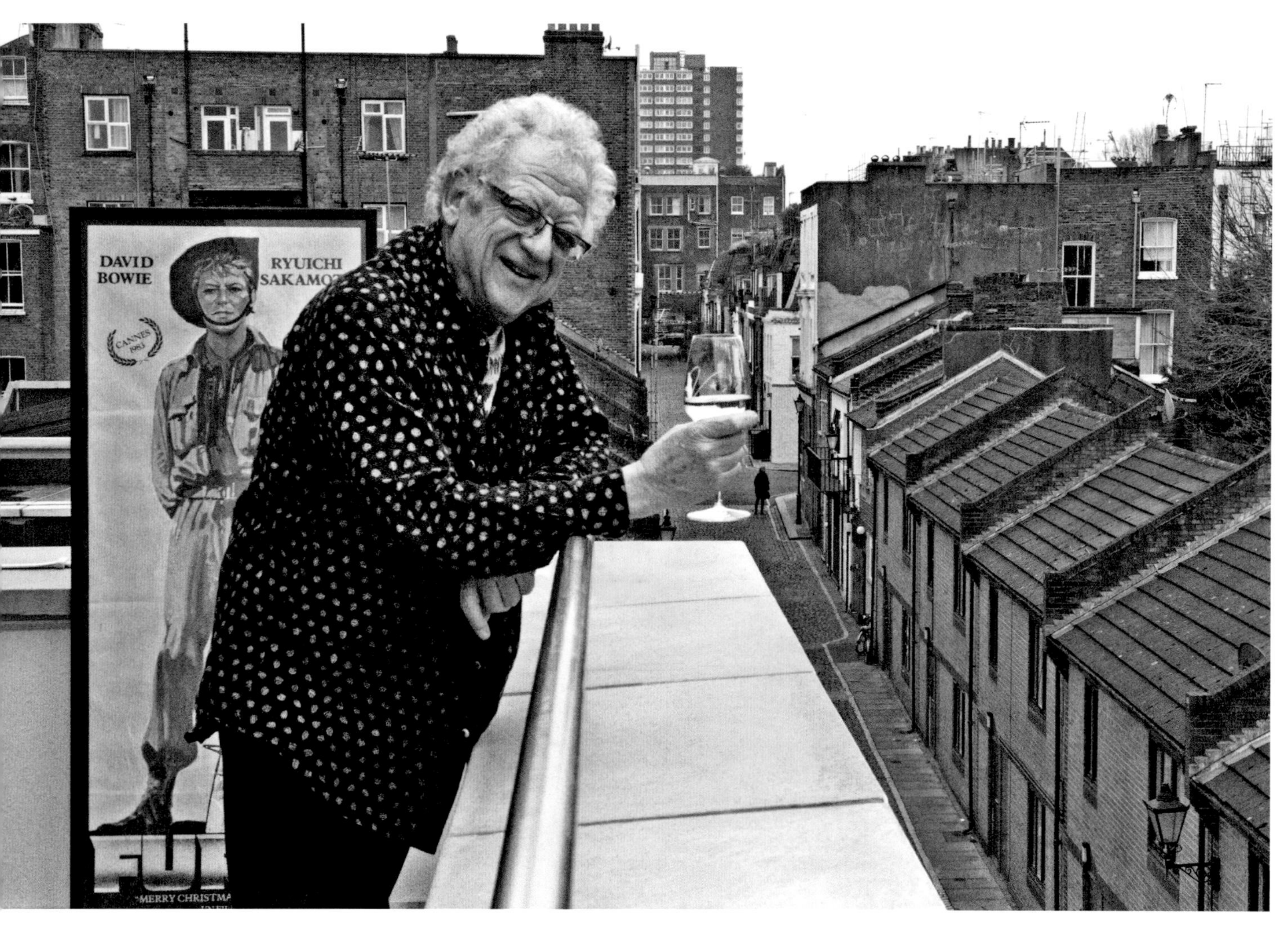

**Jeremy
Thomas**

Film producer | producteur de films – London, UK 2019

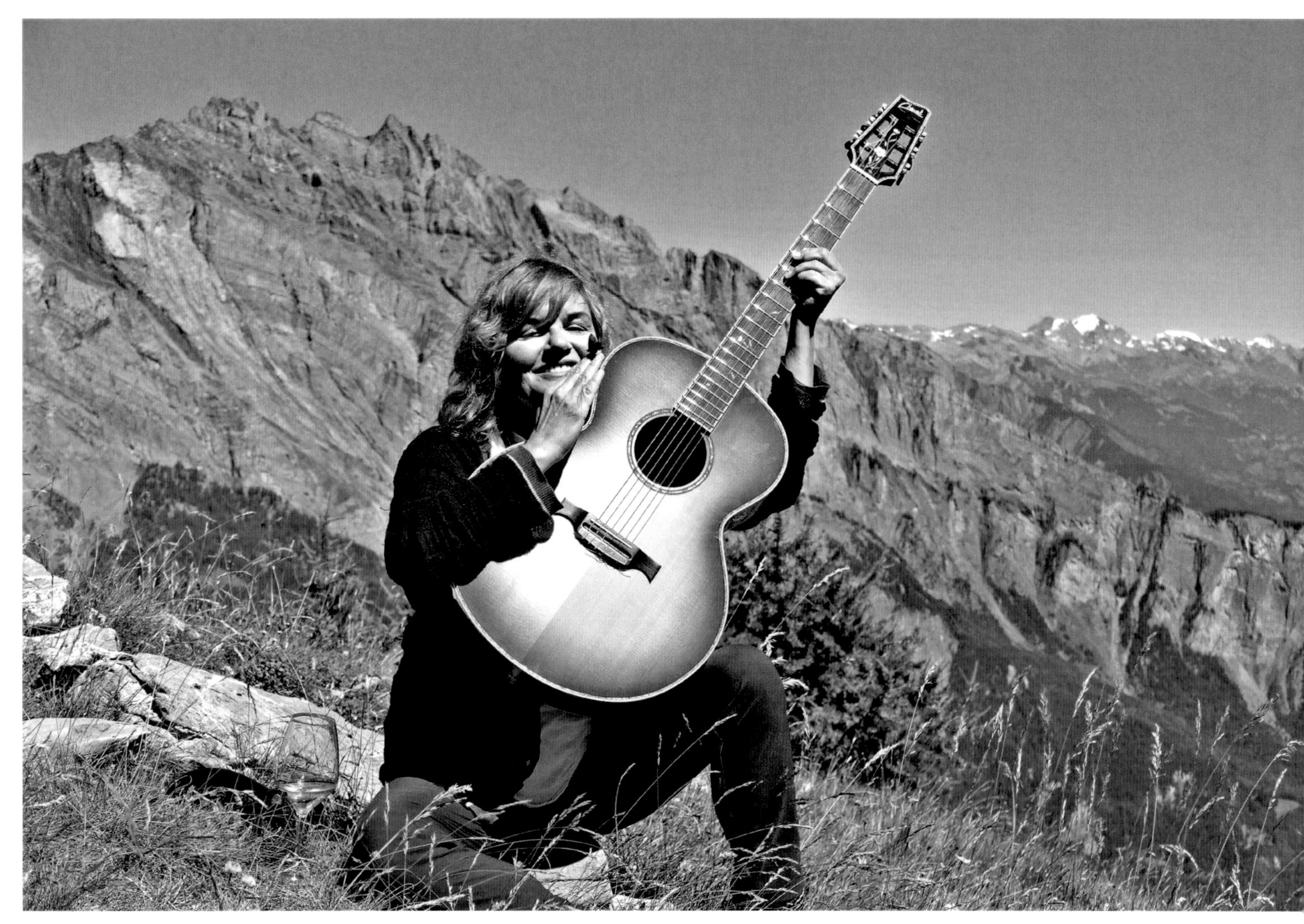

Singer and songwriter | auteure, compositrice et interprète – Ovronnaz, Switzerland 2016

Diane Tell

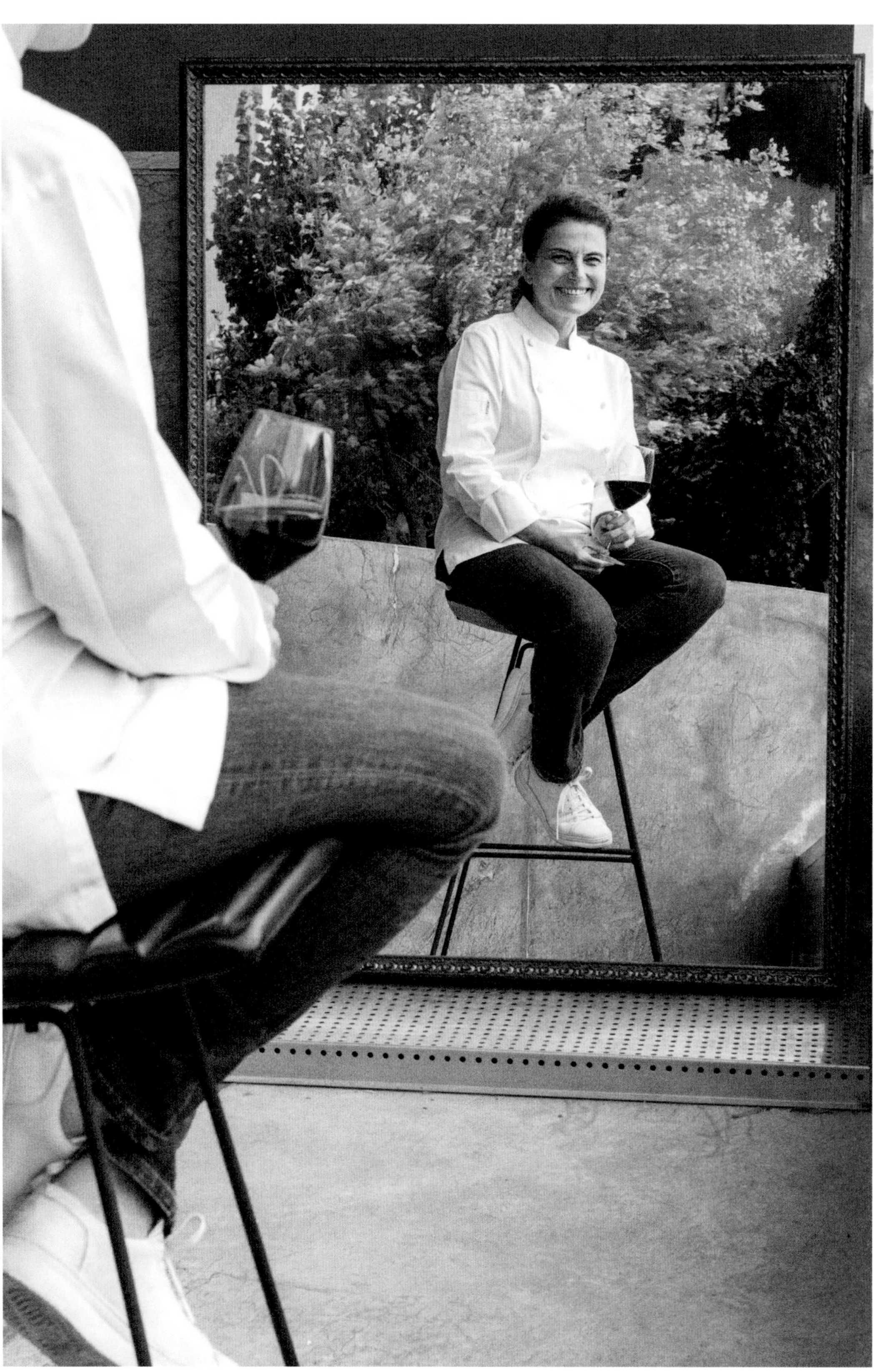

Cheffe
Aylin
Yazıcıoğlu

Istanbul, Turkey 2020

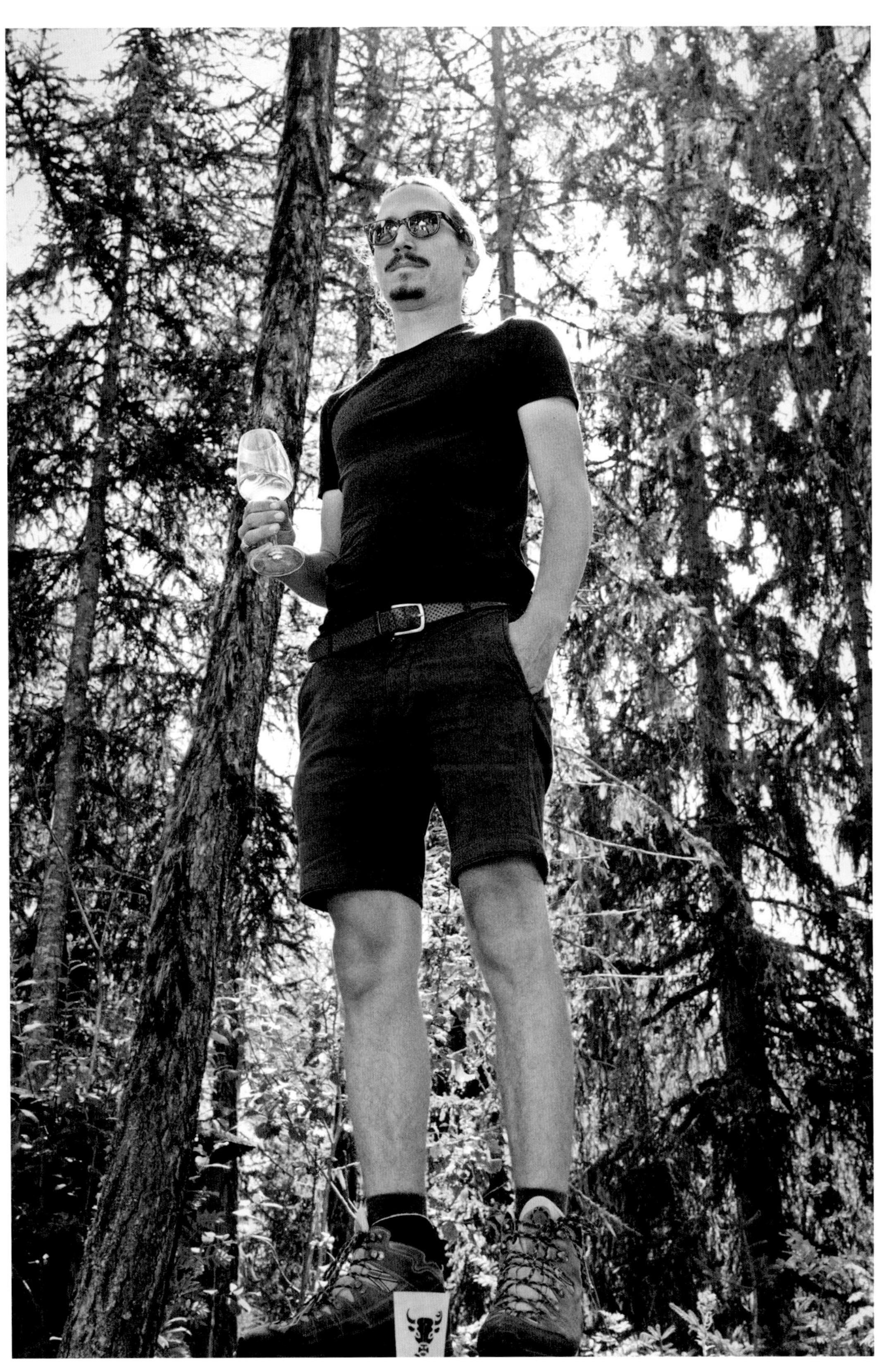

Director of the Palp Festival | directeur du Palp Festival – Bruson, Switzerland 2018

Sébastien
Olesen

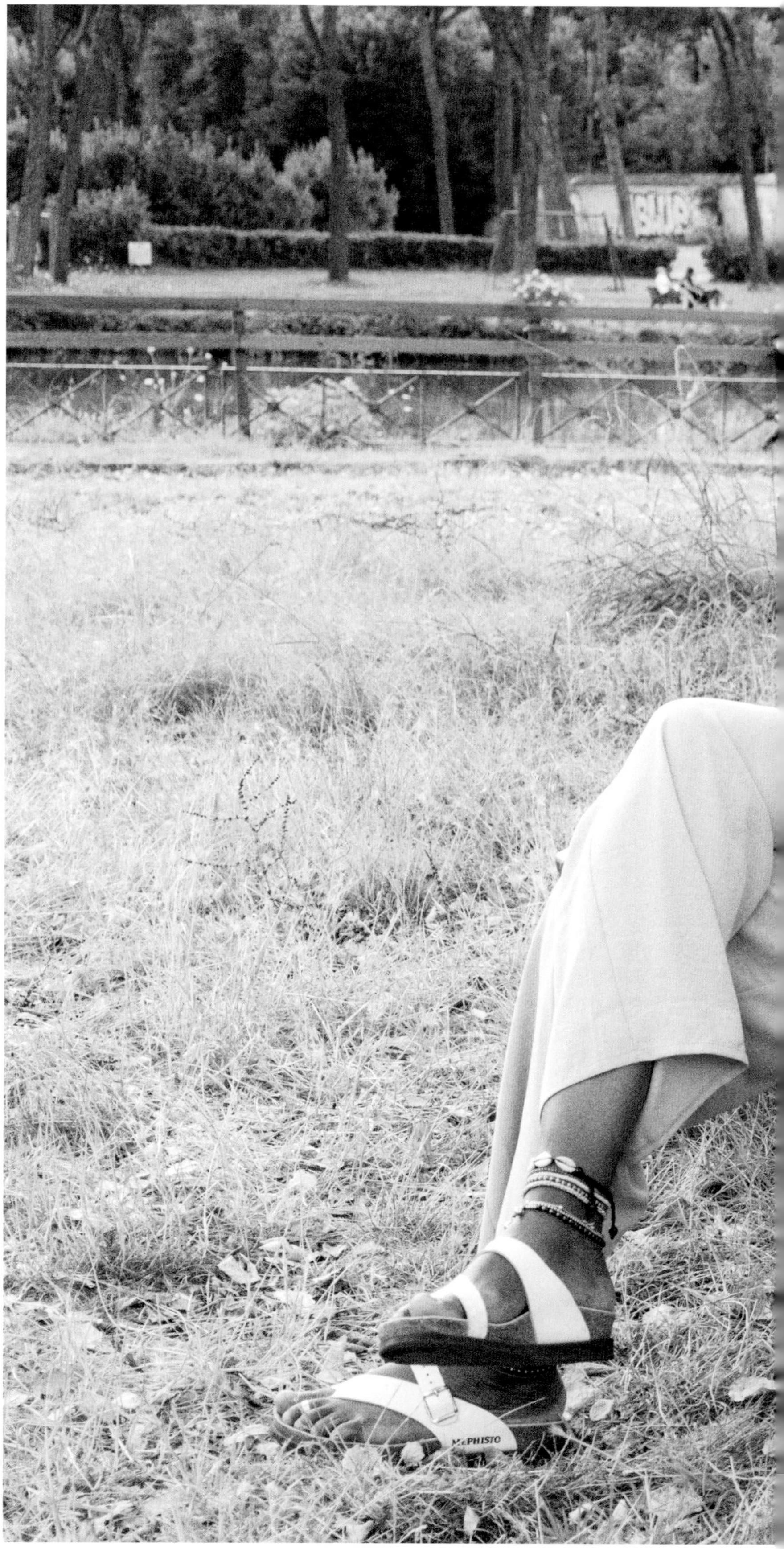

Fatoumata Diawara

Singer, songwriter and actress |
auteure, compositrice, interprète et actrice – Rome, Italy 2021

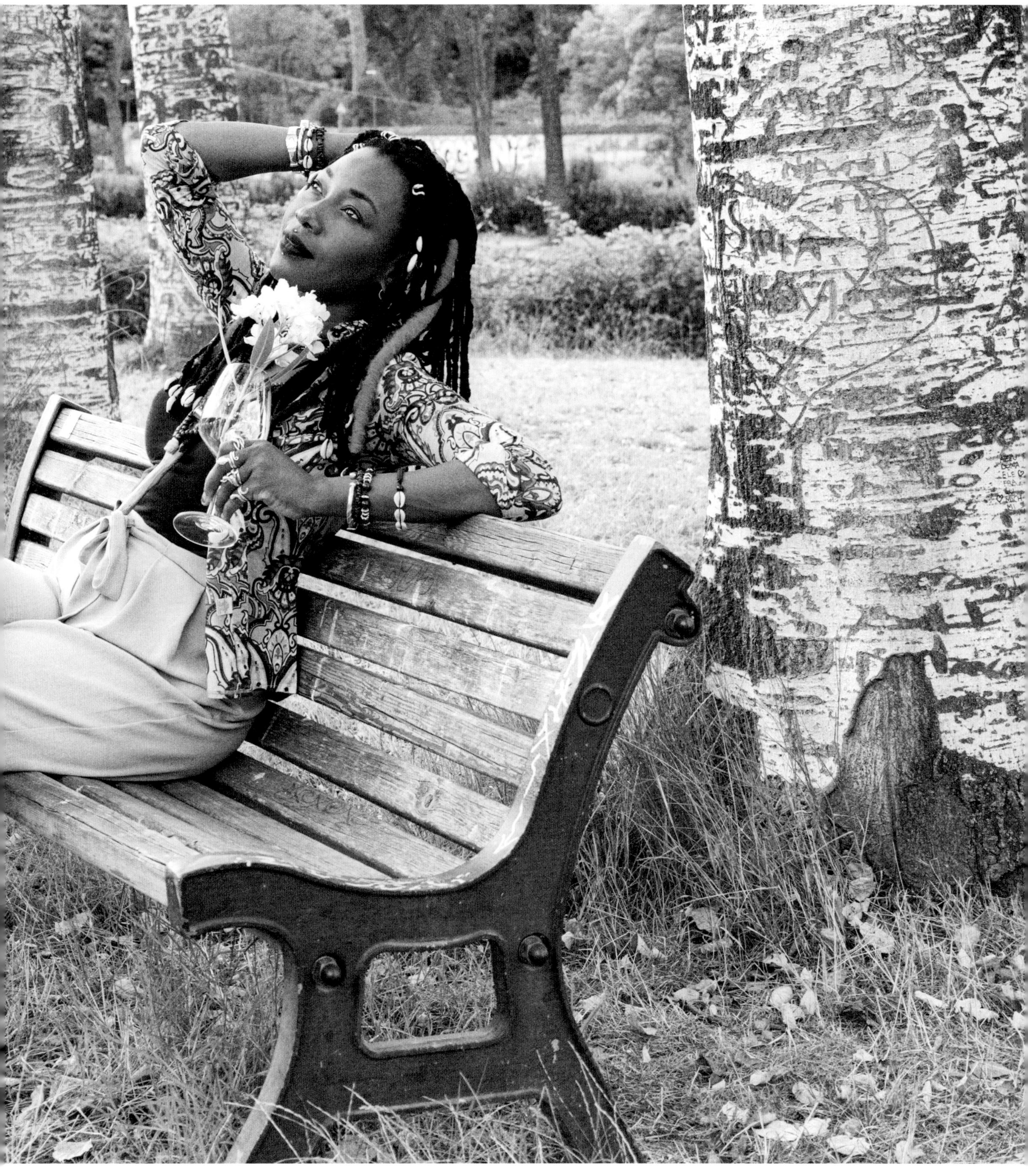

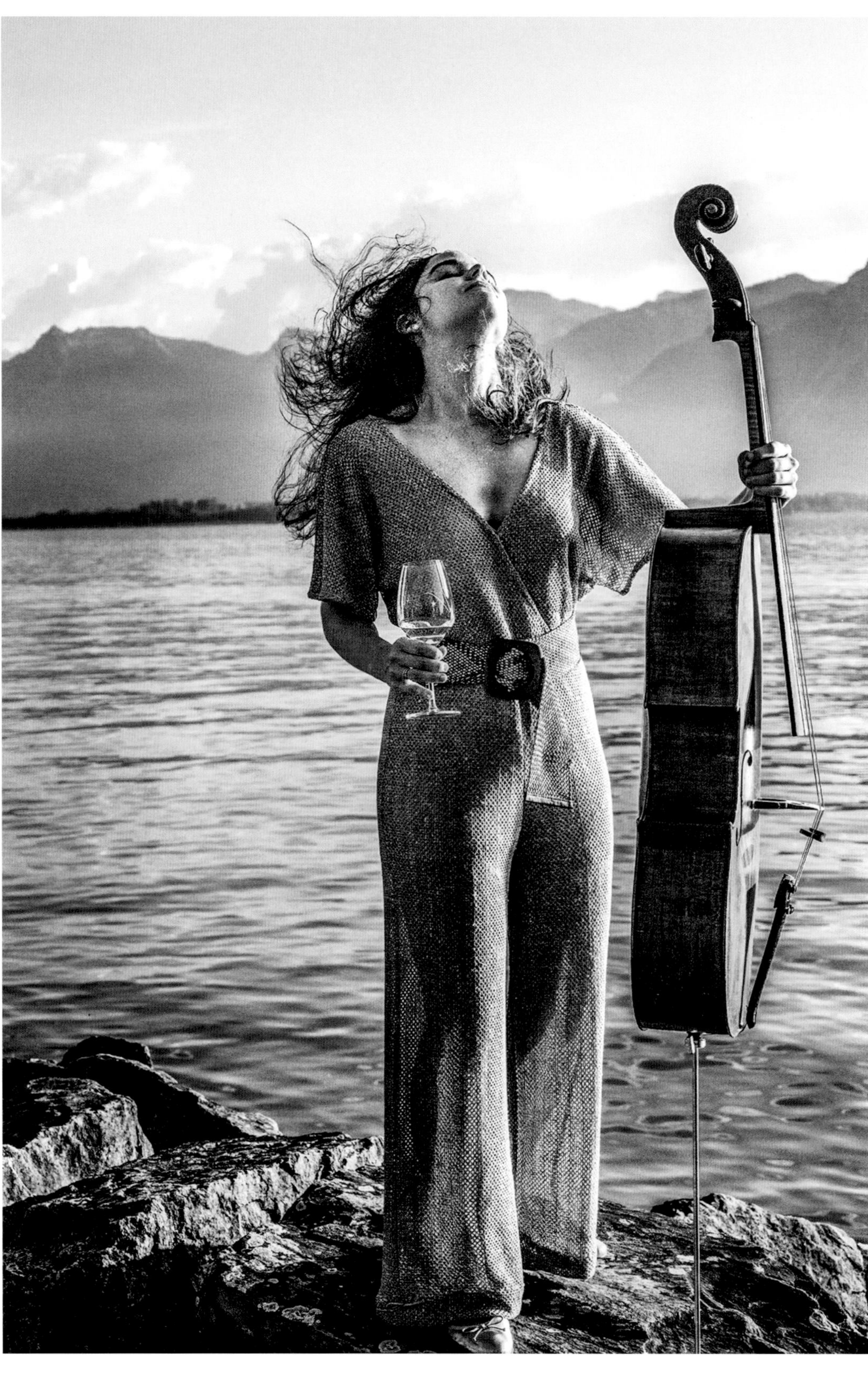

Estelle Revaz

Cellist | violoncelliste – Montreux, Switzerland 2020

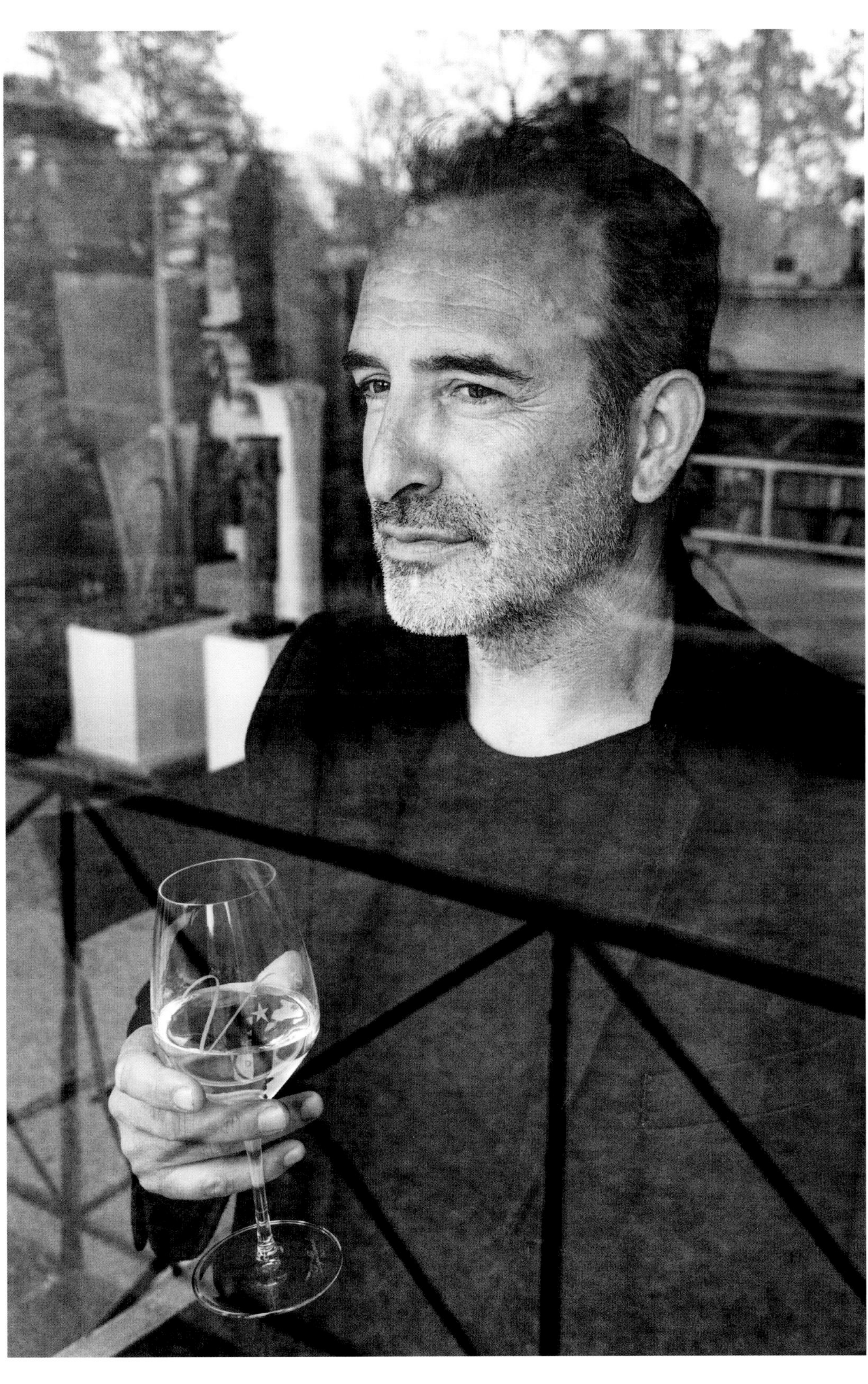

Actor | acteur – Lausanne, Switzerland 2021

Jean
Dujardin

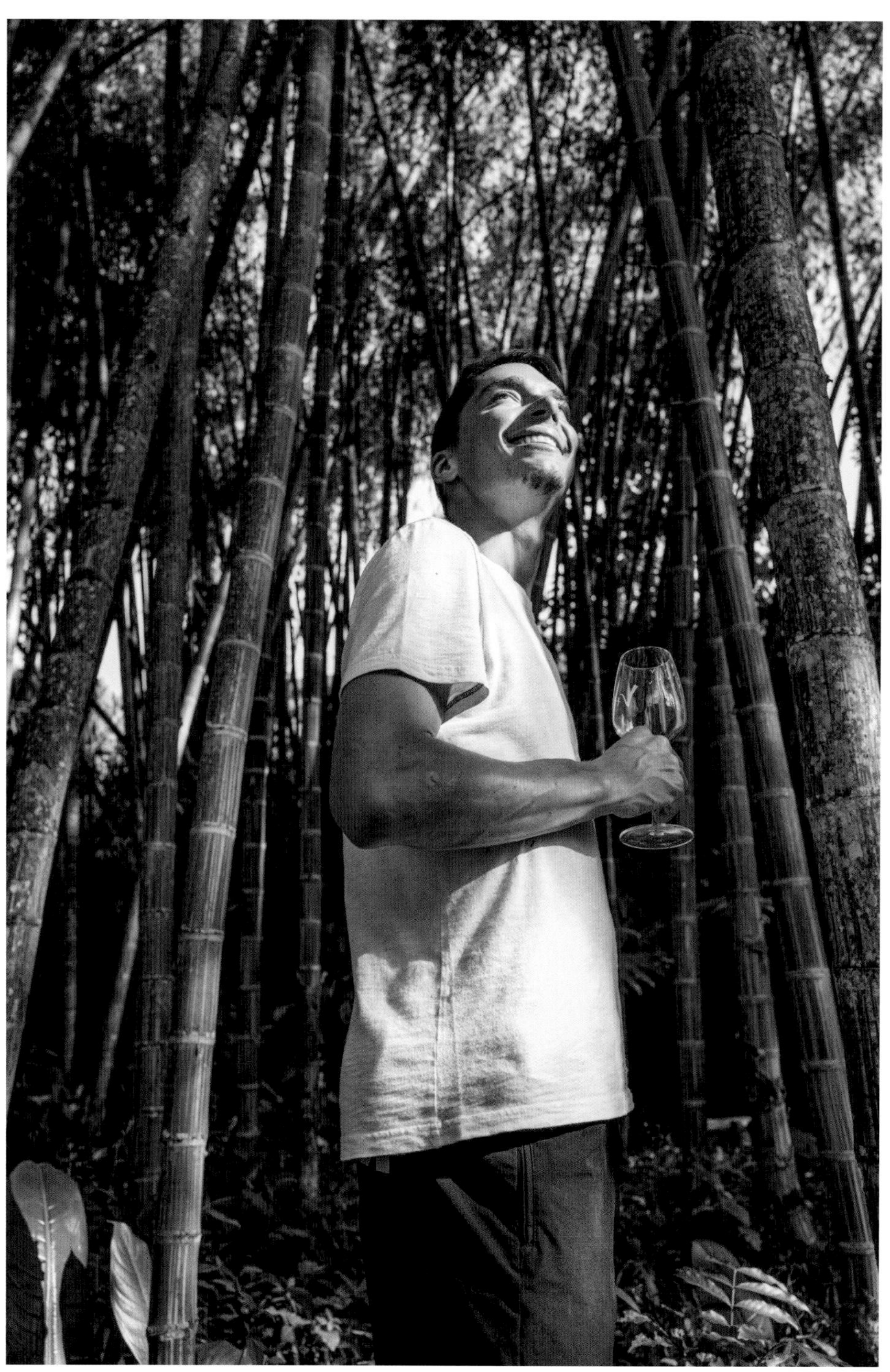

Simon Pellaud

Cyclist and godfather of the Moi pour Toit Foundation |
cycliste et parrain de la Fondation Moi pour Toit – Pereira, Colombia 2021

Composer and photographer | compositeur et photographe – La Fouly, Switzerland 2021

Pascal Dusapin

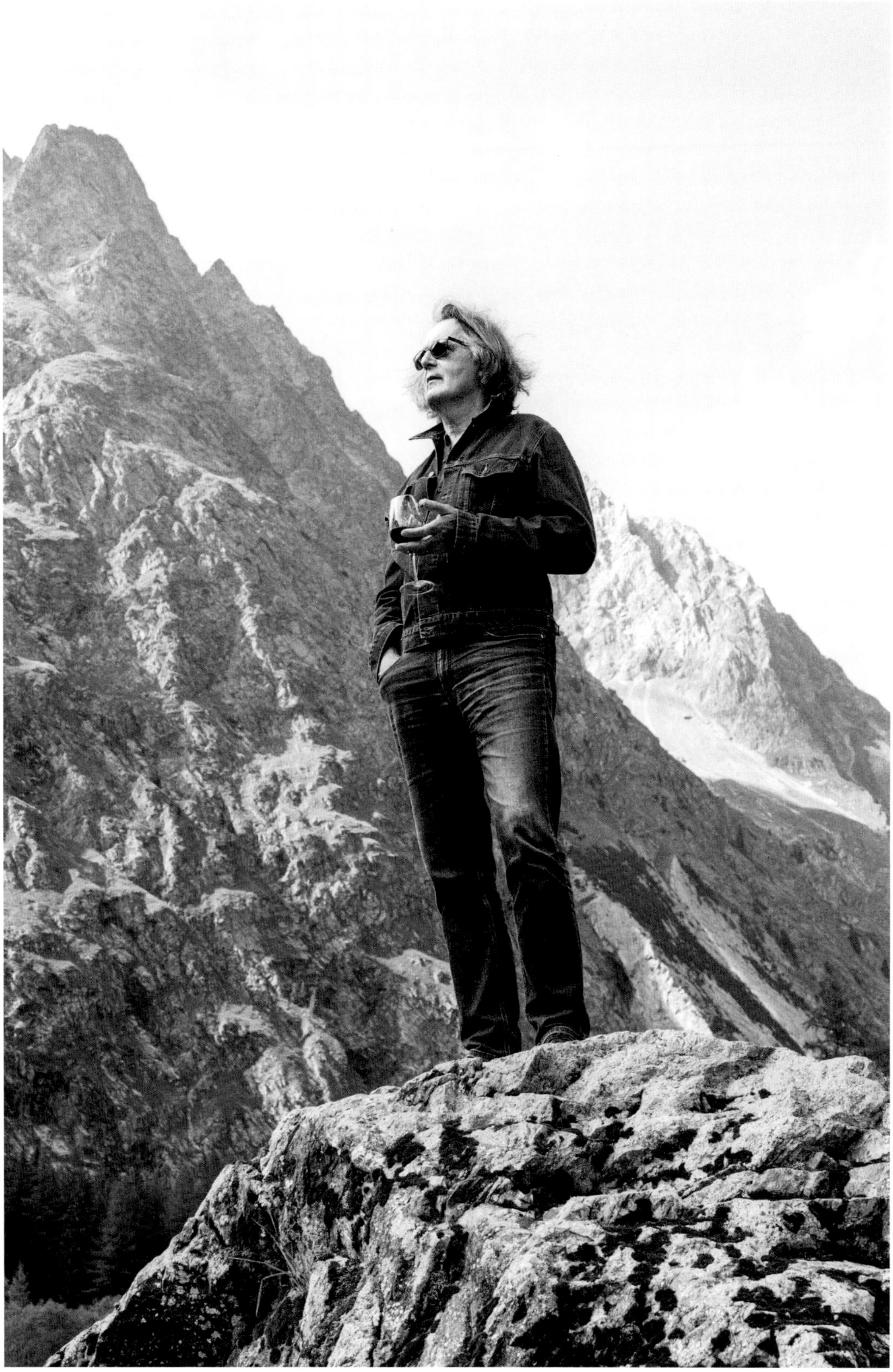

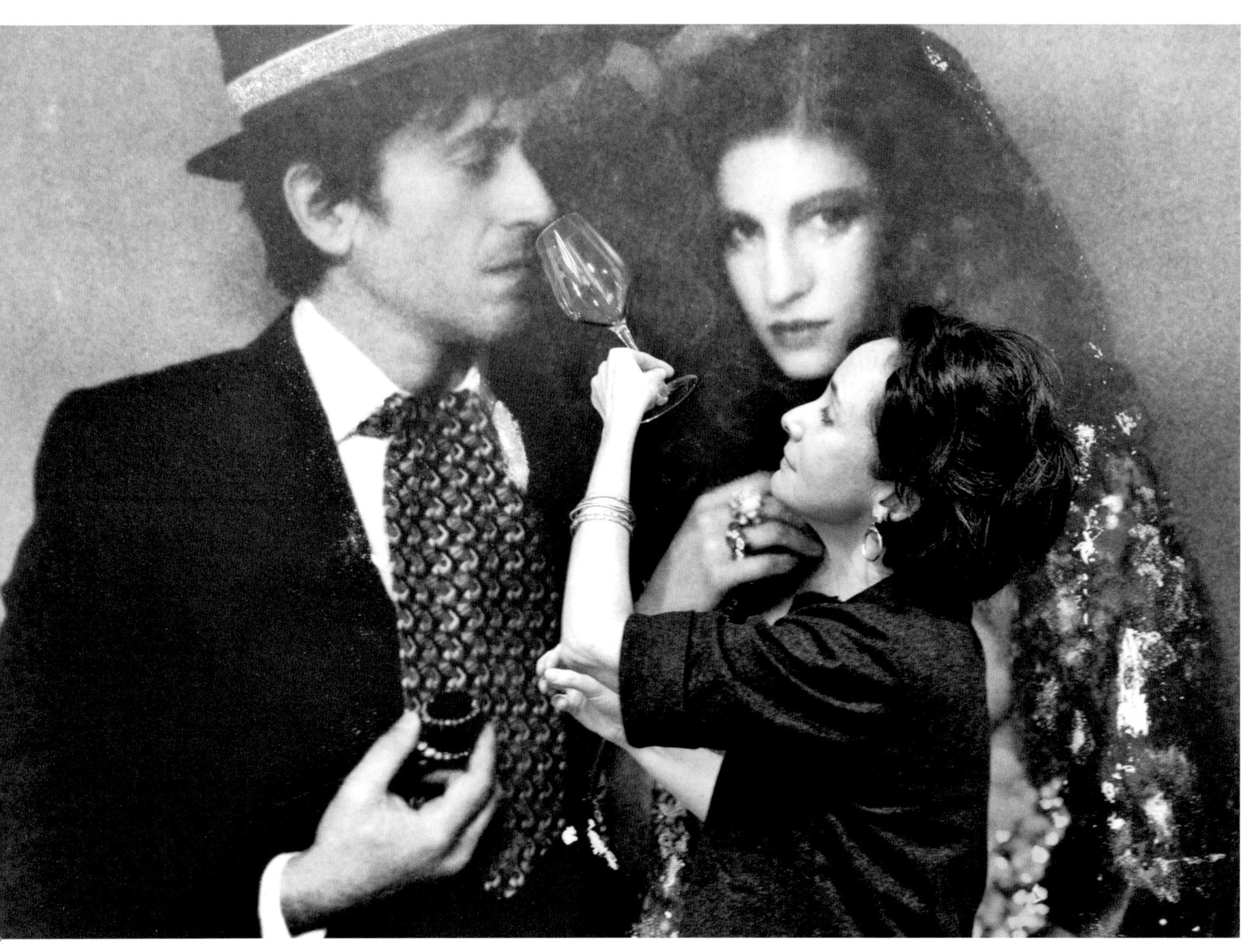

Lisa
Roze

Photographer | photographe – Paris, France 2018

Maggie Soboil

Film director and producer | réalisatrice et productrice de cinéma – Sierre, Switzerland 2019

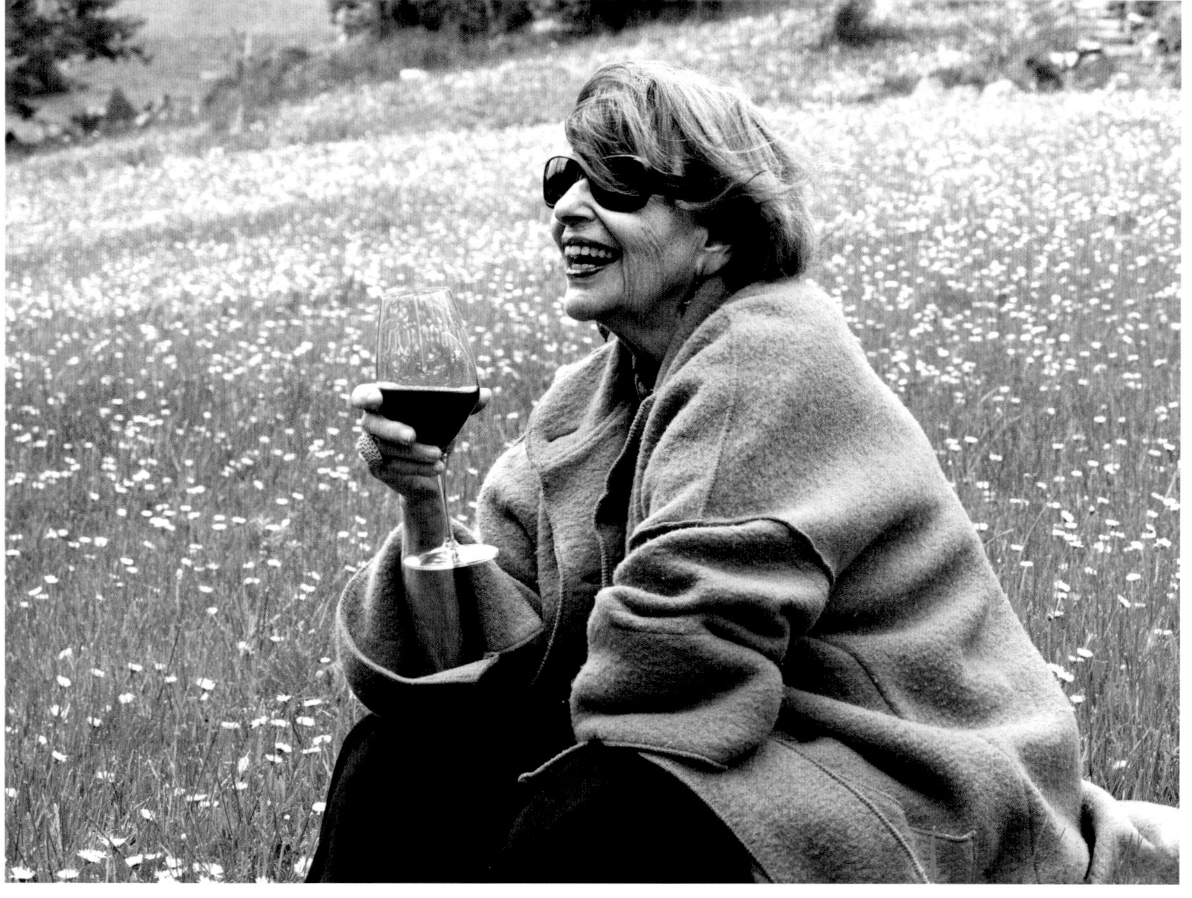

Film director and screenwriter | réalisateur de cinéma et scénariste – Paris, France 2022

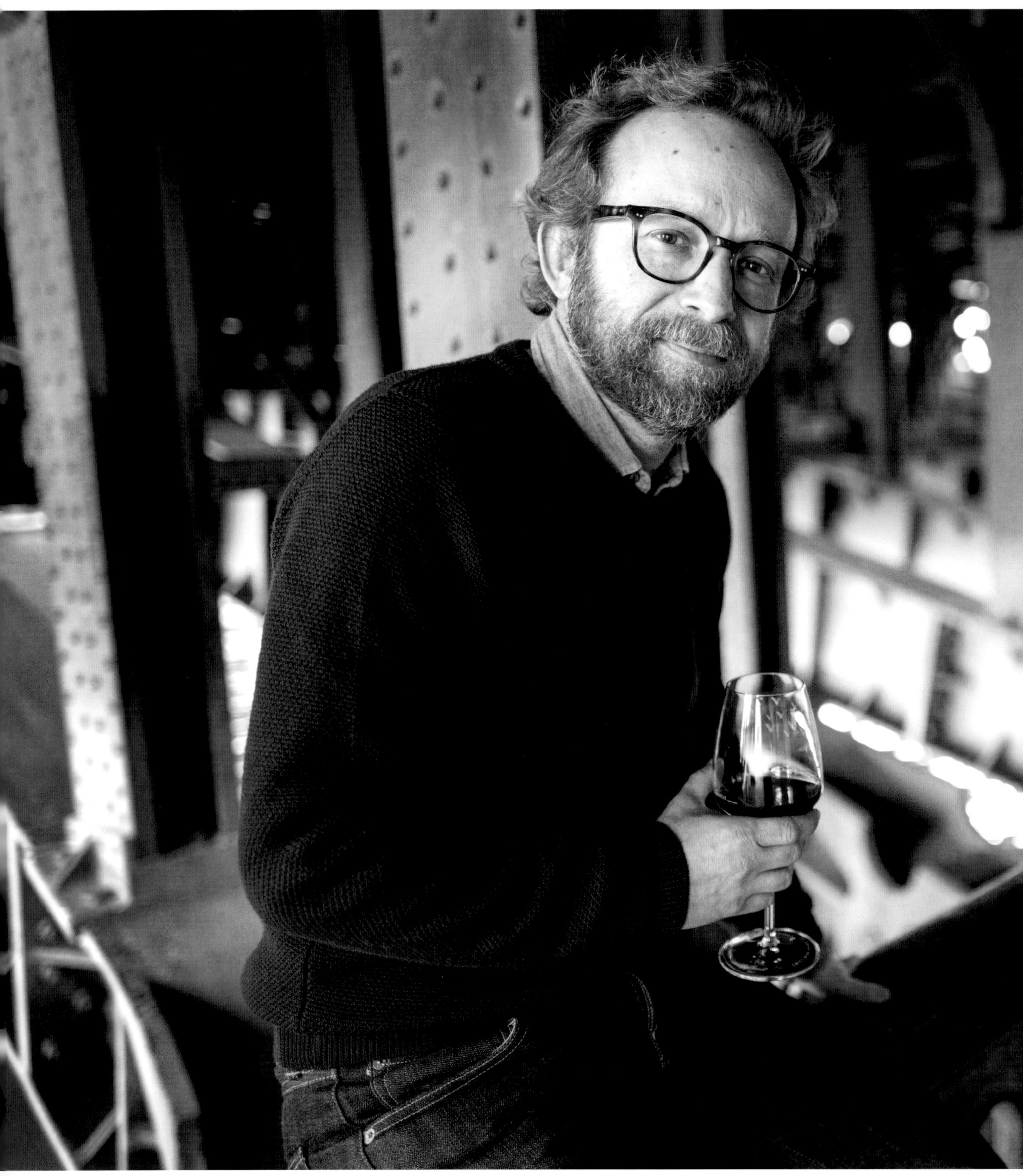

Nicolas
Pariser

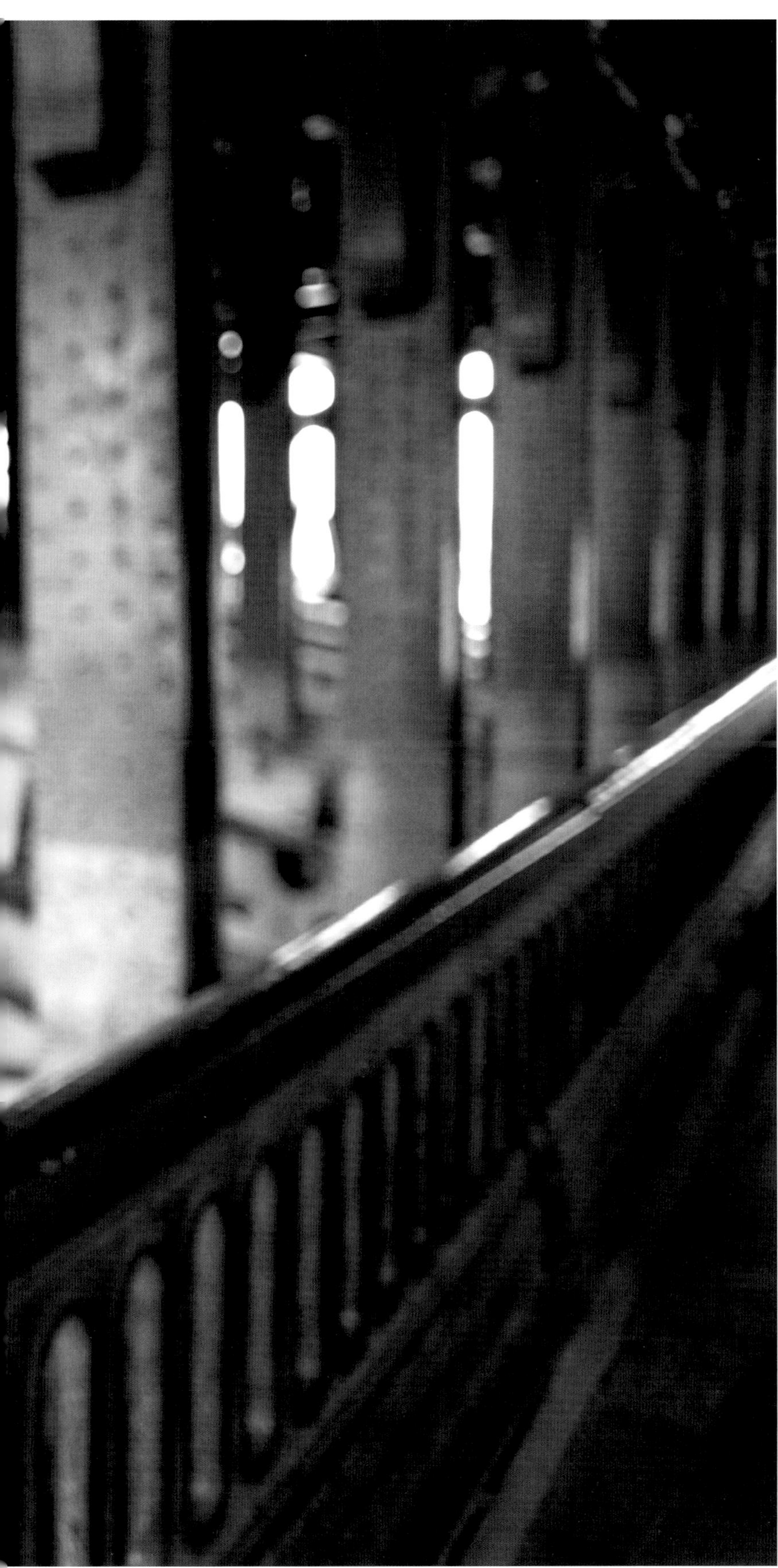

Alba
Flores

Actress | actrice – Madrid, Spain 2020

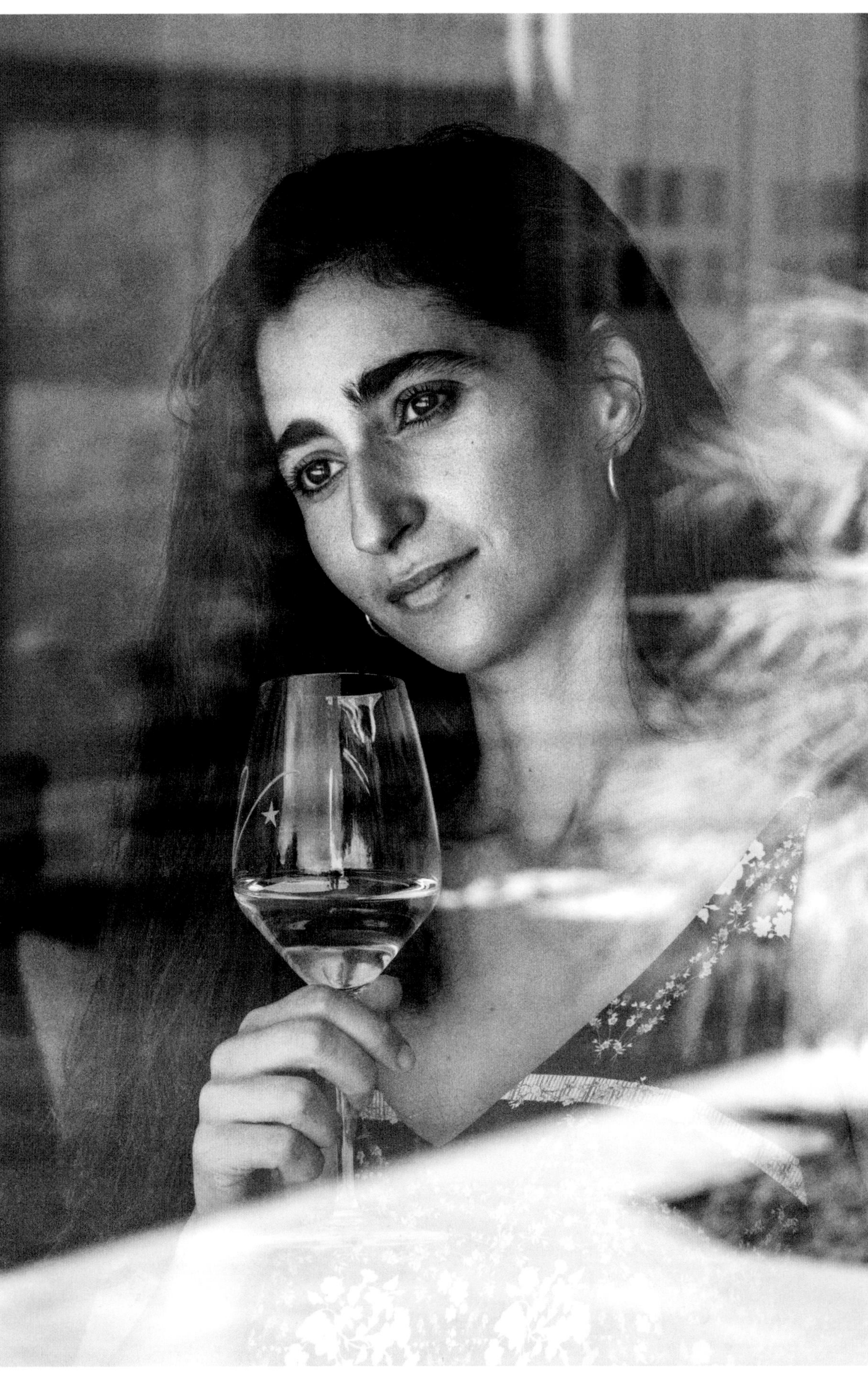

Film director and screenwriter | réalisateur de cinéma et scénariste – Paris, France 2021

Frédéric Mermoud

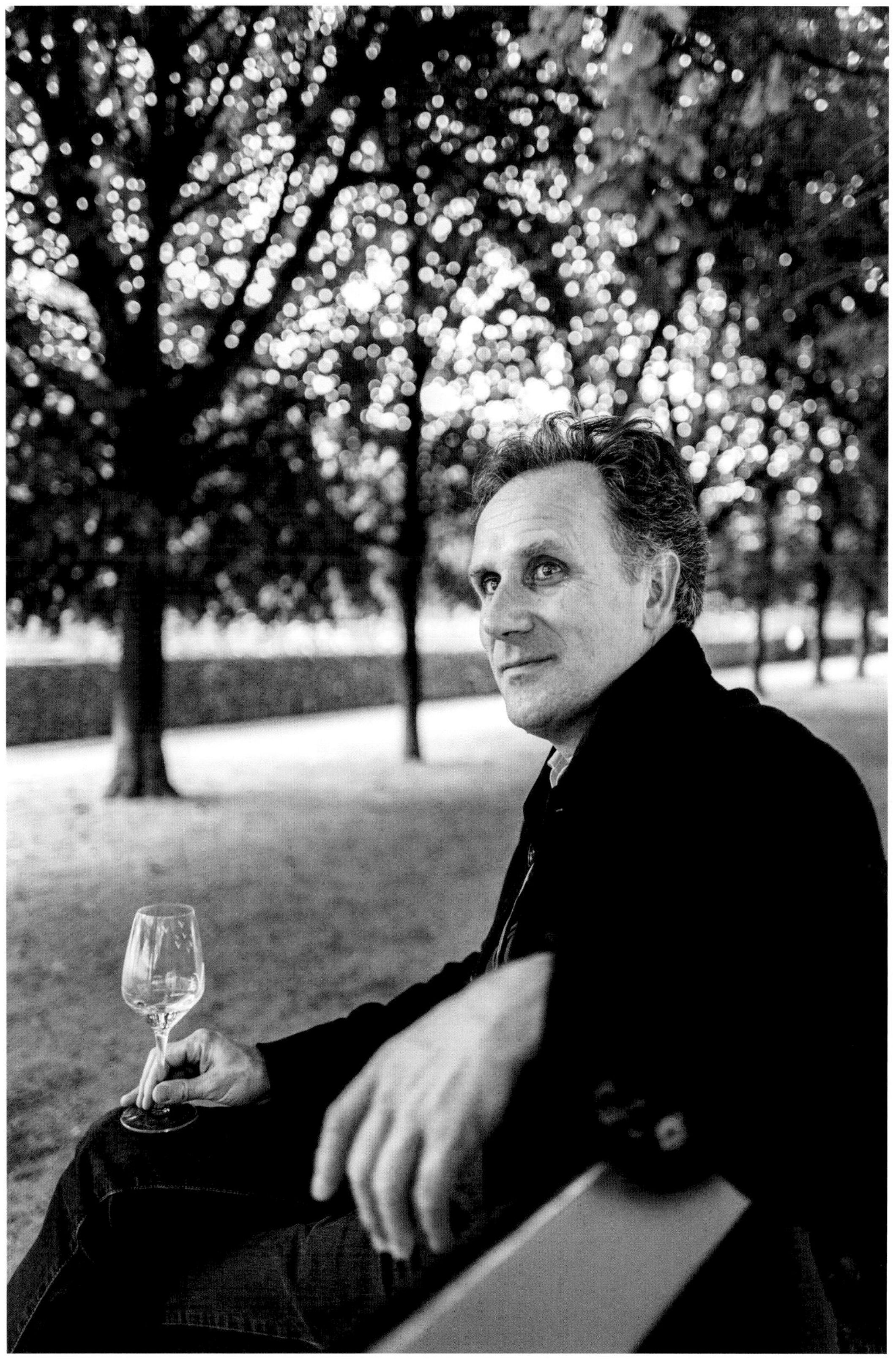

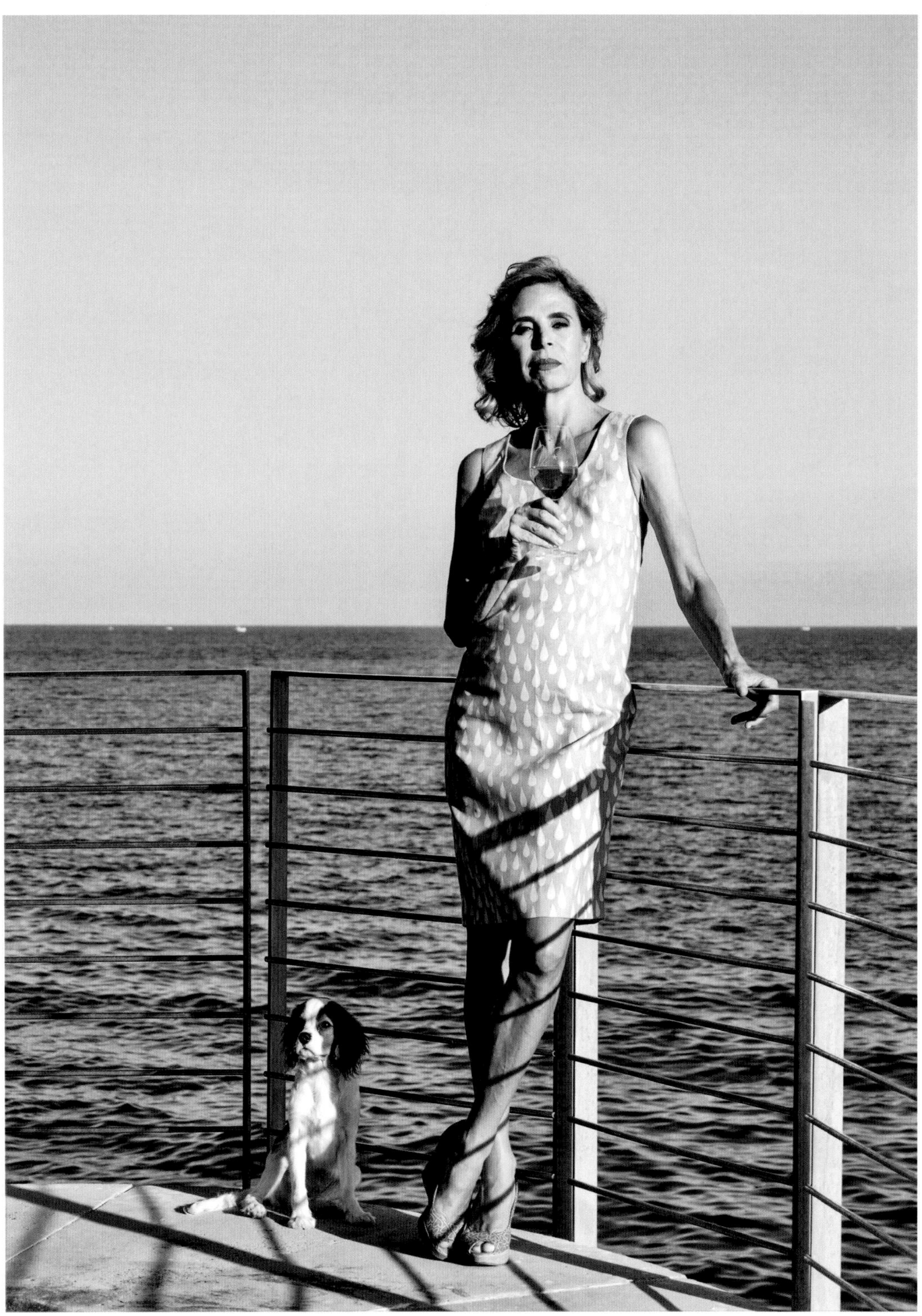

Ágatha
Ruiz
de la Prada

Fashion designer | styliste – Island of Majorca 2018

Fashion designer | styliste – London, UK 2019

Sir Paul Smith

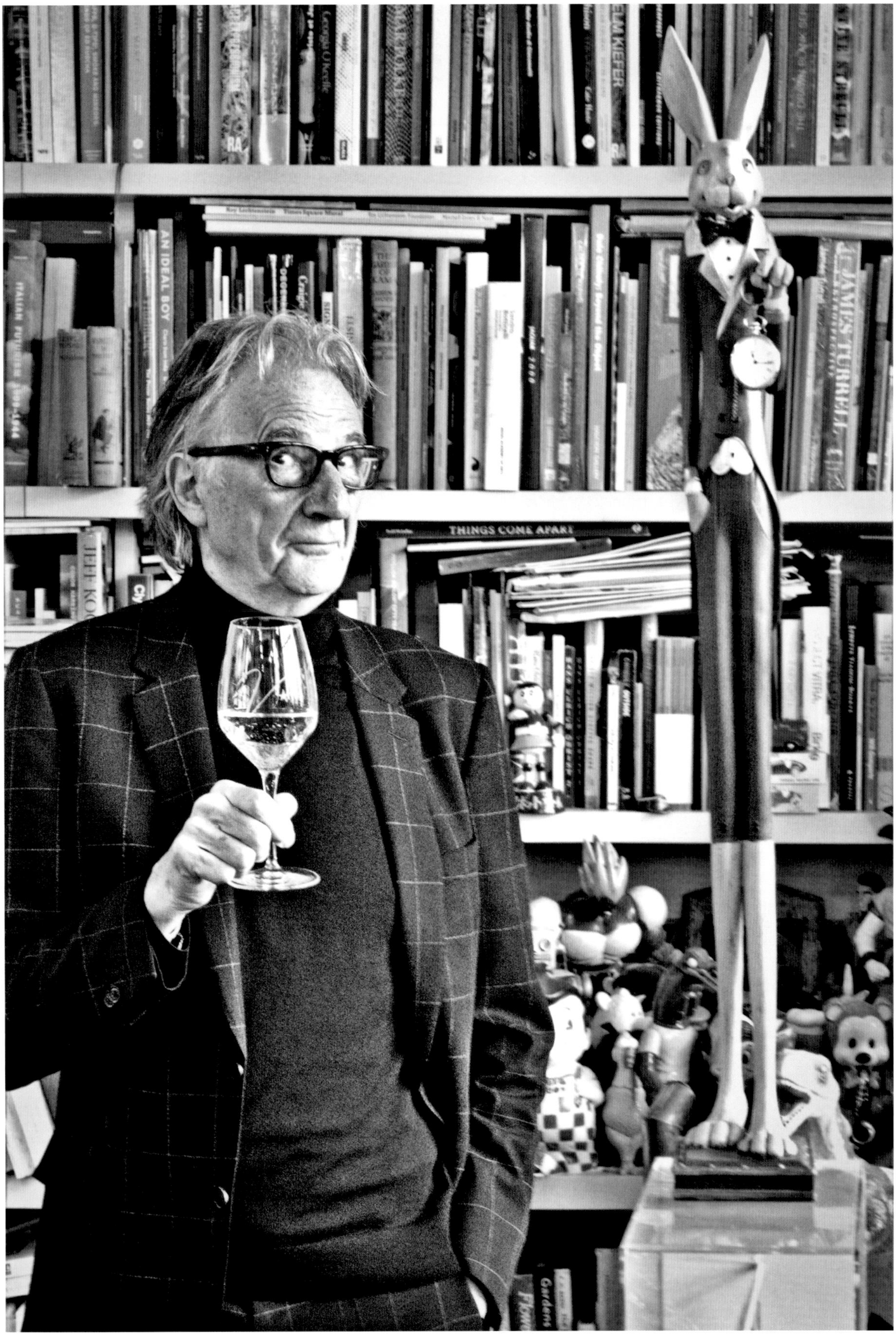

Pereira, Colombia, February 1st, 2020

It was yesterday, during a treasure hunt that the children of Moi pour Toit had prepared especially for us, that we first felt swept away by a wave of emotion.
As the children reached out to us with their little hands, they glanced up with eyes more expressive than any word in the Spanish language (which most of us don't speak). It was clear that these children wanted nothing more than to be loved.
Once this wave had rolled into our hearts, Christian Michellod – Papa Christian – brought us to meet the families who entrust their children to the Moi pour Toit Foundation. We arrived in an area known as the "invasiones," which consists of makeshift shacks mothers and fathers have built on destitute sites in impoverished conditions. These huts are considerably more spartan than the ones that stand in our gardens and vineyards. Inside, there are loose planks or simple dirt floors. The walls are often made of bamboo or of pieces of canvas found while combing through landfills.
There is not a word in any language to describe what we saw, experienced, breathed and tried to comprehend. It was a tremendous shock that cut right to the heart of a world where happiness, both great and small, is not distributed equally. As we stood in rooms where eight people shared two beds, it became abundantly clear to us that the word "privacy" isn't part of the vocabulary here. When we asked a mother how many children lived in a home shared by three families, she wasn't able to tell us. Instead, she proudly showed us her little kitchen – which consisted of a portable stove resting on a plank of wood – and then apologized for the mess.
And do you know what? We were welcomed with smiles and thanked for having made the journey by people who looked to us with infinite kindness and grace. These are treasures that will no doubt guide us in our own fortunate lives.
Once we had left, I did what I often do when I am searching for calmness and inspiration: I looked up at the stars, and towards anything that might help me find a solution, however small. Even if it were just a drop in the ocean, it would have the color of hope. When I looked back down again, my eyes met those of Papa Christian.
And there I had my answer, my hope, my example to follow!

Gérard-Philippe Mabillard

Pereira, Colombie, le 1er février, 2020

Hier, une première vague d'amour nous a emportés, au gré d'une chasse au trésor que les enfants de Moi pour Toit avaient préparée spécialement pour nous.
Que de petites mains à recevoir dans les nôtres ! Que de regards qui valent mieux que des mots espagnols que la majorité d'entre nous ne connaît pas ! Que de baisers donnés sur le front de ces petits anges en vie et en quête d'Amour avec un grand A !
Puis, la vague s'étant répandue et accrochée dans nos cœurs, Christian Michellod – « Papa Christian » – nous a emmenés à la rencontre de familles qui confient leurs enfants à la Fondation Moi pour Toit. Nous arrivons dans ce que l'on appelle ici les *invasiones*, constituées de baraques improbables que des parents totalement démunis ont construites dans des sites et des conditions de misère. Des cabanes terriblement moins bien équipées que celles qui trônent dans nos jardins et nos vignobles. Par terre, des planchers branlants, des sols en terre battue. Des murs souvent faits de bambous ou de toiles trouvées ici et là, dans les entrailles d'une décharge.
Et là, les mots de toutes les langues me manquent pour vous écrire ce que nous avons vu, vécu, respiré, essayé de comprendre… Une baffe monumentale au cœur d'une humanité où les bonheurs, petits ou grands, ne sont pas équitablement partagés. Des pièces où parfois huit personnes se partagent deux lits nous ont fait définitivement comprendre que le mot « intimité » ne fait pas partie de leur vocabulaire. Nous avons demandé à une mère combien d'enfants vivaient dans un lieu partagé par trois familles. Elle était incapable de nous répondre, tout en nous montrant fièrement sa petite cuisine, faite d'une planche en bois supportant quelque chose qui ressemble à un réchaud, puis s'excusant du désordre…
Et vous savez quoi ? Nous avons reçu des sourires, des mercis d'être venus jusqu'à eux, des regards d'une tendresse et d'une beauté infinies. Autant de trésors qui nous guideront certainement dans nos vies faciles à tracer.
En ressortant de là, comme souvent lorsque je suis en quête de calme et d'inspiration, je lève les yeux vers les étoiles, ou simplement vers un je ne sais quoi qui pourrait m'aider à trouver ne serait-ce qu'une petite solution qui aurait la taille d'une goutte d'eau dans un océan… mais la couleur de l'espoir. Et lorsque mon regard revient à hauteur d'homme, je croise celui de Papa Christian. Voilà ma réponse, mon espoir et mon exemple !

Gérard-Philippe Mabillard

Founder of the Moi pour Toit Foundation |
Fondateur de la Fondation Moi pour Toit – Rhone Valley, Switzerland 2021

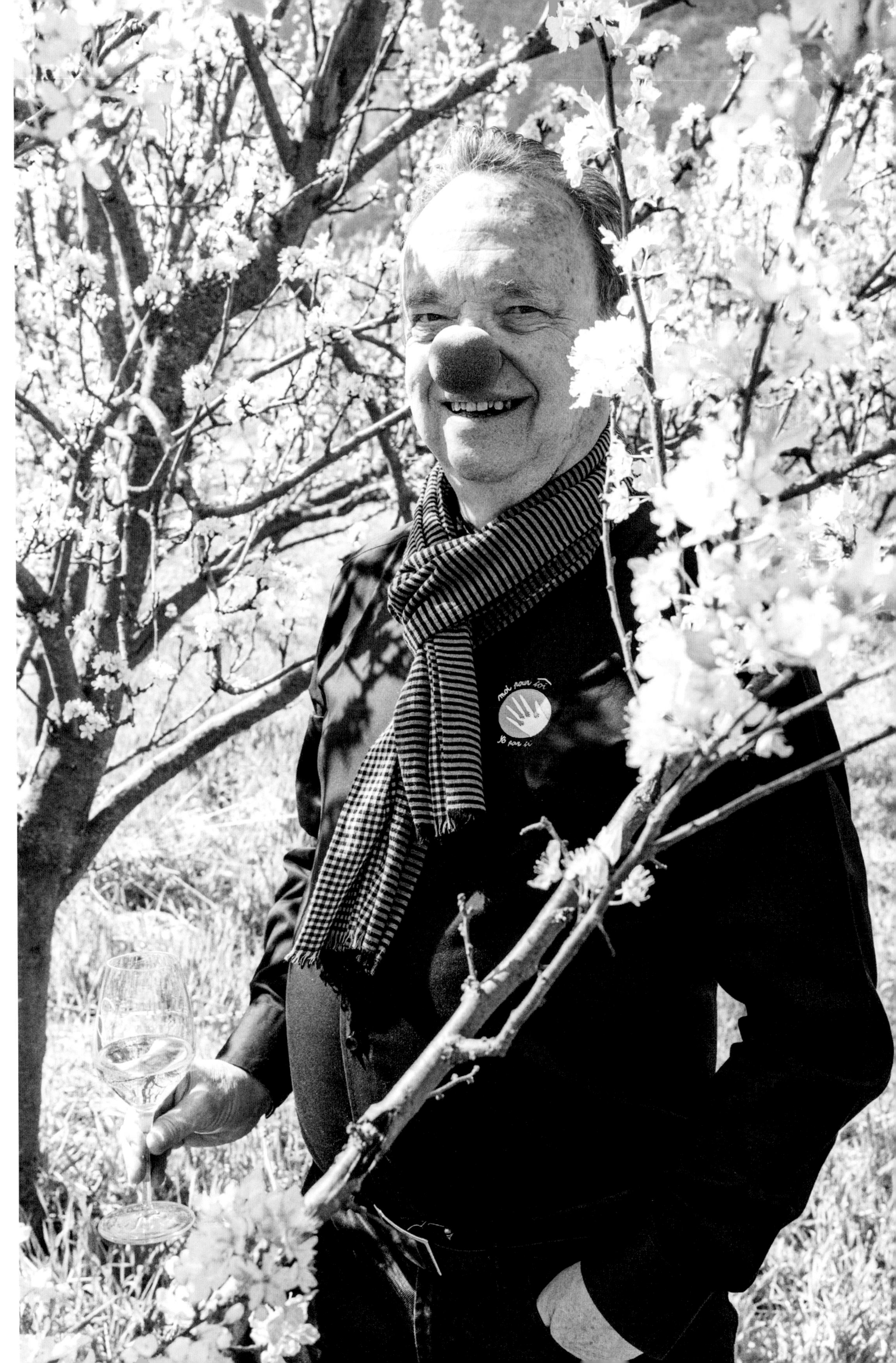
moi pour toi

184

"Chance is like a passing angel – you're in the right place at the right time when the unexpected happens."

Sarah Moon
Photographer

« Le hasard, c'est un ange qui passe, c'est être au bon endroit au bon moment quand l'inattendu arrive. »

Sarah Moon
Photographe

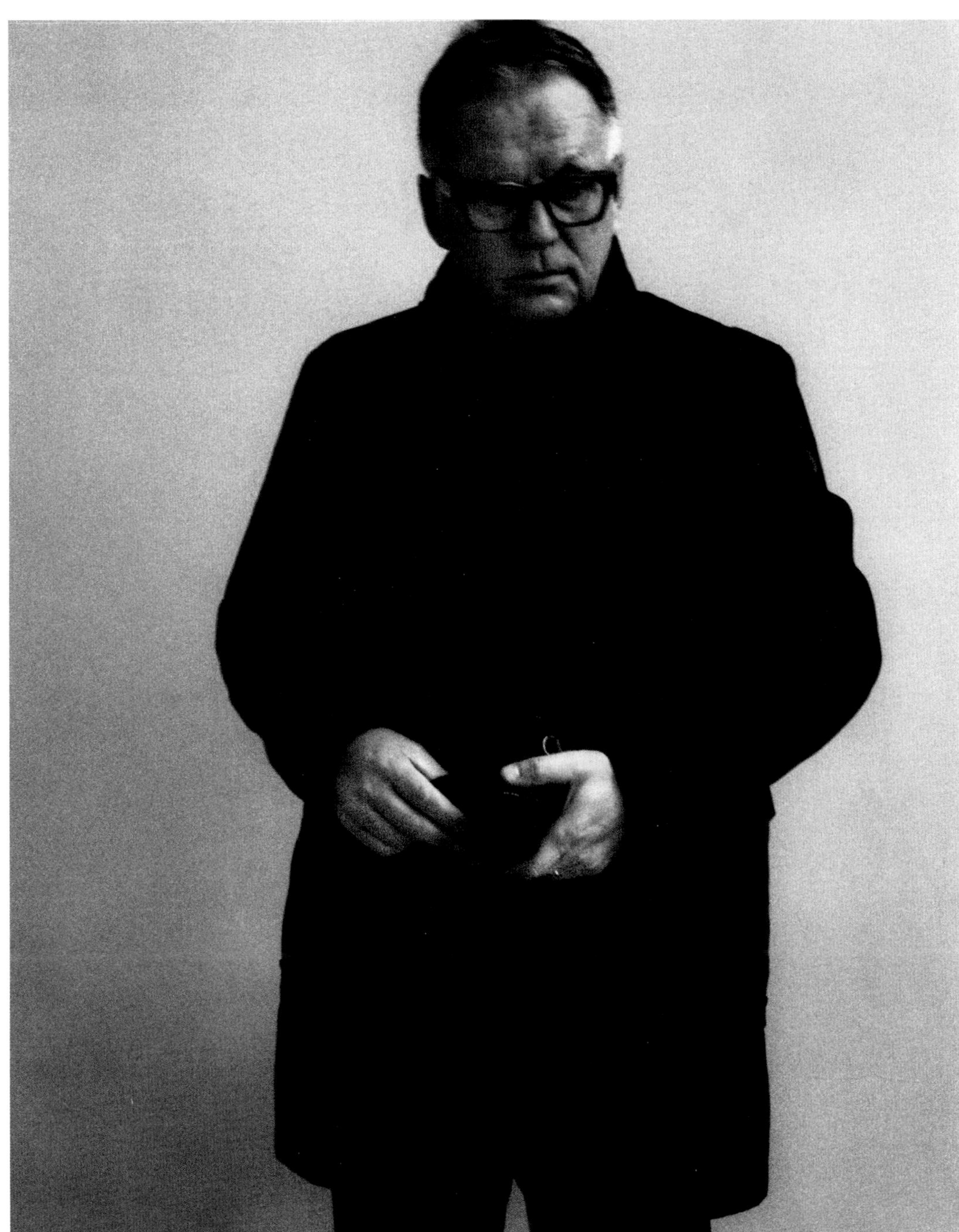

Gérard-Philippe Mabillard

by Sarah Moon

GÉRARD-PHILIPPE MABILLARD
by Thierry Frémaux, director of the Cannes Film Festival and of the Institut Lumière in Lyon

So one day, Gérard-Philippe knocks on our door, wearing his passion for cinema and photography on his sleeve, with a sincere desire to help his fellow man, wide-eyed and full of the energy that carries him to distant countries from his native Switzerland. To encourage people to love, you yourself must act as an example: as we all know, Gérard-Philippe does this and so much more. He loves nothing more than an impossible challenge or a project that brings us closer together. He excels at forging new connections, as well as at understanding human emotion and the poetry of existence. With him is his guiding spirit, the idea of liberty expressed by Cyrano de Bergerac: "And I walk alone, with nothing about me that shines, but decked out with independence and with honesty." The sentiment is matched only by John Ford's philosophy: "Be local, and you'll be universal."

GÉRARD-PHILIPPE MABILLARD
par Thierry Frémaux, Directeur général du Festival de Cannes et directeur de l'Institut Lumière de Lyon

Un beau jour, Gérard-Philippe Mabillard frappe à nos portes, la passion pour la photographie et le cinéma en bandoulière, l'œil en éventail, animé par l'envie sincère d'aider son prochain, et débordant de cette énergie qui l'emmène de sa Suisse vers des pays lointains. Pour inciter à aimer, il faut savoir montrer l'exemple : Gérard-Philippe va bien au-delà, nous pouvons tous en témoigner. Il n'aime que les défis impossibles et les projets rassembleurs. Il est un prince de la rencontre, de l'émotion humaine et de la poésie de l'existence. Avec pour crédo la liberté selon Cyrano de Bergerac : « Mais je marche sans rien sur moi qui ne reluise, empanaché d'indépendance et de franchise », qui n'a d'égal que la philosophie d'un John Ford : « Soyez local, vous serez universel. »

I remember...

While working on a project, it is important to remember the initial spark, where the adventure began or, to put it simply, my admiration for charismatic figures who shape our world and broaden our horizons.

It was my ambition to shine a spotlight on those individuals and pay tribute to the inner fire that drives them to find that elusive missing piece to complete the imaginary puzzle of our lives.
I am often asked where my inspiration stems from. Since I am not in the habit of launching into long-winded explanations, I simply answer that I immerse myself in my passion for art and for meeting people.
For example, I have always loved the scenes in movies where the actors are filmed from outside a moving vehicle. Natural and urban landscapes animate the image, blurring the boundaries between interior and exterior. I was filled with amazement at the scene in *The Father* (by Florian Zeller) where you see Anthony Hopkins in a car, his eyes lost in the measured lilt of Georges Bizet's *Les Pêcheurs de Perles*. These memories of dancing reflections were the source of my inspiration when I met Patricia Aulitzky, Melanie Drent, Jean Dujardin, Alba Flores, Marthe Keller, Vincent Perez, Marie Robert, Elia Suleiman, Sandra Torrano, Simón Vélez and Lambert Wilson.
Such encounters are often infused with a magical quality, combining simplicity and generosity, where a close bond with the artist is key. When I found myself face-to-face with Toni Servillo – one of my favorite actors, whom I met for the first time at the Lido di Venezia – it felt like he was welcoming me into his home to his own private beach, despite that in reality we were sitting on a terrace at the Mostra, gazing out to sea. When it came to taking his picture, I heard myself say, "Toni, you are at a party, and you are bored. What do you do? Do you stay or leave?" By way of a reply, with incredible style, he sat on the wall, crossed his legs and stared off into the distance holding a Neapolitan cigar between his fingers. It was like shooting a scene in a Paolo Sorrentino film.
I remember the regal sight of a dadong (a Balinese grandmother) on a spectacular trip I took to Bali. I could almost read her entire life in her face and on her hands. With the famous glass forever by my side, I dared ask if she would allow me to capture her mesmerizing gaze – all in an unsettling, almost religious silence. Those drawn-out minutes confirmed to me that the language spoken by our eyes and hands transports us ever so far, high and at length.
I remember Penélope Cruz – the humanity that sets her apart, the look on her face when she listens to you, her hair dancing in Madrid's gentle summer wind. Her tenderness is matched only by her sophistication. Gifted with a highly flammable, sensitive nature, she invests passion into everything she puts her mind to. She is radiant, serene, sunny and simply overwhelmingly beautiful. It is difficult to resist her magnetic force.
I remember the smile of Aras Bulut İynemli, a wonderful actor worshipped in his homeland of Turkey, who arrived at the agreed location, took me in his arms and gifted me a nazar (a blue eye bead) – a lucky charm that I have carried with me ever since. For this photo, every door was open to me, guided by Aras's *joie de vivre*. It came as no surprise that he chose to place a figurine of the Little Prince in his glass – a reflection of his phenomenal talent.

I remember the sublime Alba Flores, who arrived, humble yet powerful, at the Swiss ambassador's residence in Madrid. The kind of entrance that instantly provides a solution to a problem. Indeed, finding the best possible light for a photograph can prove difficult. Yet it was thrilling to discover that no matter what Alba does, she masterfully captures all that light with infinite grace. I was astounded by the aura of this woman, whose fiery temperament engulfs everything around her.
There is no satisfactory way of explaining the magic of such a moment; in the same way, I cannot describe all of my photographic encounters – each one more essential than the rest. Remember, in every person I photograph, I capture a creative soul who has touched me in some way. Nor is this the place to reveal the many stories that have illuminated every shot. Playing with the conventions of a traditional photo shoot makes each one as intimate as it is surreal.
I really wanted the stars to share in this adventure. Joy was ever present on the 162 faces of those now etched in my mind, discreet yet radiant, so often framed by a backdrop of unmistakable beauty. A spontaneous instant in time, colored in black and white with the natural lighting I was given. On-the-spot images capturing moments that are lived, not staged.
I remember how so many shoots ended around a bottle of Petite Arvine wine, where we'd spend more time conversing than taking photographs and posing. The wonderful prima ballerina Marie-Agnès Gillot will no doubt remember those moments, suspended in time, oblivious to the Tuileries Garden closing its gates at sunset to leave us in the company of beings (and rodents) enjoying the newly restored peace and quiet.
I'll forever remember that glass, a bond of friendship and togetherness – two treasures very dear to me. Every person, depending on their imagination and personal tastes, can fill it with whatever they wish. Beth Ditto chose green tomatoes because she liked their smell. And how can you not be moved by the great chef Glenn Viel, who decided to fill his glass with earth from his own garden – the source of all his flavors?
Everyone shared their own ideas and emotions. The most important part of it all was the journey we shared.
To echo the words of Paul Éluard: "You murmured to me about perfection; I whispered to you about harmony."
So many memories to cherish tomorrow... while gazing at the stars!

Gérard-Philippe Mabillard

Je me souviens…

Au fil de la réalisation d'un projet, il est précieux de se rappeler ce qui a allumé l'étincelle, le point de départ de l'aventure ou plus simplement, mon admiration pour des personnes charismatiques qui façonnent notre temps et enrichissent notre vision..

J'avais très envie de les mettre à l'honneur, de rendre hommage au feu intérieur qui les pousse à trouver la pièce rare qui complétera le puzzle imaginaire de nos vies.
On me demande souvent d'où viennent mes inspirations. Comme je n'ai pas pour habitude de me lancer dans de longues explications, je réponds simplement que je m'imprègne de ma passion pour les arts, pour les rencontres…
Par exemple, j'ai toujours beaucoup aimé les scènes de cinéma dans lesquelles les actrices et les acteurs sont filmés, depuis l'extérieur, dans un véhicule en mouvement. La nature, la ville, chaque paysage s'anime sur l'image, brouillant ainsi les frontières entre intérieur et extérieur. J'ai été émerveillé par cette scène de *The Father* (de Florian Zeller) où l'on voit Anthony Hopkins dans une voiture, les yeux perdus, au rythme lent des *Pêcheurs de perles* de Georges Bizet. Ces souvenirs de reflets mouvants ont été mes sources d'inspiration lors de mes rendez-vous avec Patricia Aulitzky, Melanie Drent, Jean Dujardin, Alba Flores, Marthe Keller, Vincent Perez, Marie Robert, Elia Suleiman, Sandra Torrano, Simón Vélez et Lambert Wilson.
Très souvent mes rencontres ont pris des allures magiques mêlant simplicité et générosité, où la complicité avec l'artiste devenait la clé de tout. Quand je me suis retrouvé face à Toni Servillo, l'un de mes acteurs favoris que je rencontrais pour la première fois au Lido de Venise, c'est comme s'il me recevait chez lui, sur sa plage privée, alors que nous nous trouvions sur une terrasse de la Mostra, face à la mer. Le moment venu de la photo, je me suis entendu lui dire : « Toni, vous êtes dans une soirée et vous vous ennuyez. Que faites-vous ? Vous restez ou vous partez ? ». Et lui, d'une élégance folle, en guise de réponse, s'est assis sur le mur, a croisé les jambes et un cigare napolitain entre les doigts, il a regardé au loin. J'avais l'impression de photographier une scène d'un film de Paolo Sorrentino.
Je me souviens de l'apparition majestueuse d'une dadong (grand-mère balinaise) lors d'un fabuleux voyage à Bali. Je pouvais lire une vie sur son visage et sur ses mains. Toujours escorté du fameux verre, j'ai osé lui demander si elle consentait à m'offrir son regard, qui m'a littéralement hypnotisé. Le tout dans un silence troublant, quasi religieux. Ces longues minutes m'ont confirmé que le langage des yeux et des mains nous emporte très loin, très haut et pour longtemps.
Je me souviens de Penélope Cruz. De cette humanité qui la distingue, de son regard quand elle vous écoute. De ses cheveux dansant au doux vent d'été madrilène. Sa délicatesse n'a d'égale que sa distinction. Dotée d'une sensibilité hautement inflammable, elle met de la passion dans tout ce qu'elle fait. Elle est radieuse, sereine, solaire, immensément belle tout simplement. Difficile d'échapper à son champ magnétique.
Je me souviens du sourire d'Aras Bulut İynemli, merveilleux acteur turc, idole absolue dans son pays, qui arrive au lieu de rendez-vous, me prend dans ses bras et m'offre en guise de porte-bonheur un nazar (l'œil bleu), qui ne m'a plus jamais quitté. Pour cette photo, toutes les portes de l'hôtel m'étaient ouvertes, j'étais guidé par la joie de vivre d'Aras. Cela ne m'a guère étonné qu'il mette une figurine du Petit Prince dans le verre. Tel son reflet, celui d'un prodigieux artiste.
Je me souviens de la sublimissime Alba Flores, que j'ai vu arriver, humble et puissante, à la résidence de l'ambassadeur de Suisse à Madrid. Vous savez, ce genre d'apparition qui donne instantanément la solution à un souci. En effet, la recherche de la meilleure lumière possible pour une photo peut quelquefois s'avérer compliquée. Quel émerveillement de constater que quoi qu'Alba fasse, elle prenait magistralement toute cette lumière, avec une grâce infinie. J'ai été sidéré par l'aura de cette femme au tempérament de feu qui étreint tout autour d'elle.
Je ne peux expliquer mieux cette magie de l'instant, comme je ne peux pas raconter ici toutes mes rencontres photographiques, *toutes plus essentielles les unes que les autres*. Dans chaque personne que je photographie, je capture un être créatif qui me touche.
Je ne peux pas non plus dévoiler ici toutes les histoires qui ont illuminé chacune de mes prises de vue, car, se jouant des codes traditionnels d'une séance photo, elles sont toutes irréelles et quelquefois intimes.
Je voulais vraiment que les étoiles aient leur part dans cette aventure. Le bonheur était réellement présent, en touches discrètes et solaires, en 162 visages qui se sont gravés dans ma mémoire. Le tout, souvent, dans un environnement d'une immuable beauté. Tout était spontané, en noir et blanc et avec la luminosité que je trouvais sur place. Des images sur le vif, davantage « mises en vie » que « mises en scène ».
Je me souviens que nombre de ces séances photo se sont terminées autour d'une bouteille de Petite Arvine, passant plus de temps à échanger qu'à photographier et à poser. La magnifique danseuse étoile Marie-Agnès Gillot se souviendra certainement de ces instants suspendus qui nous ont fait oublier que le jardin des Tuileries fermait ses grilles au soleil couchant, nous laissant en compagnie de rongeurs qui profitaient du calme revenu.
Pour toujours, je me rappellerai ce verre, lien d'amitié et de partage, deux trésors qui me sont très chers. Chacune et chacun, selon son imagination, ses goûts personnels pouvait y mettre ce qu'elle ou il voulait. Beth Ditto y a déposé des tomates vertes parce qu'elle aime leur parfum. Et comment ne pas être touché par le grand chef Glenn Viel, qui a décidé de remplir le verre avec de la terre de son jardin… parce que toutes ses saveurs en sont issues.
Ici, chacun apportait ses idées, ses émotions. Le plus important dans tout cela, c'était le voyage que l'on faisait ensemble.
Tel un miroir aux paroles de Paul Éluard : « Tu m'as murmuré perfection, moi je t'ai soufflé harmonie. »
Tant de souvenirs pour bercer demain… en regardant les étoiles !

Gérard-Philippe Mabillard

MY SINCERE GRATITUDE AND THANKS GO TO ALL THE WONDERFUL ARTISTS SHOWCASED HERE AND WITHOUT WHOM THESE PAGES WOULD BE BLANK

MA GRATITUDE ET MES REMERCIEMENTS SINCÈRES VONT À TOUTES CELLES ET TOUS CEUX, MERVEILLEUX.SES ARTISTES, MIS.ES EN LUMIÈRE ICI ET SANS LESQUELS.LES CES PAGES SERAIENT BLANCHES

Pit Pauen, Stephanie Rebel, Nele Jansen, Robert Kuhlendahl, Roman Korn - at teNeues - for making me feel welcome, for your understanding and advice, and for putting your faith in me. Pit Pauen, Stephanie Rebel, Nele Jansen, Robert Kuhlendahl et Roman Korn - de teNeues - pour votre accueil, votre écoute, vos conseils et votre confiance.

Swiss Wine Valais, for your generous sponsorship in support of a wonderful cause. Swiss Wine Valais, pour votre généreux parrainage en faveur d'une cause merveilleuse.

Sir Christopher Hampton, for your beautiful foreword and your sheer class. Sir Christopher Hampton, pour ta très belle préface et ta grande classe.

Eric Neuhoff, Patrick Ferla, Carlo Chatrian, for your beautiful and touching texts. Eric Neuhoff, Patrick Ferla et Carlo Chatrian, pour vos textes magnifiques et touchants.

Bernard Moix and all at Octane Communication, for your creativity and attention to every detail. Bernard Moix et toute l'équipe d'Octane Communication, pour votre créativité et votre sens du détail.

Marie-Antoinette Gorret, for your imagination, your poetry and your finesse. Marie-Antoinette Gorret, pour ton imagination, ta poésie et ta délicatesse.

Cédric Tournier-Colletta at Atelier Carbon, for your eagle eyes and precious advice. Cédric Tournier-Colletta de l'Atelier Carbon, pour ton regard aiguisé et tes précieux conseils.

Guy Constantin, Gordana Blagojevic, and all at textocreativ, for your unique approach to translation. Guy Constantin, Gordana Blagojevic et toute l'équipe de textocreativ, pour votre approche unique de la traduction.

Sarah Moon, for your poetry and the beautiful light you shine on everything. Sarah Moon, pour ta poésie et la belle lumière dont tu enveloppes tout.

Sophie Schwery & Gianluca Colla at Colla Images, for your class and your generosity. Sophie Schwery et Gianluca Colla, de Colla Images, pour votre classe et votre générosité.

Sarah, Audrey, Nathan, Tom, for your presence, your patience and your invaluable advice. Sarah, Audrey, Nathan et Tom, pour votre présence, votre patience et vos précieux conseils.

Cynthia Chabbey, Sandrine Mages, Reem Huguet, Martine Delaloye, Sheila Williner, Inès Favre, Ronald Clerc, Jean-Paul Aymon & Yvan Aymon - my very dear colleagues and friends - for your help and support every day. Cynthia Chabbey, Sandrine Mages, Reem Huguet, Martine Delaloye, Sheila Williner, Inès Favre, Ronald Clerc, Jean-Paul Aymon et Yvan Aymon - mes très chers collègues et amis - pour votre aide et votre soutien au quotidien.

Sébastien Olesen, Michel May, Blaise Coutaz, Eddy Baillifard, and all at Palp Festival, for your *joie de vivre* and determination to bring people together. Sébastien Olesen, Michel May, Blaise Coutaz, Eddy Baillifard et toute l'équipe du Palp Festival, pour votre joie de vivre et votre passion pour rassembler les gens.

TO ALL OF YOU FOR YOUR ENCOURAGEMENT, ENTHUSIASM, IDEAS, GENEROSITY...
A VOUS TOUTES ET TOUS POUR VOS ENCOURAGEMENTS, VOTRE ENTHOUSIASME, VOS IDÉES, VOTRE GÉNÉROSITÉ...

Adrienne d'Anna
Alberto Giovanetti
Alexandrine Kol
Amy Lee
Angelo Curti
Anne-Sophie Aparis
Arantza Benito
Auguste Coudray
Benjamin Lindbergh
Bigarren Saiz Intxaurrondo
Camille Trubuil
Carlo Chatrian
Catarina de Lancastre Valente
Catherine Brice
Chris S. Lee
Christèle Jany
Christian Michellod
Christoph Schuh
Christophe Muller
David Cerdeira
Diane Tell
Doruk Hantal
Emily Preston
France Massy
Françoise Gardies
Gaby et Martine Micheloud
Gina Rodas
Hans Zurbrügg
Iona Marcangelo
Isabella Kellenberger
Isabelle Fortis
Javier Bardem
Javier Franco
Jean-François Lichtenstern
Kirsty Taylor
Laurence Houlle
Linda Drew
Linus von Castelmur
Lourdes Abad
Maria Lentsman
Marianne Gauer
Marie Linder
Marie-Claire Bertholet
Michel Darioly
Natalia Crespo
Noelia Salcedo
Numa Frossard
Olivier Mounir
Ozlem Durak
Pascale Rey
Peter Mager
Phillene Newman
Pierre Bechet
Pierre Zufferey
Seray Özmanav
Sohela Emami
Sonia Toutaev
Stefan Rappo
Stefana Simic
Stéphane Bertholet
Stephen Frears
Sylvie Duval
Tanya Lapointe
Thierry Frémaux
Vincent Perez
Xavi Fornos
Xavier Midroit
Yael Sayili
Yann Steininger
Yves Dana

TO ALL THE PLACES THAT OPENED THEIR DOORS TO ME.
A TOUS LES LIEUX QUI M'ONT OUVERT LEURS PORTES.

Agnès b., Paris
Anna T., Paris
August Hotel, Antwerpen
Bog Hotel, Bogotá
Café Manuela, Madrid
CitizenM Hotels
Embassy of Switzerland, Madrid
Embassy of Switzerland, Seoul
Hôtel Grand Amour, Paris
Innere Enge Hotel, Bern
Hôtel Jules et Jim, Paris
JW Marriott Hotel, Venezia
L'Ambassade, Sion
La Cevicheria, Paris
Le Bouchon des Carnivores, Lyon
Le Cintra, Fribourg
Le Pérolles, Fribourg
Le Rendez-Vous, Auxerre
Taberna Del Alabardero, Sevilla
TomTom Suites, Istanbul

“I have shared this story through 162 images, each one a gesture of love, in support of the Moi Pour Toit Foundation.”

Gérard-Philippe Mabillard

« J’ai raconté cette histoire au gré de 162 images, comme autant de gestes d’amour, pour soutenir la Fondation Moi Pour Toit. »

www.moipourtoit.org

Where's Who

Cocora Valley, Colombia 2019 >

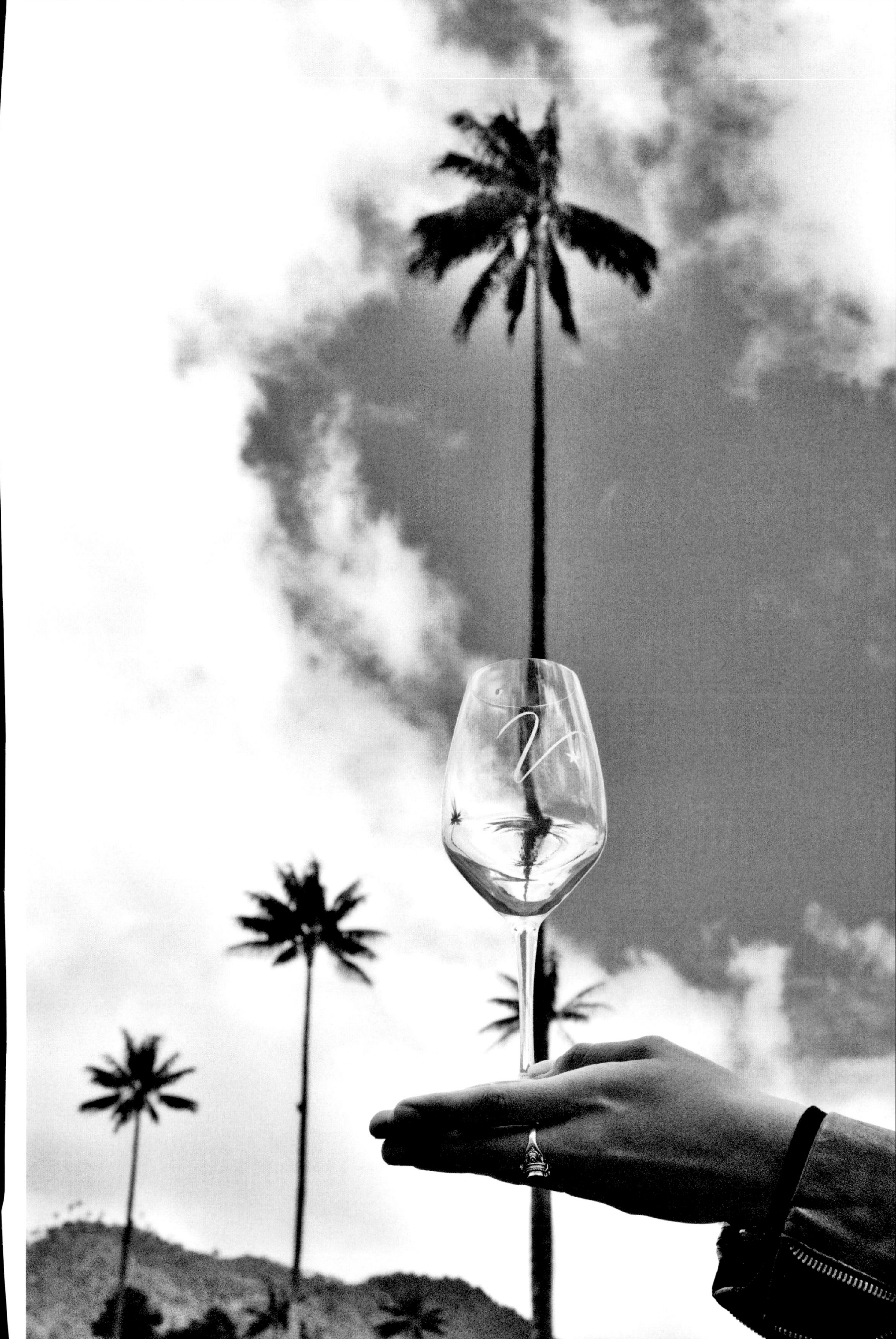

1st printing

Texts by Sir Christopher Hampton, Eric Neuhoff, Patrick Ferla, Carlo Chatrian, Thierry Frémaux and Gérard-Philippe Mabillard

Editorial Coordination by Stephanie Rebel, teNeues Verlag
Production by Nele Jansen, teNeues Verlag
Photo Editing, Color Separation by Robert Kuhlendahl, teNeues Verlag
Design by Bernard Moix, OCTANE communication SA
Proofreading by Stephanie Rebel, teNeues Verlag

Translations by textocreativ SA
Copyediting by John Foulks (English) and Christèle Jany (French)

ISBN: 978-3-96171-419-3
Library of Congress Number: 2022942459

Printed in the Czech Republic by PB Tisk a.s.

Bibliographic information published by the Deutsche Nationalbibliothek: The Deutsche Nationalbibliothek lists this publication in the Deutsche Nationalbibliografie; detailed bibliographic data are available on the Internet at dnb.dnb.de.

Published by teNeues Publishing Group

teNeues Verlag GmbH
Ohmstraße 8a
86199 Augsburg, Germany

Düsseldorf Office
Waldenburger Straße 13
41564 Kaarst, Germany
e-mail: books@teneues.com

Augsburg/München Office
Ohmstraße 8a
86199 Augsburg, Germany
e-mail: books@teneues.com

Berlin Office
Lietzenburger Straße 53
10719 Berlin, Germany
e-mail: books@teneues.com

Press Department
e-mail: presse@teneues.com

teNeues Publishing Company
350 Seventh Avenue, Suite 301
New York, NY 10001, USA
Phone: +1-212-627-9090
Fax: +1-212-627-9511

www.teneues.com

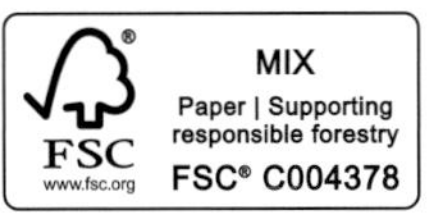

teNeues Publishing Group
Augsburg / München
Berlin
Düsseldorf
London
New York

teNeues